直播合规一本通

许力先　编著

内容提要

直播行业近年来发展迅速,特别是其中的电商直播,改变了传统的营销模式,助推国民经济高速发展。但同时我们也应当看到,直播行业在高速发展的过程中,由于缺乏系统的合规管理,亦出现许多问题。本书以直播合规为主题,从相关主体、资质与牌照、运营、广告等方面论述了直播行业的合规要求,并分享、解读了相关法律案例,兼具理论性和实务性。

本书适合作为高等院校数据安全与合规、平台经济与反垄断等专业学生的教材或参考书目,亦可作为直播行业从业人员的自学书目。

图书在版编目(CIP)数据

直播合规一本通/许力先编著. —上海:上海交通大学出版社,2023.2

ISBN 978-7-313-28219-4

Ⅰ.①直… Ⅱ.①许… Ⅲ.①网络营销—行业管理—中国 Ⅳ.①F724.6

中国版本图书馆 CIP 数据核字(2023)第 021012 号

直播合规一本通

ZHIBO HEGUI YIBENTONG

编　　著:许力先

出版发行:上海交通大学出版社　　地　　址:上海市番禺路 951 号

邮政编码:200030　　电　　话:021-64071208

印　　刷:广东虎彩云印刷有限公司　　经　　销:全国新华书店

开　　本:710mm×1000mm　1/16　　印　　张:14.75

字　　数:280 千字

版　　次:2023 年 2 月第 1 版　　印　　次:2023 年 2 月第 1 次印刷

书　　号:ISBN 978-7-313-28219-4

定　　价:78.00 元

序　一

网络直播作为互联网时代一个举足轻重的行业，在新冠疫情时期，成了全民热议和广泛参与的行业。它为传统的电商模式开辟了新的路径，也一直是法律工作者们不断研究、探讨和实践的领域。

互联网一经诞生，就和娱乐、电子商务密不可分。而网络直播行业，既开创了娱乐的新玩法，也赋予了电子商务全新的生命力。网络的发展是迅猛的，现在全国甚至全球都高度重视数字经济。全国各地也如火如荼地掀起了数字经济的建设浪潮。浙江省，则把数字经济列为“一号工程”。

杭州，历来是网络及数字经济行业发展的高地，诞生了许多知名的网络和数字经济企业。以网络直播为例，仅杭州市滨江区的直播带货 GMV 就曾占全国的 40%左右。

在行业快速发展的背景下，法律服务要勇立潮头、紧跟时代。许力先律师深耕数字和网络信息行业法律服务已有十年，在全国、浙江省、杭州市三级律师协会皆有任职，同时也是浙江六和律师事务所数字与网络信息部门的主任。他有大量的实务经验，由他来书写关于网络直播行业的法律实务书籍是非常合适的。

在时间紧、任务重的情况下，该书减少了大量的理论探讨，突出了法律实务和解读，是一本具有极高实务价值的法律书籍。相信这本书对有志于从事网络直播法律实务工作的人员有所裨益。

斗转星移，沧海桑田，网络时代是一个快速变化的时代，是一个充满希望的时代。我们法律人要紧跟时代的步伐，让法律服务跟上行业的发展，跟上时代的需求。

是为序。

郑金都①　于杭州

2022 年 6 月 1 日

① 郑金都律师，浙江六和律师事务所主任、创始合伙人，现任中华全国律师协会副会长、浙江省律师协会会长、浙江省政协委员、浙江省法学会副会长、浙江省政府立法专家成员。

序　二

作为我国数字经济中最活跃的构成部分之一，直播电商在促进消费、拉动就业和助力脱贫攻坚方面发挥着不可忽视的作用。其发展势头之迅猛、市场规模之庞大、社会影响之深远，已受到广泛关注。然而，新兴产业中的实践者往往是在摸索中前行的，在尚不完备的制度环境中不断试错、找寻发展之道。近年来，我们也看到直播电商领域出现了不少经济纠纷、税务问题以及主播行为引发的社会争议事件。这显示这一行业仍处于一个野蛮生长的粗放发展阶段。同时，国家从2016年开始就密集出台相关法律法规，例如《互联网直播服务管理规定》《关于加强网络秀场直播和电商直播管理的通知》《网络主播行为规范》等，致力于加大力度规范直播电商行业，引导其实现健康、可持续发展。

在这个背景下，《直播合规一本通》这本书的撰写与出版很好地回应了行业现实需求。此书以“合规性”为核心关注点，主要从法律的视角梳理并总结了直播电商行业合规性的主体、内涵、相关资质牌照要求，以及运营合规、广告合规、用工合规的实践要求。

为什么“合规性”对于直播电商行业来说如此重要？在我个人看来，这是因为相比于其他传统产业，直播电商行业存在太多“边界模糊地带”。MCN机构与主播之间充满不确定性的非标准雇佣关系，直播平台中看似自由无约束的表达方式，以及虚拟环境中实时、大规模的社会互动，究竟该如何设计与实施？从业者究竟该如何规避风险？正如本书作者所言，“合规性”不是负担，而是企业的生产力。在直播电商行业，合规便是抵抗风险、实现持久发展的基石。

再说本书的特色。本书的第一个特色在于实操性强。作者基于自己丰富的法务经验，为读者提供了非常前沿、具体的操作方案建议。本书附录还包含大量实践素材，这些材料能帮助读者快速理解直播电商行业合规的概念与理论适用的场景，并将其转化为合规实践。本书的第二个特色在于它全面、系统地综合了法律、商业伦理、社会责任与员工责任等不同视角的合规性诠释，相信不同需求和专业背景的读者都能从中获得启发。

改革开放以来，我国的商业实践长期大都在追随工业化经济体的成熟做法，并对其稍加改造以适应我国的商业土壤。近十年来，得益于我国数字产业化的高速发展，以及数字化基础设施的不断完善，直播电商等新兴业态已经“并跑”甚至走在前列;产业内的实践探索者也已经开始系统化地开展现象梳理总结,力图扎根本土实践提炼真知。虽然这一行业仍有大量亟待解决的问题,但是我相信,产业界与学界的通力合作,一定能让该新兴行业更加健康、可持续地发展。相信本书能够给读者带来诸多来自商业与法律融合的启发!

谢小云①
浙江大学

① 谢小云博士,浙江大学管理学院教授、博士生导师,现任全国工商管理专业学位研究生教育指导委员会委员,浙江大学管理学院副院长、卓越领导力研究所所长、人力资源与战略发展研究中心主任。

目　录

第一章
直　　播

第一节　网络直播

一、网络直播的定义及特点

直播，作为近些年来高速发展的一个互联网行业，受到社会各界的广泛关注。其实，“直播”一词由来已久，在广播和电视时代，就已经有直播概念。《现代汉语词典》（第 7 版）将“直播”定义为：广播电台不经过录音或电视台不经过录像而直接播送。

随着互联网产业的发展，网络速度上升，资费下降，智能移动端普及，基于互联网的直播形式开始出现，并可大致分为以下两类。

第一类是互联网化的传统直播。如在网上提供电视信号的观看渠道。这类直播的原理是采集电视（模拟）信号，并将其转换为数字信号输入电脑，实时上传网站供人观看，相当于“网络电视”。

第二类是更具有互联网基因的网络直播。这类直播的原理是在直播现场架设独立的信号采集设备（各类智能移动端等）导入导播端（通常是各类平台），再通过网络上传至服务器，发布至网址供人观看。《互联网直播服务管理规定》第二条规定：互联网直播，是指基于互联网，以视频、音频、图文等形式向公众持续发布实时信息的活动。

网络直播的特点有：

（1）便捷性强。移动互联时代到来，收看直播的成本极低，拥有智能移动终端的群体越来越庞大，收看网络直播也变得较为简单。同时，互相推荐直播也更加便捷。

（2）门槛低。网络直播不再受限于电视台等专业机构，企业、个人甚至不需要接受正规的专业训练，也能开展直播活动。

（3）内容丰富。除了传统的体育比赛、晚会、访谈等，现在还可直播户外旅行、游戏赛事、美食烹饪等内容。

二、网络直播的发展历程

网络直播经历了以下发展阶段。

总的来说，网络速度越快，资费越低，硬件普及水平越高，网络直播的发展就越好，形式更多样，影响力也越大。

阶段一：图文直播。最早的网络直播以图文形式开展，大约兴起于1998年。当时，网民主要浏览门户网站，而网络直播更多是针对体育赛事的，比如新浪的体育比赛图文直播。

阶段二：秀场直播。秀场直播是伴随个人电脑（personal computer，PC）的普及而逐渐兴起的。2005年前后，以9158、YY直播、六间房为代表的秀场直播出现，主打陌生人交友、美女主播等。秀场直播在当时开启了打赏模式，此模式影响至今。

阶段三：游戏直播。游戏直播是基于计算机能力、网络速度进一步提升而兴起的。2011年，美国出现了第一个独立的游戏直播平台Twitch，该平台主打游戏直播和互动。2012年，YY直播推出游戏直播业务。2014年，虎牙直播从YY直播中独立出来。同年，斗鱼成立。

相比其他类型的直播，游戏直播具有赛事频繁、用户黏性高、观赏性强等优点，这使得游戏直播平台如雨后春笋般出现。但网络世界变化很快，曾经热闹非凡的“虎鱼斗”，也随着腾讯成为二者大股东后，在2020年宣布合并，以共同应对快手、哔哩哔哩等新势力的冲击。

阶段四：泛娱乐直播。泛娱乐直播是伴随移动互联时代兴起的。大约在2015年，响应“互联网＋”的号召，映客直播、花椒直播等平台开始布局。从最初的秀场直播、游戏直播到泛娱乐直播，硬件从PC变成了智能移动终端，场景由固定场所变得更加多元，内容从单纯的美女秀、电子游戏等变得更加丰富。吹拉弹唱，衣食住行，户外旅游，等等，都可以直播。一个“万物皆可播、万物皆娱乐”的时代就这样开启了。

值得一提的是，在此阶段，一些专业类或教育类直播也逐渐出现在人们的视野中。受新冠肺炎疫情影响，2020年更是教育类直播的爆发年。

阶段五：电商直播。电商直播与泛娱乐直播出现的时间相差无几，只是由于内容和影响有差别，遂将其归为两个阶段。最早在国内开始电商直播的，普遍认为是2016年尝试上线视频直播业务的蘑菇街。同年，淘宝上线淘宝直播，电商直播正式拉开序幕。当然，也有观点认为，2019年或者2020年才是电商直播的元年，笔者认为将2020年视为全民直播的元年较为妥当。

无论如何，直播电商已经成为网络零售中一个不容小觑的行业，给传统电商带来了极大的冲击。从全民参与的程度来看亦然,各企业"大佬"、流量明星等都纷纷开始了自己的"带货"生涯,就连一向与网络行业保持一定距离的一些政府官员,也会不时上线为当地特产代言。受新冠疫情和网络直播热潮的影响,笔者所在的律所,也于2020年设立了直播间。

人人皆可直播、人人皆可带货的时代到来了。

第二节 电商直播

所谓电商直播,是指运用直播平台对产品或服务进行直播展示的一种营销行为①。

一、电商直播的发展阶段

电商直播的发展时间并不长,可以大致分为以下阶段。

第一阶段,萌芽期(2009—2015年)。严格来说,电商直播在这一时期还未正式出现,但以蘑菇街、美丽说等为代表的电商企业,已经开发出导购社区模式。用户可以将对商品的推荐、评论分享到社区,甚至分享到其他平台。内容的价值性使得用户逐渐被社区吸引,这些电商企业还适时推出了导购分润激励机制,使得PGC②驱动的生态模式逐渐形成。大量网红、时尚博主等开始入驻社区,他们通过向用户"种草③",引导用户购物,并获得佣金回报。这些内容的生产者,就是带货主播的前身。

第二阶段,试水期(2016—2017年)。2016年3月,蘑菇街上线视频直播功能,利用本身持有的网红资源,开展旗下网红直播艺人的孵化和经纪业务。5月,淘宝直播正式成立。9月,京东正式推出直播业务。电商行业开始直播大潮,因此2016年也被认为是电商直播元年。2016年,电商直播平台开始尝试"直播+内容",以提升用户黏性获取流量。2017年,电商直播行业开始精细化、专业化运作。

第三阶段,快速发展期(2018—2019年)。根据《2019年淘宝直播生态发展趋势报告》,淘宝直播平台2018年带货超1000亿元,同比增速近400%,"电

---

① 人力资源社会保障部教材办公室. 电商直播[M]. 北京:中国劳动社会保障出版社,2020.

② PGC(professionally-generated content,专业生产内容)通常由有一定专业知识的人所创作,通过面向目标群体分享专业学识、工作经验等,培养出一群有较高黏性的粉丝。

③ 表示分享、推荐某一商品的优秀品质,以激发他人购买欲望的行为,或自己根据外界信息,对某事物产生体验或拥有的欲望的过程;也表示把一件事物分享、推荐给另一个人,让另一个人喜欢这件事物的行为,类似网络用语"安利";还表示一件事物让自己由衷地喜欢。

商+直播”模式创造千亿级的市场。抖音、快手等短视频社交平台也于2018年进入直播电商领域。2018年6月，抖音购物车第一批100个内测账号入驻，随后范围不断扩大。截至2019年年底，在线直播用户为5.01亿人。电数宝电商大数据库显示，2018年、2019年中国直播电商市场交易规模分别为1354.1亿元、4437.5亿元，2018年增长率高达589.46%，2019年增长227.7%。

第四阶段，全民期(2020年至今)。此阶段的主要特征是全民步入电商直播时代。受新冠肺炎疫情影响，电商直播一夜之间从“手机版电视购物”“歇斯底里叫卖”“云地摊”等，成了社会各界都高度关注的产业。

二、三类电商的比较

电商，又称电子商务，是指通过互联网等信息网络销售商品或者提供服务的经营活动。实际上，在互联网产业中，电商行业一直作为一个基础性行业而不可或缺。而电商行业也走过了不同的发展阶段，目前电商产业按照发展阶段大致分为以下类型。

(一)传统电商

传统电商简单地说就是通过互联网在购物平台上实现线上交易的模式。典型平台有淘宝、天猫、京东等。可以看出，这类电商存在时间一般都相对较长，也较为用户们所熟悉。

(二)社交电商

社交电商是基于人际关系网络，借助社交媒介(如微博、微信等)的传播，通过社交互动等手段来辅助商品购买的交易模式。这类电商近些年发展迅速，还可作进一步分类。

(1)拼购型。如拼多多、京喜、苏宁拼购等。

(2)社区型。如小红书、宝宝树、年糕妈妈等。

(3)导购型。如返利网、什么值得买、一淘网等。

(4)分销型。如云集、斑马会员、万色城等。

(5)工具型。如有赞、微盟等。

(三)直播电商

直播电商实际上是站在传统电商、社交电商两位巨人肩膀上的新业态，所以根据其渊源，大致可以分为两类。

(1)以传统电商平台为基础的直播电商，即商家邀请或自设主播，对外提供直播服务。如淘宝直播、京东直播等。

(2)以内容提供为主，建立在直播平台的主播对外提供直播服务的基础上。

如抖音系、快手系等。

传统电商、社交电商、直播电商三者的主要区别在于人、货、场要素的主导程度不同。传统电商是场为主、货为辅、人最次。用户是基于对场的信任，在场里搜索货品，至于谁和自己打招呼说“亲”，意义并不大。这是传统电商的主流玩法。社交电商开始以人为主，以人身信任为核心，推荐货品，是否有专业的场意义不大，甚至在有的模式中，可以自建场，场的要素要求最低。直播电商则开始以货的内容为主，加之对主播的人身信任，二者并重，场的要素相对次之。

而为什么会从传统电商演变出后来那么多种电商类型呢？核心因素仍然是流量。

经历过最初的厮杀后，传统电商的几位巨头牢牢把控着主要流量，而随着电商的进一步发展，众多商家苦于传统流量红利的见顶和越来越高昂的价格，总是在思考如何突围。因此，利用熟人等建立社区、拼购、分销等模式开始出现，因为这类模式的流量成本很低，而且可以迅速地通过“人传人”现象扩张，得到了行业的关注。人才、资本等纷纷踏入社交电商领域。但随着社交电商的发展，流量变现能力也逐渐削弱，流量成本也不断提高(图 1-1)，甚至还可能有“涉传”的风险。这类电商和用户之间的互动形式仍然有所欠缺，以图片和文字的互动形式为主，效率和感知度不足。于是，直播电商的模式出现了。直播电商在很大程度上打破用户对产品看不见、感受不到的现状，主播将商品的优缺点、使用效果用视频的方式展现出来，与图片和文字相比，视频的信息维度更加丰富，使得用户能够更加直观并全面地了解产品的属性和用途，做到所见即所得，降低试错成

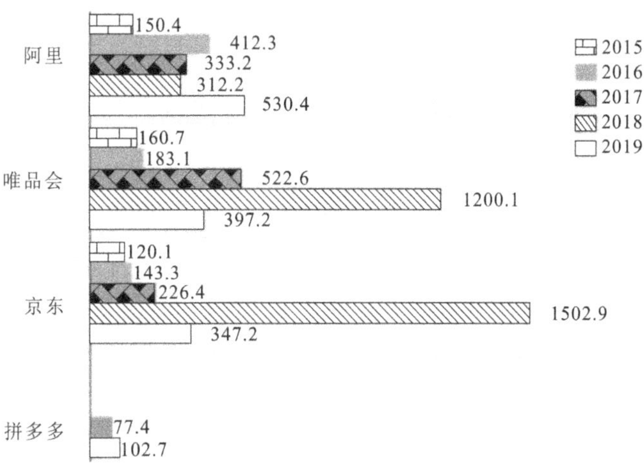

图 1-1 2015—2019 年中国各大电商平台获客成本(元/人)

(资料来源：艾瑞咨询、国海证券研究所)

本，再加上用户对一些网红主播的人身信任，整个电商直播行业便如火如荼地发展起来了。

三、电商直播的需求逻辑

（一）节约信息成本

现代生活中，大部分人时间碎片化严重，获取信息时追求短平快。相比主动式的信息获取方式，诸如自己读书、做笔记等，被动式的信息接收，诸如看视频、听讲座等更为省力和受欢迎。电商直播即属于后者。因此，用户看直播，听主播们讲解产品，比自己看图和文字说明，要省力不少。

（二）形成信任依赖

用户获得信息后，就会产生是否应当信任这些信息的问题。这时候 KOL①们就在这类需求下诞生了。这些 KOL 在直播中扮演主播的角色，用户根本不需要费时费力地去弄清楚这些竞争产品之间的优劣、内在运作逻辑等，只要信赖 KOL，听他们的介绍和推荐，就可以减少大量的信任成本。

（三）追求价廉物美

电商直播最基础的核心竞争力之一就是价廉物美，特别是通过顶流主播们的选品后，平台通常会拿到极低的网络销售价格，甚至最低价，这就极大地满足了用户对价廉物美的追求。而顶流主播之间的 PK，往往也在于对于同样的产品，谁能拿到更低的售价，谁就能在竞争中掌握优势。

（四）参与有趣互动

除了满足用户的购买需求外，有趣好玩的参与过程也是必不可少的。很多用户非常愿意在这个过程中与主播进行互动。购买商品之余还能娱乐一把，何乐而不为呢？

四、电商直播与电视购物的区别

电商直播与电视购物确实有很多相似之处，都是线上对线下的营销，由主播面向用户介绍产品，线上或电话下单，线下配送。所以，电商直播是网络版的电视购物这种观点，一直以来得到一部分人的认可。

---

① KOL（key opinion leader，关键意见领袖）通常也被称为“达人”。“关键意见领袖”一词源于营销学，通常指对目标群体的购买行为产生较大影响力的人。KOL 往往具有较强的专业性，因此其意见能够更容易地被目标群体接受，而 KOL 本身则借助互联网的曝光，在长期的意见输出中取得目标人群的信任，从而成为“意见领袖”。

但仔细去研判二者的区别，我们可以发现内在逻辑已经出现较大的不同。

1. 传播载体不同

电商直播一般通过互联网传播，可以通过电脑、Pad、手机等多端口观看，效率更高。而电视购物是与电视台合作的，需要在电视上收看，不方便，效率偏低。

传播载体的不同不仅带来效率的变化，更会影响基础的流量，而流量是当前互联网行业的重要资源。

2. 用户不同

电商直播的用户增长速度比电视购物的用户增长速度快，且互联网用户基数大，使用网络时长也超过使用电视时长，群体相对年轻化，导致电商直播的发展潜力大、速度快、黏性高。而电视购物虽仍有一定数量的用户，但基本已经达到发展瓶颈期，用户群体年龄也相对偏大。

3. 互动程度不同

电商直播由于采用互联网技术，能够实现主播与用户的实时互动，主播能根据用户反馈及时调整方案，或进行解答说明。而电视购物基本不具备实时互动能力，只能按照之前的拍摄脚本和安排好的流程进行。

不同的互动方式会收到不同的效果，互动性越强，用户转化率就越高。而互动的实时性，也使得任何负面反馈都可能在直播间被用户知晓或放大，这也对主播的应变能力提出了更高的要求。

4. 信任机制不同

电商直播中的主播，特别是达人主播，具有人设和一定量的粉丝，自身的形象和信誉是其区别于其他主播的重要因素，也是其核心竞争力之一。因此，为了维系用户，主播需要更加关注商品价格、质量等方面，能够切实给用户带来益处。而电视购物中，主播的粉丝群体不明显，用户的信任更多是基于对电视台的信任而非对主播个人。

信任机制的不同，使得电商直播的主播理论上会更加珍惜声誉，而且一旦建立粉丝信任度后，粉丝黏性高，愿意和主播一同成长。而用户对电视台的信任由于很难具象化，则很难进一步发展和培育。

第三节　直播产业的相关主体

一、直播平台

直播平台的概念可参见《中华人民共和国电子商务法》（以下简称《电子商务法》）对电子商务平台经营者的定义，即在电子商务中为交易双方或者多方提供网络经营场所、交易撮合、信息发布等服务，供交易双方或者多方独立开展交易活动的法人或者非法人组织。

需要理解的是，直播平台的实质是内容生产和消费的平台，直播平台最核心、最具价值的部分就是内容。直播平台做好相关服务，让主播提供内容，用户体验舒适。主播用内容捕捉用户，用户通过消费反哺平台和主播。直播平台承担的职能包括：找准内容场景定位、提供产品和技术服务、发掘和组织内容生产者、推广内容使平台获取用户、运营服务好用户、发展商业模式形成循环。

从表现形式上看，直播平台可以分为电商型、社交型、短视频型等。

也有文件采用了直播营销平台这一概念。直播营销平台是指在网络直播营销中提供直播服务的各类平台，包括互联网直播服务平台、互联网音视频服务平台、电子商务平台等。

本书中，直播平台一般指电商直播型平台，不包含娱乐、社交等类型的平台。

二、MCN 机构

MCN(multi-channel network)，字面意思为“多频道网络”，单从字面上难以理解它真正的含义，还需结合其起源进行解释。MCN 一词最早诞生于国外自媒体平台 YouTube，YouTube 上视频主的账户被称为 channel，而 MCN 一词中的 channel 最初即指 YouTube 上的视频主，即为 PGC 的生产者，多指原创作者。2009 年，YouTube 上开始出现一类组织，它们将视频生产者有序地组织起来，以实现内容的持续输出，这些组织的活动方式即实现了 multi-channel——由频道转化为多频道。而 network 一词在 MCN 中应被引申理解为关系网/组织，是多频道聚合后的产物。

直到 2014 年，YouTube 才官方使用了 MCN 一词。MCN 在传入中国后在一定程度上实现了本土化，其职能更加类似于网红经纪机构。中国式 MCN 除了负责将各类内容生产者聚集起来，还负责培养各类网红，促进内容的持续、加速生产，并负责与各类内容需求平台对接，实现资源匹配。MCN 中的 C——channel 也不再局限于其最初的含义，MCN 机构已触及各直播平台、各短视频平台、各社交平台等，甚至有人提出，中国式的 MCN 应当称为 MPN(multi-platform network)——多平台网络。

中国 MCN 机构的发展大致可以分为四个阶段。

阶段一：萌芽期(2009—2014 年)。Maker Studio、Machinima 等早期 MCN 机构被迪士尼、华纳等收购，使得国内行业、资本开始关注和培育 MCN 机构，以微博、微信为代表的企业开始构筑属于自己的生态圈。同时，快手作为短视频代表出现。

阶段二：成长期(2015—2016 年)。以 Papi 酱为代表的 IP 类机构开始流行，

2016 年 Papi 酱还获得了罗辑思维、真格、光源、星图等资本 1200 万元的投资①。

阶段三：快速发展期(2017—2018 年)。各大平台推出了 MCN 扶持计划，MCN 机构和网红数量暴增。

阶段四：成熟期(2019 年至今)。MCN 机构开始专业化分工和转型，产业链开始分工协作，品牌效应越来越强。中美 MCN 机构对比如表 1-1 所示。

表 1-1 中美 MCN 机构对比

	美国 MCN 机构	中国 MCN 机构
表现形式	视频	图片、文字、短视频、直播
内容生产提供	不生产内容，只是将众多创作者聚集起来建立频道，帮助其解决推广和变现问题	参与创作者内容制作过程，同时提供多渠道分发、内容运营、粉丝管理、供应链管理、商业变现等专业支持和服务
内容分发	主要为 YouTube 提供	渠道多样化，涵盖电商、短视频、社交、资讯等多类型平台
变现模式	广告为主	电商＋广告

我国的 MCN 机构大致有以下三类功能：

第一，提供经纪人功能。MCN 机构原本是国外视频网站旨在激励更多原创的“伙伴计划”的伴生产物，发展至今，仍扮演着类似经纪公司的角色——让创作者全神贯注于其作品创作，机构负责创作者除创作之外作品变现所需的主要事务，如视频推广、商务代理、网站对接等，为创作者解压减负，并以其服务收取相应佣金。

第二，提供管理者功能。MCN 机构若想在未来做大做强，势必要学习娱乐公司对旗下演艺人员的强势管理制度，对网络主播也进行严格管理。然而，MCN 机构对网络主播的管理有强弱之分。MCN 机构往往无法有效管理头部主播，或者头部主播本身就是管理者。而广大的腰部和腿部主播，则会被较有效地管理。

第三，提供孵化器功能。可以理解为 MCN 机构为扶植新兴团队或个人进入直播带货行业，而为其提供的包括数据引导、市场分析、个人形象塑造与深度经营等一系列“量身打造”的业务。

简单地说，可以把 MCN 机构理解为一个主播经纪、管理、孵化综合性机构，从分工上分为内容生产型、运营型、经纪型；或者理解为直播营销人员服务机构。

① 虽然半年后罗辑思维退出，但退出原因是 Papi 酱等 IP 类机构与罗辑思维的内容平台定位不符，这些 IP 类机构本身还是成功的。

《网络直播营销管理办法(试行)》对直播营销人员服务机构进行了定义,是指为直播营销人员从事网络直播营销活动提供策划、运营、经纪、培训等的专门机构;并明确了其有四个方面的义务。一是人员管理,即规范直播营销人员招募、培训、管理流程。二是商品审核,履行对直播营销内容、商品和服务的真实性、合法性审核义务。三是税务申报,应当依法履行代扣代缴义务。四是协议签订,与直播营销平台、直播间运营者、直播营销人员针对相关商业合作应签订书面协议,明确各自的权利和义务。

事实上,MCN 机构范围大于直播营销人员服务机构,它还包括娱乐类机构,而不仅是电商直播类机构。

三、家族、公会

家族与公会是一个概念的不同称呼,同 MCN 机构类似,是由特定群体主播聚集形成的组织。家族中通常会有一名“家族长”,家族长并不一定是主播,他负责统筹管理家族中的所有主播,为主播提供培训,保持家族内主播的曝光度,并利用家族关系链实现主播间的帮带。主播则需要将自己的收益与家族长进行分成。大型的家族或公会中甚至会有专门负责运营、宣传的人员。

家族与公会的一个特殊之处在于,它们常见于不同于电商直播的秀场直播中,秀场直播与电商直播无论从直播内容、直播目的还是盈利方式等方面都存在着极大的差异;另外一个特殊之处在于,家族与公会通常都只是线上组织,并且不具有法律人格,只是一群人单纯地聚集,主播加入公会、与家族长分成等事宜甚至不会形成书面合同,具有极强的人合性。由于秀场直播的运作模式较电商直播更为简单,其中并不涉及电商直播中的供应链、选品、运营等复杂的环节,在盈利方式上也基本局限于用户打赏,因此单纯人合性的组织尚能够适应其发展。不过仍不乏一些有规划且有发展目标的家族或公会,在发展到一定程度后,会试图从线上转移到线下,成立线下工作室甚至经纪公司,以更合规的形式经营。

四、主播/KOL

本书中的主播主要指网络主播,是指在互联网节目或活动中,负责参与一系列策划、编辑、录制、制作、观众互动等工作,并由本人担当主持工作的人或职业。有达人主播、商家主播、其他主播等多种类型。KOL,即关键意见领袖,在前文已有介绍。无特殊说明时,本书对以上两个概念不再加以区分。

在《网络直播营销管理办法(试行)》中出现了直播营销人员概念,其是指在网络直播营销中直接向社会公众开展营销的个人,事实上就是电商直播的主播。

不同类型的主播所需要的职业素养各不相同，但一个好的主播必须具备以下三个方面的素养。

(1)商业素养。包括市场意识，即按照市场需求提供专业服务；风险意识，即对法律风险、商务风险等进行预判、规划、应对；规则意识，即自觉遵守商务伦理、行业规范、规章制度；服务意识，即为用户、合作方提供周到、热情的服务。

(2)新媒体素养。包括媒介意识，即熟练掌握新媒介；视觉化能力，即更加适应视觉化沟通交流；信息组织能力，在海量信息中提取和识别信息并加以组合和反馈；创新意识，即按照社会发展和用户需求改进和创造新事物。

(3)综合素养。包括团队合作意识，即团队有效协作；沟通交流能力，即具有恰当的沟通方式和能力；复盘能力，即对周期、阶段进行回顾、反思、研究，为后续工作提供服务和思考对策；抗压能力，即能够承受高压环境、用户不良反馈等压力，有效调节情绪。

五、商家

商家是指直播产业中提供产品或服务的商业主体，一般和直播电商关系密切。常见的有品牌商、旗舰店、专营店、网店等。需要注意的是，商家一般不是供应商。

六、供应商

供应商是指实质供应产品和服务的生产者。一般是工厂、农场、内容制作者等。有时候会与商家重合。

七、服务商

服务商是指专业给直播行业提供服务的商家。比如专业提供运营、物流仓储支撑、支付结算、IT 技术支持、SaaS、PaaS、IaaS、财务、管理咨询、人力资源、法律风险及突发事件防范等服务的商家。

八、用户/消费者

用户，又称使用者，是指使用电脑或网络服务的人，通常拥有一个用户账号，并以用户名识别。需要注意的是，无论是娱乐直播还是电商直播等，用户都可能是消费者，都可能适用消费者权益保护方面的相关法律。

九、监管部门

监管部门在法律中一般属于特别法人中的机关法人。根据《互联网直播服务管理规定》，网络直播采用“1＋X”的监管模式。

“1”是指互联网信息办公室。国家互联网信息办公室负责全国互联网直播服务信息内容的监督管理执法工作，地方各级互联网信息办公室依据职责负责该行政区域内的互联网直播服务信息内容的监督管理执法工作。

“X”是指国务院相关管理部门，它们依据职责对互联网直播服务实施相应监督管理。在中国立法体系中，最难解读的就是“X”。各管理部门依据各自职责实施监督管理，就可能因存在监管利益而一窝蜂地上前，九龙治水；出现不利局面时，又互相推诿塞责，无人认领。

按照当前实践，具体可能涉及的监管部门及其职责如下：

（一）国家互联网信息办公室及地方各级互联网信息办公室

（1）审批互联网新闻信息服务许可，核发“互联网新闻信息服务许可证”①。

（2）互联网直播服务信息内容监督管理执法。具体有：

①建立日常监督检查和定期检查相结合的监督管理制度，指导督促互联网直播服务提供者依据法律法规和服务协议规范互联网直播服务行为。

②互联网直播服务提供者所在地省、自治区、直辖市互联网信息办公室指导制定互联网直播服务协议和平台公约的必备条款。

③省、自治区、直辖市互联网信息办公室应当建立黑名单通报制度，并向国家互联网信息办公室报告。

④依法处罚互联网直播服务提供者和互联网直播发布者未经许可或者超出许可范围提供互联网新闻信息服务等违法行为。

⑤鼓励支持相关行业组织制定行业公约，加强行业自律，建立健全行业信用评价体系和服务评议制度，促进行业规范发展。

（二）国家新闻出版与广电总局及各级地方广电行政部门

1. 互联网视听节目服务监督管理②

（1）发现互联网视听节目服务单位传播违反规定的视听节目，应当采取必要措施予以制止。

（2）依法对互联网视听节目服务单位进行实地检查。

（3）对违反特定情形的互联网视听节目，予以警告、责令改正，可并处3万元以下罚款；同时，可对其主要出资者和经营者予以警告，可并处2万元以下罚款。

---

① 《互联网新闻信息服务管理规定》第九条。

② 《互联网视听节目服务管理规定》第十八、二十二、二十三、二十四条，摘录部分内容。

(4)擅自从事互联网视听节目服务的；传播的视听节目内容违反规定的；未按照许可证载明或备案的事项从事互联网视听节目服务的或违规播出时政类视听新闻节目的；转播、链接、聚合、集成非法的广播电视频道和视听节目网站内容的，擅自插播、截留视听节目信号的，由县级以上广播电影电视主管部门予以警告、责令改正，可并处3万元以下罚款。

2. 网络视听节目直播行为管理①

(1)颁发“信息网络传播视听节目许可证”。

(2)对持证网站超出“信息网络传播视听节目许可证”载明业务范围擅自开展网络视听节目直播服务的行为予以制止；对未持有相应许可利用网络直播平台非法开展网络视听节目直播服务(包括开办新闻、综艺、体育、访谈、评论等各类视听节目)的，责成限期停办，对拒不停止的予以关闭。

3. 网络秀场直播和电商直播管理②

(1)对开办网络秀场直播、电商直播的平台进行登记备案。

(2)清理整顿不符合要求的直播内容；督导相关平台建立直播内容分级分类管理和审核制度，完善直播间、主播、审核员数量的结构报备、打赏控制等管理机制；对整体不符合开办直播业务条件和能力的平台，应通报有关部门，组织联合关停其直播业务。

(三)工业和信息化部及地方各级电信机构

1. 互联网视听节目服务监督管理③

(1)为取得“信息网络传播视听节目许可证”的单位办理电信业务经营许可或者备案手续。

(2)严格互联网视听节目服务单位的域名和IP地址管理。

(3)对违反规定的单位关闭其网站，吊销其相应许可证或撤销备案，责令为其提供信号接入服务的网络运营单位停止接入；拒不执行停止接入服务决定的，吊销其许可证。

2. 互联网信息服务监督管理④

(1)审查办理互联网信息服务增值电信业务经营许可证并公布名单。

① 《国家新闻出版广电总局关于加强网络视听节目直播服务管理有关问题的通知》第一、七条。

② 《国家广播电视总局关于加强网络秀场直播和电商直播管理的通知》。

③ 《互联网视听节目服务管理规定》第十一、二十五条。

④ 《互联网信息服务管理办法》(国务院令第292号)第七、十、十八、十九、二十、二十一、二十二、二十三条。

(2)依法对非法经营性互联网信息服务进行查处。

(四)国家市场监督管理局和地方各级市场监督管理部门

主要职能:网络直播营销活动监管[①],压实有关主体法律责任;监管网络直播营销行为,依法查处网络直播营销违法行为。

(五)文化和旅游部与地方各级文化综合执法机构

指导文化和旅游市场发展,对文化和旅游市场经营进行行业监管,推进文化和旅游行业信用体系建设,依法规范文化和旅游市场。指导文化市场综合执法,组织查处全国性、跨区域文化、文物、出版、广播电视、电影、旅游等市场的违法行为,督查督办大案要案,维护市场秩序。拟订文化市场综合执法工作标准和规范并监督实施。指导、推动整合组建文化市场综合执法队伍。指导、监督文化市场综合执法工作,组织查处和督办文化市场重大案件。

(六)广告协会

广告协会通常也会进行网络直播营销行为的监督管理[②],但更多属于行业自律。网络直播营销活动的诸多要素带有明显广告活动功能和特点,广告活动的各类主体也积极参与网络直播营销活动,成为网络直播营销新业态发展的重要力量。因此,广告协会需要对商家、主播等参与者在电商平台、内容平台、社交平台等网络平台上以直播形式向用户销售商品或提供服务的网络直播营销活动进行规范自律。

此外,在监管体系中,将直播中的主要监管对象分为两类,即直播平台的服务提供者和服务使用者。直播平台的服务提供者是提供互联网直播平台服务的主体,即直播平台;直播平台的服务使用者,包括互联网直播发布者(主播)和观看直播的用户。

第四节　直播产业的盈利模式

直播的分类可以有很多的方式,一般而言,我们大致可以将其分为娱乐类、电商类、教育类等。但不论如何分类,其目的始终是盈利。接下来,本节将从平台和主播两个角度出发,探讨直播产业的盈利模式。

---

①《市场监管总局关于加强网络直播营销活动监管的指导意见》。

②《网络直播营销行为规范》。

一、平台的盈利模式

(一)会员增值服务

平台会根据会员级别的不同,按级别开放会员权益,收取相应的会员费用。这里会涉及两类会员权限——用户类和主播类。

用户类特权有:功能性特权,如个性礼物、个性互动标示、隐身入场、获得更多积分等;内容性特权,如查看受限(通常是付费)内容等;身份性特权,如专属表情、头像、特效等。

主播类特权有:功能性特权,如提高主播室上限、私密频道等;身份性特权,如个性化勋章、特殊标示等。

(二)打赏分成

打赏分成主要是主播获得的用户用虚拟道具打赏的分成收入。也就是直播时,用户付费充值,用虚拟货币购买虚拟道具,然后送给主播。主播、主播所属的MCN机构和平台对打赏的道具在后台按比例进行结算并分成。随着运营的不断改进,目前基本形成了四档虚拟道具。

1. 免费道具

这类道具主要用于增加人气、活跃气氛,让一些不付费的用户也能够参与互动,并且在一定程度上培养用户的打赏习惯,转化潜在付费用户。部分平台对于免费道具有时会有使用时间、次数等限制。

2. 低价道具

这类道具一般所需费用很低,主要是为了打破用户付费的心理阈值,吸引用户开始付费打赏。

3. 常用道具

这类道具具有一定经济价值,是打赏次数最多的道具类型,也是打赏分成营收的主要来源之一,是平台常态化使用的道具。

4. 土豪道具

这是专门为高ARPPU①值用户准备的专属礼物。这类道具价格贵,一般会在数百元到数千元不等;效果酷炫,吸睛能力强,一旦使用,一般会在屏幕上出现特殊效果,用于满足土豪用户的尊贵感和荣耀感。

---

① ARPU(average revenue per user)和ARPPU(average revenue per paying user,付费用户平均收入)是在秀场直播中常被提及的概念,用于考量一个主播或一个直播应用的变现能力和其粉丝的消费能力,从而帮助其进行商业上的策略转换。ARPU与ARPPU在秀场直播中的计算公式为:ARPU=收益/活跃用户数;ARPPU=收益/付费用户数。

（三）广告模式

广告几乎是所有互联网产业都不可或缺的盈利模式。人们常说的互联网盈利模式中的“羊毛出在猪身上，让狗买单”模式，就是互联网公司通过免费产品聚集大量用户，用各种方式让用户持久使用产品，再利用大量流量吸引广告主投放广告，为广告主导流，然后广告主利用流量变现。

广告的投放目的可以分为品牌宣传和即时效果两类。品牌宣传是为了加深市场消费者对品牌的印象，强化品牌形象，着眼于长远。即时效果则更看重展示、点击数据、转化结果等。

展现形式上，有信息流、邮件、视频、窗口、门户 BANNER 等多种形式。

目前，常见的广告合作方式一般是按照 CP“X”模式进行计价结算的。

1.每千人成本

每千人成本（cost per mile，CPM）是基础的广告结算模式。这个模式的广告只关注展现量，按照展现量计价，不管展现的后续行为。此模式是最前端的收费模式。

广告主获得广告数据的方式有：

（1）合作广告媒介提供数据。广告媒介通常会为广告主开放一个后台账户用以查看数据。这个数据一般是广告页面的浏览的总次数 PV（page view），该页面产生一次点击，即默认展现一次。但弊端在于缺乏监督，数据真实性较难核实。

（2）查询第三方监测机构收集的投放数据。即第三方监测机构在投放的广告中放置监测代码，监测展示、点击数据，并在整理后提供给广告主。这种方式得到的数据相对可靠，但会增加广告整体投放费用。

2.每点击成本

每点击成本（cost per click，CPC）即每产生一次点击所花费的成本。这是在 CPM 模式基础上对结果有更进一步要求的模式，需要将广告效果精确到点击，只有点击了，广告对于广告主才有价值，广告主才需要为此付费。典型的按点击收费的模式就是搜索引擎的竞价排名，如谷歌、百度、360 等的竞价排名，还有淘宝直通车①。

广告主在此模式下获得广告数据的方式与 CPM 模式类似，此处不再赘述。

---

① 淘宝直通车是为专职淘宝和天猫卖家量身定制的，按点击付费的效果营销工具，为卖家实现产品的精准推广。即当别人搜索到卖家的广告，点击进去后才向广告主收取费用，一次最低0.05 元。

3.每行动成本

每行动成本(cost per action,CPA)即按行动收费。行动是多种多样的,具体采取哪个行动,需要在投放广告时,广告主与代理公司和广告媒体约定好。这种模式对结果要求更高,是后端的收费模式。

一般情况下,行动可以是安装、注册、互动、下载、下单、购买、销售等。在执行广告投放的过程中,只要不是产生约定的行动,不管展现了多少次或者产生了多少点击,都是不收费的。只有产生了约定的行动,即效果,才按量收费。

CPA 模式最适用于游戏、调查问卷、彩票、股票等行业。

与 CPC 模式的不同之处在于,广告主在 CPA 模式下监测数据,不仅要将监测代码部署在投放媒介上,还需要根据行动的要求部署到具体的落地页面(如网站、活动页等)上。

4.每时间成本

每时间成本(cost per time,CPT)模式较为特殊,可分为两种极端的模式。一种是完全前端收费,即按时长计费投放广告,广告主选择广告位和投放时间,费用与广告点击量无关,这与 CPM 模式类似。另一种是完全后端收费,即按用户使用时长或使用周期计费。这种模式是 CPA 模式的进一步变化,除了需要注册、下载、购买之外,还需要用户有一定的使用时长或使用周期,特别适用于 App 移动应用营销方面,尤其适合手机游戏、社交移动应用、工具类移动应用。

广告主在 CPT 模式下监测完全后端类数据方式与 CPA 模式不同,CPT 模式下的数据基本掌握在广告主自己投放的产品中,大部分监测代码可以通过自己的安装包设置,广告主掌握数据信息优势最强。

因此,在进行合作约定时,应当对不同的结算模式进行详细的定义,特别是存在多个变种模式的 CPA 模式、CPT 模式。

(四)电商导购分成

电商导购分成是电商直播平台最常用的方式。场景为:主播自己经营店铺,或某店铺需要主播推广,主播负责在直播时推广店铺商品,用户看直播时可直接挑选、购买商品,最终直播平台、MCN 机构和主播/店铺分成。

(五)游戏联运分成

游戏联运分成模式常见于游戏直播平台。游戏厂商希望在直播时嵌入游戏入口,观众在观看直播时如果通过入口点击、下载了游戏,则直播平台和厂商进行分成。从端口上也可以分为端游联运、页游联运、手游联运等。

这种模式和 CPA、CPT 后端类模式类似。

(六)版权开发

版权开发是指直播平台将直播内容保护起来,以版权售卖的方式提供给发行方,由发行方对内容进行加工利用,甚至还可以依托这些内容开发出更多的周边产品,比赛亦属于此类。这种模式目前大多和游戏、比赛直播等娱乐类直播结合。随着大 IP 时代的来临,版权开发或许有更大的发展空间。

(七)付费教育

付费教育是在线教育类产品的商业模式,即利用直播平台售卖课程,学生付费学习,直播平台最终和学校/老师分成。这种模式在新冠肺炎疫情期间得到了迅速的发展,而在新冠肺炎疫情防控常态化的今天,此模式有着较强的生命力。

(八)运营工具付费

运营工具付费属于增值服务的一种,它提供各种数据统计、运营工具,指导主播进行粉丝维护,提升直播效果。工具可支持的功能有直播数据统计、直播观众行为分析、直播观众关系维护、直播优化建议。

(九)设备买卖租赁

设备买卖租赁模式是指当前主要针对主播、店铺等的需要经营设备买卖和租赁业务。但随着 VR 时代的到来,为用户提供 VR 设备也将纳入其中。

(十)赛事竞猜

赛事竞猜是指将竞猜平台嵌入直播室,直播时观众通过竞猜平台下注,最终竞猜平台和直播平台分成。此模式在游戏和体育赛事直播中最为常见,但该模式极容易被认定为博彩,是风险合规控制中需要重点注意的模式。

二、主播的盈利模式

主播的盈利模式和平台相比则简单很多。主播的盈利模式基本如下:

(一)签约费及工资

娱乐主播经常会在和平台的签约过程中获得一笔签约费,特别是在游戏类主播本身也是电竞选手的情况下。该签约费由主播、其他团队成员、MCN 机构共享。

此外,也可以依约取得工资收入,人气越高,工资越高。

(二)打赏分成

用户通过充值购买虚拟道具,或者完成平台任务的方式向主播赠送虚拟礼物。平台、MCN 机构、主播等进行分成。

（三）广告分成

平台利用主播的高人气，在其直播期间吸引商家进行广告投放，主播从广告投放中获取一定的分成。

（四）游戏、电商等佣金分成

此类分成和平台的游戏联运分成、电商导购分成等结合在一起。

佣金随成交金额波动。商家与主播通常会约定一定比例的佣金，在直播结束后进行结算。实践中对佣金的结算通常还需考虑退货等情形，因此佣金的结算往往会在直播结束后一定时间内进行，并以直播平台的后台数据为参考依据。

（五）坑位费

坑位费的正式表达是直播间商品固定链接费用。坑位费的变量因素包含多方面，有主播、直播时间、直播顺序、商品品类等，但坑位费既被称为“固定链接费用”，则其金额在开播前已被固定，开播后也不会受销量的影响而有所调整。

以上盈利模式在直播平台中常被综合运用，很少出现单一使用的情况。这些模式归根结底是对流量变现方式的探索。对于合规而言，了解其盈利模式能很好地切入运营等其他方面，为客户提供更有价值的合法合规建议。

第二章

合　规

第一节　合规的认知

一、合规的概念

合规，字面意义就是符合规范。“规”就是标准、规则、法则，即法律规范。合规本质上是一系列对预定目标的遵守程序。这些目标首先是法律之规定，有时也可能是伦理的或者其他的。

因此，所合之“规”，包括但不限于下列内容：首先是指国家法律法规；其次，包括本行业、系统内部的规范、制度；再次，基于诚实信用原则，企业经营中应遵守的商业伦理道德；最后，还可能包括企业用于约束自身与员工的管理制度、风险防范守则，以及社会责任、社会道德、社会评价等。这就是我们常说的大合规概念。而合规之“合”，不仅意味着企业的经营行为应遵守上述规则，更强调合规的主动性，是以适应外在要求为目的，以改善企业内部控制和提升企业治理能力为核心的企业自律行为。

无论是 MCN 机构、主播还是直播平台，风险都是外部遏制系统和内部遏制系统双重失灵的结果。若 MCN 机构、主播和直播平台的内部遏制系统比较成熟，即使外部遏制系统相对薄弱，也能够有效防止商业风险甚至犯罪发生。

二、合规的常见认知误区

常见的合规认知误区主要有以下两个方面：

(1)不违法，皆可为。

不少企业并未了解大合规概念，偏向于狭义理解合规问题，将合法经营和合规经营等同，从而产生了“只要不违法，无论做什么都可以”的错误认知。特别是对企业内部的规章制度、组织架构建设不加重视，缺乏对企业行为的制度性约束，甚至希望多打“擦边球”，来获取利益。笔者甚至遇到过按照企业自身需求，强行曲解法律条文，自行解释法律，与监管部门做“猫鼠游戏”之类的情形。应当知晓，遵守法律只是底线，一个成熟的企业还必须经受社会道德、伦理等方面的拷问，而且很多有意识的企业已经将是否有合规体系，作为选择合作伙伴的重要条件。

（2）潜身缩首，盲目类比，认为法不责众。

具体而言，就是盲目随行业大流，认为别的企业都这么做，我就有样学样，大抄特抄，天塌下来有高个顶着，不需要在合规上花费力气。事实上，行业中很多同业的做法未必都是合规的，而每个企业的抗风险能力又是天差地别的，如果将希望寄托于法不责众，不当出头鸟，那么等真正碰到风险了，就悔之晚矣。

就现实而言，直播行业中的大部分企业、平台等尚未建立有效的合规体系，原因如下：

其一，碎片化的合规规定导致合规难度、成本增大。

迄今为止，企业合规刚被引入我国行政监管体系，一些企业开始意识到建立合规体系的价值，MCN 机构、直播平台等可以选择专业律所为其提供量身打造的企业合规服务，大厂也可以在其内设的法务部门中抽调法律从业者开展专门的风控与合规业务。但专门立法散落于各种法律法规等规范性文件中，碎片化的立法规制现状增加了直播行业建立有效合规机制的难度。所以合规是一项花费较高的法律活动。如果选择在企业内部建立整套合规体系，成本会更高。

其二，企业基于成本与收益考虑，缺乏动力。

企业的第一要务是生存和发展，经济效益显然是企业的核心关注点。正因如此，在直播行业中，通常是销售人员和宣传人员比较有发言权。而法务部门既不能产生直接的经济效益，又通常与业务部门“唱反调”，因此法务部门在大部分企业，特别是中小企业治理内部的权力体系中处于弱势地位，整体上直播行业的各个主体对于法律风险的防范较为有限。在企业内部建立合规机制非但不能为企业带来直接利益，反而还需要付出高昂的成本。合规组织体系需要：独立、权威、享有必要的资源、信息沟通顺畅。其中享有必要的资源主要是指充足的人力和物力投入，因此，就利益衡量的角度而言，直播行业缺乏建立合规机制的动力。

其三，同行竞争激烈，管理者自身意识不足，存在认知误区。

直播行业虽然发展得如火如荼，但目前仍处于爆发期和规制期之间。激烈的同行竞争使得很多管理者认为合规会束手束脚，不利于企业发展。这可能是受管理者知识所限，如前所述，存在认知误区，如存在侥幸心理，认为我国监管主要在于“抓大放小”、法不责众。

合规不是负担，合规是企业生产力，是企业的竞争力。加强企业合规管理是顺应经济全球化新形势的必由之路。企业的合规状况日渐成为衡量其治理能力、商业信誉的重要指标。很多公司已将拥有健全的合规体系作为其挑选合作伙伴、供应商的重要标准。我国的央企、国企也陆续发文，要求对相关企业进行整体性合规。

三、合规的价值

（一）实现企业稳定发展

实现企业的稳定发展是合规工作给企业带来的最直观的效果，其主要表现在于避免法律风险的发生。这里的法律风险既包括企业因自身违法行为所遭受的行政甚至刑事处罚，也包括因不合规操作而在合同履行层面需要承担的违约责任、在其他民事活动中可能需要承担的侵权等民事责任，还包括因管理漏洞、风险防范漏洞而遭受的他人对企业权利的侵害。

如前所述，企业合规的首要步骤为制定符合法律的内部管理制度，而在合规框架下的企业运营可以在较大程度上避免出现违法违规行为，从而避免行政或刑事处罚的发生，在民事层面也能够避免承担违约责任、侵权责任或其他民事责任。而完善的合规管理制度具备良好的事前防范机制与应急机制，可以有效预判风险的发生，这将阻隔他人可能对企业权利造成的侵害。

从行政、刑事、民事层面分别避免相应风险后，企业的稳定发展便有了“保护伞”。在稳定发展的基石上，企业才能将工作重点集中于开展业务与投资活动，从而实现收益。

（二）降低企业成本

不少企业认为，合规需要耗费大量的人力、物力与时间成本，这对企业而言，尤其是对初创型企业而言是一笔不小的支出，且会给企业带来资金压力。但从长远的角度考虑，一旦建立企业合规制度，将大大降低企业成本，主要包括企业的管理成本与业务运营成本。

1. 管理成本

合规管理制度下，企业各层级的员工都需要严格按照合规管理制度执行对内及对外的工作。一套完善的合规管理制度可以有效提高员工的工作效率，确保企业的依法依规操作和安全运行，预防员工代表企业实施不合规的行为和内部舞弊行为，同时减少因员工违法违规操作给企业带来的各种损失。

2. 业务运营成本

企业合规管理可以对管理层人员进行有效的约束，规范其决策行为，从而降低决策失误率。同时，决策者在作出决策时依照合规管理制度所指出的风险预判方法能够较为精准地预判各种风险，避免企业在业务运营过程中可能出现的各类不必要的亏损。

部分企业可能在成本的控制上存在误解，它们认为法律规定的行政机关对于企业的各种课税、各项费用的收取、各种业务开展的限制是企业发展的阻碍，并没有考虑到立法者在制定这些制度时有更深层次的考虑。维护社会公众权益，确保社会经济平稳运行是立法者的出发点之一，但企业忽略了它们自身恰是社会经济的一环，法律在规制其行为的同时也试图从另一角度保障其稳定发展。企业不应通过规避法律获取各种不正当利益从而达成对成本的控制，合规的成本是企业在发展过程中应当正视并且接受的成本。而后，在合规的基础上，开展创新、发展具有经济效益的业务才是企业的发展之道。

（三）提升企业声誉，促进业务发展

调查统计显示，目前对我国企业，特别是国有企业构成最大挑战的不是经营风险，而是信誉风险。而信誉风险的发生都指向一个共同的症结点——违法违规操作。

在企业发展到一定程度后，企业的不合规行为可能会成为企业发展的瓶颈。企业在进行融资时，其合规管控机制通常被视为一个重要的考察对象。不少企业 IPO 被否的重要原因之一是缺乏对不当行为的合规管控机制。例如，中国证券监督管理委员会第十八届发行审核委员会在否定墨迹天气的 IPO 时，提出了一个重要的问题，即要求墨迹天气说明其“确保业务合规运行的相关内控制度，是否与同行业一致，内控执行是否健全有效，是否构成发行障碍”①。

而对于具备一定社会影响力的企业而言，良好的声誉也将在很大程度上影响企业业务的发展。当企业出现不合规行为时，即使并未遭受监管部门的处罚，也将面临巨大的社会舆论压力。公众对于这类企业通常抱有较高的期待值，企业良好的社会形象也是消费者选择产品或服务的标准之一。不合规的行为，包括企业自身的行为与企业员工的行为，都会使得公众对企业的产品或服务产生怀疑，而即便这种不合规行为并未直接影响产品或服务的质量或效果，也会波及其产品或服务的销售，从而对企业开展业务造成负面影响。良好的社会形象将是企业开展业务的助推剂，这也是企业合规的意义之一。

（四）节约公共资源，体现社会责任

企业合规为社会带来的效益提升所体现的是企业作为社会主义市场经济组成部分所承担的社会责任。企业在建立合规管控机制并落地执行后，依据法律法规制定的内控制度能够使法律得到较为稳定的遵守与执行，企业发生

① 中国证券监督管理委员会. 第十八届发审委 2019 年第 142 次会议审核结果公告[EB/OL]. (2019-10-11)[2022-07-01]. http://www.csrc.gov.cn/csrc/c105899/c1009848/content.shtml.

违规行为的概率也将会降低，因企业违法违规行为给国家、社会造成的损失随之减少。

此外，企业合规所节约的公共资源不仅体现在减少不必要的国家或社会财产损害，还表现在执法与司法资源层面，企业合规使得监管者所面临的管控压力将在很大程度上得以减轻。当企业发生违规行为时，监管部门需要耗费人力与财力就企业的不合规行为进行调查、执法。而通过企业自主合规，企业发生违规行为的概率将会降低，监管部门需要进行合规调查的基数减少；完善的企业合规管控制度也将有助于在实际发生违规行为时帮助监管部门更高效地进行调查，从而减轻监管部门的压力，大大减少执法部门的资源投入，使有限的行政司法力量能够投入到更重大的案件或事项中。

第二节　从企业管理者角度看合规体系建设

一、日常合规体系的建立

合规体系的建立主要在于确定企业整体合规体系应遵守国家法律法规，本行业、系统内部的规范、制度，企业经营中应遵守的商业伦理道德，企业用于约束自身与员工的管理制度、风险防范守则，以及社会责任、社会道德、社会评价等。明确合规体系所需要的人员能力要求，落实合规责任分配，建立一套采集、辨识、评估、更新法律制度库的合规体系，拟定实施合规的具体措施、制度，监督执行并评价合规状态和有效性，及时纠偏违规行为，保障企业合规义务的切实落地。

具体而言，主要注意两个方面：

(1)被动性合规需求，这部分主要是指法律法规等强制性要求。具体包括我国的法律、司法解释、行政法规、地方性法规、条例、规章等，监管机构的规则、指导、指引、其他规范性文件等。涉及跨境业务的，还需要注意国际公约、国际条约、国际性法律法规等。

(2)主动性合规需求，这部分一般是企业主动要求遵守、制定的规章制度或者其他可选择性规则或准则。具体包括行业协会制定的行业自律规范或行业标准，企业规章制度、章程，与合作方、员工等签署合同后产生的义务，企业伦理、社会伦理、社会道德、社会评价等。

二、日常合规体系的维护

合规体系的维护主要是合规相关风险防控体系的更新、落实。直播行业发展迅速，国家、社会的监管和要求也会随之不断推陈出新。企业一般要有过程识别机制，根据变化的法律法规、准则、其他合规要求等及时更新规则。

日常合规体系的主要维护流程如下：

(1)建立获取更新信息的渠道。主要是关注法律法规的发布，成为专业团队的会员，订阅相关服务，参加行业论坛、研讨会，定期浏览监管部门网站，与监管部门会晤，与法律顾问洽谈，进行内部审核和管理评估报告等。

(2)评估、修订。根据合规义务的变化，及时更新修订相关制度。

(3)有效传达和学习。对需要学习的法律、法规、行业标准等，企业通过组织培训、发送至员工邮箱等方式实现有效传达和学习。

(4)及时发现和纠偏体系违规部分。建立沟通和举报机制，对需要调整的信息、制度及时进行汇总和商议，并研讨调整方案，落实到位。落实后，及时反馈给相关部门。

三、日常合规风险的识别与评估

(一)合规风险的识别

企业或员工因不合规行为，引发经济和商誉损失、行政处罚、刑事处罚及其他法律责任的可能性，一般被称为合规风险。合规风险的识别流程一般是先区分义务主体，再定岗定责，将合规义务和岗位职责、行为等关联起来。此外，广泛、持续收集合规风险信息，加以筛选、比较、分类等，以有效识别发生违规的场景、原因、影响、责任。

考虑的因素有：

(1)已发生违规风险的事件。

(2)企业转型、改制、产业调整、组织结构调整等变化产生的合规风险。

(3)内部规章制度未依法依规的风险。

(4)现有合规体系未能覆盖的遗漏领域风险。

(5)工作人员执行过程中的风险。

(6)新的法律法规、准则政策引发的风险。

(二)合规风险的评估

风险评估是指对发现的风险进行评估，以确认风险发生的可能性、发生频率、后果的严重性、风险的脆弱性、风险的威胁性等，确认风险等级。风险评估是对风险进行量化归类的过程。科学合理的风险评估，往往是对后续风险整治的一个重要前提，也是调整合规资源分配的重要基础。评估合规风险的五个维度如图 2-1 所示。

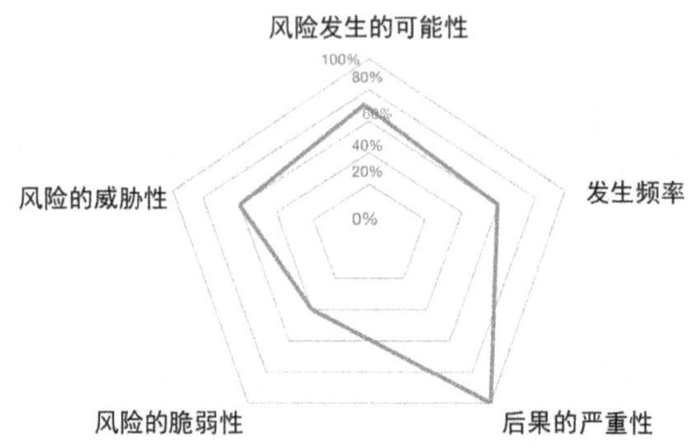

图 2-1　合规风险评估维度图

第三节　国内直播行业的合规现状

一、我国直播行业相关规范

直播行业的制度化建设是直播行业健康发展的重要基石，建立与完善相应制度有助于强化对直播行业的监管并引导直播行业的合规发展。

2016 年，国家互联网信息办公室针对直播行业发布《互联网直播服务管理规定》，对互联网直播服务提供者的资质证照、身份认证、内容审核、互动管理、技术要求、违规处置以及内部管理等方面作出相应规定。这是我国首次在部门规章层面对直播行业进行规范，初步形成了我国直播行业合规管理的框架。自 2020 年起，我国密集出台了与直播行业相关的规定①，其中《关于加强网络直播规范管理工作的指导意见》明确要求压实网络直播服务平台、网络主播以及网络直播用户三方的法律责任。同时，国家广播电视总局、文化和旅游部专门针对“网络主播”这类直播主体发布《网络主播行为规范》，明确了网络主播在开展直播等活动中的 31 条禁止性行为②。

为细化不同类别直播活动的规范重点，相关主管部门依据不同类型直播活动的特殊性出台相应规定，如《网络直播营销管理办法（试行）》《关于加强网络直播营销活动监管的指导意见》主要针对直播营销活动，由于此类直播涉及营销等

① 与直播行业相关的规定如下：《关于加强网络直播营销活动监管的指导意见》《关于加强网络秀场直播和电商直播管理的通知》《关于加强网络直播规范管理工作的指导意见》《网络直播营销管理办法（试行）》《关于进一步规范网络直播营利行为促进行业健康发展的意见》《关于加强网络视听节目平台游戏直播管理的通知》《关于规范网络直播打赏 加强未成年人保护的意见》等。

② 《网络主播行为规范》第十四条。

商业活动，因此相关内容侧重于规范广告及宣传违规行为以及消费者权益保护；《关于加强网络视听节目平台游戏直播管理的通知》主要针对游戏直播活动，该通知明确禁止传播违规游戏，加强游戏直播内容的管理；而《关于加强网络秀场直播和电商直播管理的通知》则侧重于规范网络秀场直播和电商直播，该通知要求对网络秀场直播进行分类管理，电商直播平台不得超出电子商务范围违规制作、播出与商品售卖无关的视听节目。除此之外，由于未成年人巨额直播打赏、沉溺网络直播相关案例屡见不鲜，严重损害未成年人身心健康，国家互联网信息办公室等四部门联合发布《关于规范网络直播打赏 加强未成年人保护的意见》，该意见严令禁止未成年人参与直播打赏，严格限制未成年人从事网络主播服务，并通过优化"青少年模式"、规范打赏相关功能应用、设置未成年人专属服务团队、强化高峰时段管理等多种举措强化对未成年人的保护。

二、我国直播行业执法趋势

直播行业作为日渐繁荣的新兴行业，对监管部门开展执法活动提出了全新挑战。直播模式的不确定性、监管制度的缺失以及直播行业的自律性匮乏等因素导致直播行业乱象丛生，违法犯罪形态不断推陈出新，触碰道德与法律的底线。近年来，我国监管部门通过系列专项行动集中开展对网络直播行业的执法活动，强化对直播行业违法违规问题的监管，推动直播行业的规范有序发展。

按照 2022 年"清朗"系列专项行动的安排，中央网信办、国家税务总局、国家市场监督管理总局开展为期两个月的"清朗·整治网络直播、短视频领域乱象"专项行动，集中整治"色、丑、怪、假、俗、赌"等违法违规内容呈现乱象①。2020 年，国家市场监督管理总局等 14 部门开展网络市场监管专项行动（网剑行动），重点查处"直播带货"等领域违法犯罪行为②。对于直播机构而言，在强监管态势之下，需要重视自身合规问题，规范直播活动的运行，否则将承担相应责任；而直播平台作为网络服务提供者，若未能有效落实法律、行政法规规定的信息网络安全管理义务，经监管部门责令采取改正措施而拒不改正，并造成刑法所规定的严重后果的，还将承担拒不履行信息网络安全管理义务罪之下的刑事责任③。

---

① 关于开展"清朗·整治网络直播、短视频领域乱象"专项行动的通知[EB/OL].[2022-06-30]. http://www.cac.gov.cn/2022—04/15/c_1651632212222914.htm.

② 《2020 网络市场监管专项行动（网剑行动）方案》第二条第六点：……协同推进对网络市场发展新模式新业态的分析研判和线上监管执法工作探索，规范"直播带货"等网络经营活动秩序，依法惩处"直播带货"等领域违法犯罪行为，形成有力震慑，不断营造安全放心消费环境。

③ 《中华人民共和国刑法》第二百八十六条之一。

三、我国直播行业违规情况

由于直播行业迅速膨胀，各类丑闻频发，直播行业相关违法违规行为增多。

依据企查查数据研究院的统计，2018—2021 年网络直播相关裁判文书数量呈直线增长趋势，2018 年审理内容包含“网络直播”的裁判文书仅有 62 份，2019 年增长至 141 份，2020 年进一步增长到 197 份。就地域分布而言，浙江、上海、河南的裁判文书数量位居前三。从案由类型来看，以诈骗案出现最为频繁，直播理财诈骗、直播打赏诈骗、恋爱诈骗等各种诈骗案层出不穷。此外，非法经营，制作、复制、出版、贩卖、传播淫秽物品等法律纠纷也相对较多。而从行政处罚数据来看，2018 年直播相关行政处罚案件 33 件，2019 年共 53 件，2020 年为 93 件；从地域分布来看，北京、浙江、广东的行政处罚数量位居前三；从处罚事由来看，以直播平台内容违规、直播内容虚假广告宣传这两类为主①。

除了相关主管机构的严格监管之外，各大直播平台也在积极处置违法违规直播行为，筑牢平台内部管理防线，依据平台规定处理大量违法违规行为。例如抖音平台设置“抖音安全中心”，定期发布抖音安全透明度报告，公开对违法违规直播的处理情况。2022 年第一季度，抖音直播持续开展平台生态专项治理行动，共处置“色情低俗”“饭圈”“网络暴力”“恶意营销”“涉未成年人不良信息”等违法和不良信息 20556 条，处置账号 3688 个；处罚“恶意八卦”类违规直播间 747 个，“教唆煽动、辱骂挑衅、低俗 PK 游戏、刻意炒作、不良诱导打赏”等违规行为直播间 1751 个②。虎牙直播上线“虎牙 110”以维护平台生态秩序，2021 年年底虎牙开启为期半年的平台生态专项整治行动，共处理涉嫌违规直播内容 19741 例，下架违规视频 9308 个，同时清理违规账号 134746 个③，虎牙直播平台的动态处罚公示显示，因低俗擦边、违规广告以及宣扬赌博等违规行为清理用户/封禁主播数位居前三④。以上平台的处罚数据，体现了直播平台内违法违规行为数量庞大、屡禁不止，直播行业的平台生态仍有待进一步改善。

---

① 2020 年新增网络直播相关裁判文书 197 份[EB/OL].[2022-07-05]. https://mp.weixin.qq.com/s/iv0n0P5oeeq3ceqnaLP5gw.

② 2022 年第一季度抖音安全透明度报告[EB/OL].[2022-07-05]. https://www.douyin.com/transparency#2.

③ 虎牙专项维护平台“清朗”生态“安全门户”虎牙 110 正式上线[EB/OL].[2022-07-05]. http://110.huya.com/topic-detail? id=85.

④ 详见虎牙直播平台“处罚公示”[EB/OL].[2022-07-05]. https://110.huya.com/.

四、我国直播行业合规研究现状

经检索，目前我国学术界尚未形成直播行业合规制度的体系化研究，但针对直播行业所涉及的各类法律问题及其规制已形成较为丰富的研究成果，主要涉及广告与虚假宣传、知识产权（主要集中于游戏直播与体育赛事直播）、色情淫秽、税收、未成年人保护等。与此同时，鉴于直播行业的违法违规问题频发，实务界开始逐步推进针对直播行业的合规问题研究，尤其是监管部门执法人员、公司法务、律师等通过文章等形式对直播行业的合规问题进行梳理，为直播行业的合规发展提供指引。其中，部分文章以不同主体作为切入点进行分析，针对主播、商家、电商平台分别梳理直播行业的合规问题；部分文章则以领域作为划分，针对直播行业的广告、税收、知识产权、未成年人保护等不同领域进行合规分析。

整体而言，直播行业所涉及法律法规范围广泛，对于直播行业的合规研究主要从不同领域入手，且侧重于对法律关系、违规行为法律责任的分析，而关于各类直播参与主体合规义务仍有待进一步研究。

第四节　国外直播行业的合规现状

目前，国外对于直播行业的监管主要集中在公民个人信息保护、未成年人保护、网络色情内容管制等方面，且主要聚焦于对直播内容的管制。

一、美国

美国联邦政府并没有针对网络直播进行专门规定，行政层面对网络直播的规制主要体现在以往颁布的几项成文法的个别条文中，重点关注对未成年人的保护。

2000 年通过的《儿童互联网保护法》（*Children's Internet Protection Act*）认为，“防止有害内容损害儿童的身体和心理健康是政府义务性的工作”，“禁止提供对毒害青少年的内容，并配以合法的保护措施，是目前政府行使这项义务工作的最有效和限制最少的方式”。《儿童互联网保护法》对毒害青少年的内容进行了定义，其中包括任何淫秽的图像、作品。网络直播可以通过图像、作品等形式展现，因此《儿童互联网保护法》对直播行业具有一定的规制效果。此外，《儿童互联网保护法》还对通过互联网向青少年传递有害内容的行为作出了严苛的责任规定。

《儿童在线隐私保护法》（*Children's Online Privacy Protection Act of 1998*）则是另一例体现美国政府在对儿童保护过程中给直播行业带来影响的法案。《儿童在线隐私保护法》于 1998 年由美国国会通过，并于 2013 年进行修订。

联邦贸易委员会(Federal Trade Commission,FTC)于1999年10月20日发布了该法案的实施细则,并宣布生效日期为2000年4月21日。依据《儿童在线隐私保护法》的规定,收集、使用或披露13岁以下儿童个人信息的,应当获得可核实的父母同意。而对于个人信息的收集是众多网络运营者在提供网络服务时的基础性工作,拒绝提供个人信息可能导致无法正常使用网络服务。《儿童在线隐私保护法》的这一规定使得儿童使用网络服务的行为处于其父母的同意与监控之下,其中当然包括网络直播。

2019年2月27日,企业Musical. ly(即TikTok运营商)因违反美国《儿童在线隐私保护法》,被美国联邦贸易委员会宣布罚款570万美元。这是迄今为止该机构在关于儿童网络隐私民事案件中做出的最大罚款。美国《儿童在线隐私保护法》到目前已通过20多年,在发展过程中得到了丰富的实践验证,成为相对完善的儿童隐私保护体系。

美国原起草者参议员马基(音译)观察到目前儿童在互联网方面保护的重要性,于2019年的国会正式提出《儿童在线隐私保护法》2.0法案,他建议扩大《儿童在线隐私保护法》中关于未成年保护的范围,对13—15岁年龄段的未成年人也提供保护,并且在收集个人信息方面设立新限制。

二、德国

德国政府于2017年推出一项规定,要求网络直播平台像当地的广播机构一样申请牌照,这使得德国网络直播监管在制度层面上更加完善。

2018年1月1日起,德国正式实施针对社交媒体平台的监管法案——《社交媒体基本权利保护管理法》(*Gesetz zur Verbesserung der Rechtsdurchsetzung in sozialen Netzwerken*)。《社交媒体基本权利保护管理法》的聚焦点为在社交媒体发布的不当言论,即内容方面,该法适用于德国境内注册用户超过200万人的营利性网络社交平台。《社交媒体基本权利保护管理法》对网络社交平台的监督义务提出了要求,敦促网络社交平台对其用户生产内容进行管制。此外,用户亦有权对违法内容进行举报,多次违反规定的社交平台将面临500万到5000万欧元不等的罚金。对于拒绝提供平台信息的社交媒体,将进行处罚。网络直播平台具有的社交属性使得一部分平台受到该法的规制,对于用户在直播活动中发表的违法言论,直播平台基于该法需承担对用户发布内容的管制责任。

三、英国

英国对于网络直播监管的侧重点与美国一致,主要集中在对儿童的保护领域，且并未单独针对网络直播对网络运营者提出要求，而是进行了全面的网络信息安全规制。

2022 年 3 月 16 日，英国政府宣布最新的《网络安全法案》(Online Safety Bill)有望在两个月内正式生效。次日，《网络安全法案》被提交至英国国会，英国政府公布了新版《网络安全法案》细节，该法案旨在打造更加安全的网络空间，保护儿童免受有害内容影响，同时让科技巨头承担起应有责任。根据该法案的规定，英国通信管理局(Ofcom)有权对未能遵守法案要求的企业处以高达其全年营业额 10%的罚款。英国《网络安全法案》敦促了 Facebook、Instagram、YouTube、Twitter 等社交媒体巨头清理用户在其平台上发布的有害信息，并将持续影响科技公司的内容审核工作。英国《泰晤士报》称，根据法案界定，有害内容可能虽未触及法律底线，但仍会对受众造成伤害，比如鼓励自残言论，传播各类谣言和虚假信息等。

英国政府对网络有害信息的关注可追溯至 1996 年的《3R 安全网络规则》(R3 Safety-Net)。《3R 安全网络规则》主要针对互联网儿童色情与非法信息展开规制，并对网络内容分类标准作出了详尽的规定。

可以看出，直播平台作为社交网络产业的一环，在英国面临的一大监管便是内容合规监管。

四、欧盟

欧盟在 20 世纪便已关注对内容传播领域的法律规制。早在 1989 年，欧盟便为解决视听媒体服务在欧盟成员国间的跨境传播问题颁布了《电视无国界指令》(*Television without Frontiers Directive*)，并在 1997 年进行了修订。但《电视无国界指令》的出台背景是每个成员国只有极少数的主流媒体，随着互联网行业在 21 世纪初的迅速发展，数字电视、视频点播、移动 Web 流等视听媒体形式逐渐在市场上形成，《电视无国界指令》的适用性在互联网时代被削弱。为应对这一问题，欧盟在 2007 年出台了《视听媒体服务指令》(*Audiovisual Media Services Directive*)以取代《电视无国界指令》，该指令扩大了对媒体的监管范围，对包括传统电视频道、IP 电视、互联网广播电视、手机电视、网络视频点播、移动多媒体等视听媒体进行统一规制、分类监管。2018 年，欧盟对《视听媒体服务指令》进行了修订，将视频分享平台划为《视听媒体服务指令》的规制对象。

《视听媒体服务指令》将视听媒体服务划分为线性媒体服务与非线性媒体服务。线性媒体服务又称“广播电视”，是指媒体服务提供者编排好节目顺序并按顺序将节目提供给受众同时观看的服务，包括传统广播电视、互联网广播电视、IP 电视等(第 1 条第 1 款第 5 项)；非线性媒体服务又称“点播类视听媒体服务”，是指用户在服务商提供的点播目录中自行选择观看时间、观看内容的视听媒体服务，包括视听新媒体中的互联网视频点播、BT视听下载以及播客广播等（第1条第1款第7项）。《视听媒体服务指令》尚未明确将网络直播列为受其规制的独立媒体形式，但笔者认为从内容监管的角度来说，《视听媒体服务指令》具有较高的参考适用性。网络直播同时融合了线性媒体服务与非线性媒体服务的双重特征，就直播本身而言，用户需在指定的时间观看直播内容服务者已编排的直播内容，但多数直播平台均为用户提供了回放功能，这又使得网络直播具备了非线性媒体服务的特征。

与美国、英国等国家的规定一致，欧盟的《视听媒体服务指令》在内容管控层面也对煽动种族、性别、宗教或国家之间的仇恨，公开挑衅，实施恐怖犯罪行为等有害内容进行了规制，并注重对未成年人的保护，对于那些可能严重损害未成年人身心健康或道德发展的视听媒体服务，要求管辖范围内的媒体服务提供者以一种未成年人通常不会听到或看到的方式提供。

此外，2018年生效的欧盟《通用数据保护法案》（General Data Protection Regulation）也对未成年人使用直播平台产生了一定影响。与美国《儿童在线隐私保护法》异曲同工，依据欧盟《通用数据保护法案》的规定，16岁以下的未成年人如在社交媒体网站进行注册，需要获得其家长或监护人的同意。

五、韩国

韩国对于网络监管的聚焦点落在实名制这一问题上。

2006年的《促进信息通信网络使用及保护信息法》修正案对实名制提出了要求，依据该法的规定，用户在互联网上发表言论须实名登录。同时，《促进信息通信网络使用及保护信息法》修正案也对互联网传播内容作出了规制，互联网用户利用网络传播淫秽色情视频、图片或贩卖、租赁淫秽色情视频、图片等，以及利用互联网向特定人群发布消息、视频、图片等造成对方恐惧、不安的，将面临相应的法律责任。

2007年，韩国颁布了《信息通信网法》，针对日访问量大于20万人的媒体和在访问量大于30万人的门户网站进行留言的用户，该法要求其进行网络实名制。韩国2020年的“N号房”事件促使《信息通信网法》修正案的通过。2020年5月，韩国科学技术信息放送通信委员会通过《信息通信网法》修正案，明确规定信息通信服务提供者中符合总统令标准的企业负责人为防止非法拍摄视频流通的责任人，并要求相关责任人每年向广播通信委员会提交透明性报告书。

第三章
直播生态中主体设立合规

第一节 法 人

法人包括营利法人、非营利法人和特别法人。本节将分别对其设立中常见的法律合规事项和风险控制要点进行解析。

一、营利法人

营利法人是以取得利润并分配给股东等出资人为目的成立的法人，包括有限责任公司、股份有限公司、其他企业法人等。从定义和类型可见，在直播行业中，很多主体都属于营利法人。例如，大部分的直播平台、以公司形式设立的MCN机构等。

(1)营利法人经依法登记成立。依法设立的营利法人，由登记机关发给营利法人营业执照。营业执照签发日期为营利法人的成立日期。

那么在营利法人设立前，筹办阶段是否可以开展业务？法律权利和义务等由谁享有和承担？

《中华人民共和国民法典》(以下简称《民法典》)第七十五条规定：设立人为设立法人从事的民事活动，其法律后果由法人承受；法人未成立的，其法律后果由设立人承受，设立人为二人以上的，享有连带债权，承担连带债务。设立人为设立法人以自己的名义从事民事活动产生的民事责任，第三人有权选择请求法人或者设立人承担。

实务中，公司设立人(自然人)招聘劳动者、购买办公用品等从事公司筹建活动，如果筹建成功，设立人在筹备过程中的行为即被追认为公司行为，因用工、买卖等行为产生的相关权利和义务由筹建成功的公司承受。如果筹建失败，则法律后果由设立人承受，如果设立人是自然人，其与雇佣的劳动者之间的争议按照劳务关系处理。

但需要注意的是，在法人设立过程中所涉及的法律关系并不限于债权债务关系，例如设立人为设立法人而购置不动产时还会涉及物权关系。所以，条文中设立人为二人以上的,“享有连带债权,承担连带债务”的文义过窄,应当做扩张解释,解释为“享有连带权利,承担连带义务”,即用权利和义务,代替单纯的债权和债务。

(2)设立营利法人应当依法制定法人章程。

公司章程是公司宪法性的法律文件,可见公司章程在公司中的重要地位。在这个环节,经常出现各股东不重视章程设置的情况。具体如下:一是公司章程大量简单照抄照搬《中华人民共和国公司法》(以下简称《公司法》)规定或者直接用市场监管部门的章程模板,没有根据自身的特点和实际情况制定切实可行的章程条款,对许多重要事项未进行详细的规定。二是公司章程中有些条款的内容明显不符合《公司法》的精神,甚至有剥夺或者变相剥夺股东权利的情形。

以上情况导致公司章程可操作性不强,对公司管理层权限边界界定不够清晰,不能有效地保护中小股东的权益,使得本来非常重要的自治机制,在面对公司与股东的争议、股东之间的争议、公司与高级管理人员的争议时形同废纸。公司章程几乎发挥不了任何作用。

(3)营利法人应当设权力机构。权力机构行使修改法人章程、选举或者更换执行机构、监督机构成员,以及法人章程规定的其他职权。

所谓权力机构,一般是指股东会或者股东大会。它们的重要性毋庸置疑,其中重中之重是股权结构的设计问题,以及适合企业发展的动态调整。

实践中,许多中小投资者忽视股权比例和股东权利的调整,容易形成股东僵局,引发公司控制权和利益索取权失衡等问题,最后陷入进退两难的境地。

合理的股权结构可以明晰各股东之间的权责利,科学体现各股东对企业的贡献、利益和权利,有助于维护公司和创业项目稳定;融资时,股权要稀释,合理的股权结构有助于确保创业团队对公司的控制权。进入任何资本市场,无论是新三板,还是IPO,都会考察股权结构是否明晰、清楚、稳定。

(4)营利法人应当设执行机构。执行机构行使召集权力机构会议,决定法人的经营计划和投资方案,决定法人内部管理机构的设置,以及法人章程规定的其他职权。

执行机构为董事会或者执行董事的,董事长、执行董事或者经理按照法人章程的规定担任法定代表人;未设董事会或者执行董事的,法人章程规定的主要负责人为其执行机构和法定代表人。

执行机构设立的主要原因:一是权力机构的非常设性,因此需要执行机构对权力机构的决议进行执行,及时处理公司日常运营的事务;二是公司运营的专业性越来越高,需要专业人员担任职务。

需要注意的是，当前出资人与管理人分离已经是普遍现象，伴随着这一现象的还有营利法人权力中心由股东会向董事会转移的趋势。因此，在设立中，需要重视对董事会席位、高管等方面的设立和安排。

(5)营利法人设监事会或者监事等监督机构的，监督机构依法行使检查法人财务，监督执行机构成员、高级管理人员执行法人职务的行为，以及法人章程规定的其他职权。

在检查法人财务环节中，需要注意检查法人财务的职能这种权利不同于股东的知情权，不具有可诉性。因为它属于公司的治理内容，并非民事权利。

在监督执行机构成员、高级管理人员执行法人职务的行为中，有权要求董事和经理停止上述行为并予以纠正；对行为人可以向权力机构提出罢免建议。此外，监督机构还可以对违反法定义务、损害法人利益的执行机构成员、高级管理人员提起诉讼。在此类诉讼中，监事会或监事行使的其实是公司的诉权，诉讼要解决的争议涉及公司的实体利益。因此，应将公司列为原告，依法由监事会或监事代表公司进行诉讼。

二、非营利法人

非营利法人是为公益目的或者其他非营利目的成立，不向出资人、设立人或者会员分配所取得利润的法人。非营利法人包括事业单位、社会团体、基金会、社会服务机构等。

和直播相关的非营利法人不常见，直播机构为公益机构做慈善等还没有成为业务形态主流。涉及较多的，可能是以直播行业单位或个人为会员的相关直播行业协会。

行业协会，在民法体系中一般是社会团体法人，其定义是具备法人条件，基于会员共同意愿，为公益目的或者会员共同利益等非营利目的设立的社会团体，经依法登记成立，取得社会团体法人资格；依法不需要办理法人登记的，从成立之日起，具有社会团体法人资格。

(一)社会团体法人的登记

国务院民政部门和县级以上地方各级人民政府民政部门是本级人民政府的社会团体登记管理机关。

下列团体不属于《社会团体登记管理条例》规定登记的范围：

(1)参加中国人民政治协商会议的人民团体；

(2)由国务院机构编制管理机关核定，并经国务院批准免于登记的团体；

(3)机关、团体、企业事业单位内部经本单位批准成立、在本单位内部活动的团体。

因此,可以通过查询民政部门网站或拨打民政部门咨询电话查询社会团体法人登记情况。

(二)不在民政部门登记的特殊管理的协会

1.参加中国人民政治协商会议的人民团体不进行社团登记

(1)中华全国总工会。

(2)中国共产主义青年团。

(3)中华全国妇女联合会。

(4)中国科学技术协会。

(5)中华全国归国华侨联合会。

(6)中华全国台湾同胞联谊会。

(7)中华全国青年联合会。

(8)中华全国工商业联合会。

2.经国务院批准可以免予登记的社会团体

(1)中国文学艺术界联合会。

(2)中国作家协会。

(3)中华全国新闻工作者协会。

(4)中国人民对外友好协会。

(5)中国人民外交学会。

(6)中国国际贸易促进委员会。

(7)中国残疾人联合会。

(8)宋庆龄基金会(2005 年更名为中国宋庆龄基金会)。

(9)中国法学会。

(10)中国红十字总会。

(11)中国职工思想政治工作研究会(2003 年更名为中国思想政治工作研究会)。

(12)欧美同学会。

(13)黄埔军校同学会。

(14)中华职业教育社。

3.中国文联所属的 11 个文艺家协会可以免予社团登记

(1)中国戏曲家协会。

(2)中国电影家协会。

(3)中国音乐家协会。

(4)中国美术家协会。

(5)中国曲艺家协会。

(6)中国舞蹈家协会。

(7)中国民间文艺家协会。

(8)中国摄影家协会。

(9)中国书法家协会。

(10)中国杂技家协会。

(11)中国电视家协会。

4.省、自治区、直辖市文联、作协可以免予社团登记

之所以对社会团体法人的登记进行梳理,是因为当前"山寨"社团泛滥。民政部在3年期间公布了12批次的"山寨"协会。这些"山寨"协会常见的手法有收纳会费,头衔、奖项明码标价,以交流、培训为名收取费用等,给广大企业等造成了很多损失。近年来,热门的直播行业,也不可避免会接触"山寨"协会,加强对"山寨"协会的辨识极有必要。

三、特别法人

根据《民法典》第九十六条,机关法人、农村集体经济组织法人、城镇农村的合作经济组织法人、基层群众性自治组织法人,为特别法人。

特别法人的主要特点就是依法直接设立。如机关法人(有独立经费的机关和承担行政职能的法定机构)从成立之日起,具有机关法人资格。

基层群众性自治组织[居民委员会(以下简称居委会)、村民委员会(以下简称村委会)]同样是依法直接设立的。除非村乡合并或者居民社区的区划发生变化,否则村委会和居委会不终止。这里需要明确的是,直播带货中经常会涉及农产品的销售,需要注意和哪个主体签约合作,特别是要分清村委会和农村集体经济组织。

村委会担负着办理本村公共事务和公益事业,调解民间纠纷,协助维护社会治安,向人民政府反映村民的意见、要求和提出建议等多种职能,主要承担的是政治职能。而农村集体经济组织是代表村集体从事各种经营活动的组织,其原则上不承担本集体的公益性事务。只有未设立村集体经济组织的,村委会可以代行其职能。

从《民法典》的角度看,赋予农村集体经济组织、村委会等组织"特别法人"地位,使其可以独立开展经营业务,打官司也可以独立成为原告或被告等,有利于其更好地参与民事生活,也有利于保护其成员和与其进行民事活动的相对人的合法权益。

第二节　非法人组织

非法人组织是不具有法人资格，但是能够依法以自己的名义从事民事活动的组织。非法人组织包括个人独资企业、合伙企业、不具有法人资格的专业服务机构等。

一、个人独资企业

个人独资企业，即为个人出资经营、归个人所有和控制、由个人承担经营风险和享有全部经营收益的企业。以独资经营方式经营的独资企业承担无限的经济责任，破产时业主的个人财产需作为资产偿还给债权人，原先主要盛行于零售业、手工业、农业、林业、渔业、服务业、家庭作坊等。现在平台型企业，如直播平台、影视工作室、网红 MCN 机构、社交电商、大型培训机构、知识付费平台等纷纷采用了这种模式。

那么，为什么它们要设立个人独资企业呢？主要在于税务成本。简单来说，个人独资企业能够减少增值税，免除企业所得税，只需要缴纳小部分个税。具体在后续章节进行专门分析。

二、合伙企业

合伙企业是指自然人、法人和其他组织依照《中华人民共和国合伙企业法》在中国境内设立的普通合伙企业和有限合伙企业。现在还有特殊普通合伙企业。

普通合伙，由 2 名以上普通合伙人组成，人数没有上限。普通合伙人对合伙企业债务承担无限连带责任。

特殊普通合伙，是普通合伙的一种，其特殊之处在于如果一个合伙人或数个合伙人在执业活动中因故意或者重大过失造成合伙企业债务的，应当承担无限责任或者无限连带责任，其他合伙人则仅以其在合伙企业中的财产份额为限承担责任；如果是非故意或非重大过失，全体合伙人承担无限连带责任。

有限合伙，由至少 1 名普通合伙人（general partner，GP）和至少 1 名有限合伙人（limited partner，LP）组成，上限是 50 人（不含 50 人），GP 对合伙企业债务承担无限连带责任，LP 以其认缴的出资额为限对合伙企业债务承担责任。

合伙企业作为一类组织形态，可以以“合伙企业”的名义进行各种商事活动，有自己的财务报表，单独体现其资产、负债、合伙人资本、利润，有参与诉讼权、对外担保权等；但因普通合伙人承担无限连带责任，合伙企业所呈现的独立性是相对的。

合伙企业通常在以下情形中广泛使用：

(1)人合类业务，或执业风险较大时。

合伙人之间鉴于互相信任一起做事，不需要大额资金投入，离资本市场路线较远时，可以选择合伙企业。第一，合伙企业不存在重复纳税，目前来看还是有税收优势；第二，对于执业风险较大的行业，如果选择成立特殊普通合伙企业，更容易赢得客户的信任，因为合伙人承担无限责任会使其在执业中更加谨慎小心，减少故意或重大过失造成的损失，如律师事务所、会计师事务所。

(2)建立或规划持股平台。

持股平台一般适用于员工股权激励时，因为人数较多，如果员工直接持股会造成股权过于分散，不利于公司管理与决策，比如开股东会需要通知到每个股东、股东增减需要办理工商变更、选举董事需要全体股东表决等，所以需要成立一个持股平台集中股权，这个持股平台的最佳选择就是利用有限合伙企业的形式。其原因有：第一，有限合伙企业的普通合伙人作为管理人，可以将经营权和表决权集中在普通合伙人手中；第二，相对公司制企业，合伙企业的税负低。

持股平台使用合伙企业形式的好处很多，特别是有限合伙的方式。

(3)享受税收洼地政策。

部分税收优惠区，对合伙企业税收采用核定方式，或者对个人合伙人所得采用核定方式，或者将税收的地方所得作为财政补贴进行返还。所以可以考虑在税收洼地成立合伙企业，享受当地的税收优惠。

(4)进行风险投资业务。

做风险投资业务时，要考虑使用有限合伙企业。比如，私募股权基金，第一，基金运作人作为GP，享有充分的管理权，虽承担无限连带责任却因此提升了LP的信任度；其他私募对象作为LP，不能参与公司管理，只作为基金投资人。第二，相比公司制企业，合伙企业的税负低，但因政策不统一，确定注册地时，需要了解当地政策，有利于私募股权基金的退出。

三、不具有法人资格的专业服务机构

一般不具有法人资格的专业服务机构包括总公司成立的分公司、办事处等。这种类型只要稍加注意即可，本书不做详细介绍。

第三节　个体工商户

对于个体工商户的债务，个人经营的，以个人财产承担；家庭经营的，以家庭财产承担；无法区分的，以家庭财产承担。

个体工商户是从事工商业经营的自然人或家庭。以自然人或以个人为单

位，以家庭为单位从事工商业经营，都属于个体工商户。根据法律有关政策，可以申请个体工商户经营的主要是城镇待业青年、社会闲散人员和农村村民。此外，国家机关干部、企事业单位职工，不能申请从事个体工商业经营。

自然人从事个体工商业经营必须依法核准登记。个体工商户的登记机关是县级以上市场监督管理机构。需要注意的是，个体工商户经核准登记，取得营业执照以后，才可以开始经营。个体工商户转业、合并、变更登记事项或歇业，也应办理登记手续。个体工商户只能经营法律、政策允许个体经营的行业。

个体工商户登记需要有经营者姓名和住所、组成形式、经营范围、经营场所。如果要开业登记还需要有申请人签署的个体工商户开业登记申请书、申请人身份证明、经营场所证明、国家规定提交的其他文件。

个体工商户在直播行业中是常见的法律主体，通常由主播设立，用于对外签订相关合作协议等，并以此将原本的劳动/劳务收入转变为经营性收入，用于税务筹划。

第四章

直播生态中的资质与牌照

第一节　网站注册备案类

网站注册主要指网站域名注册，域名注册是 Internet 中用于解决地址对应问题的一种方法。根据《互联网络域名管理办法》，域名注册服务机构及域名注册管理机构需对申请人提出的域名是否违反了第三方的权利和申请人的真实身份进行核验。每一个相同顶级域名中的二级域名注册都是独一无二、不可重复的，但不同顶级域名中的二级域名可以是相同的。

注册网站名称是指网站所有者通过网站名称注册程序，领取“网站名称注册证书”后所获得的网站名称。注册主管机关有权纠正已经注册登记的不适宜的注册网站名称。对于已经注册登记的不适宜的注册网站名称，任何单位和个人可以申请注册主管机关予以纠正。

域名注册管理机构的主要职责是：负责运行和管理相应的域名系统，维护域名数据库，授权域名注册服务机构提供域名注册服务等。例如，在我国，CN 域名注册服务就是由中国互联网络信息中心（China Internet Network Information Center，CNNIC）具体负责的。域名注册的所有者都是以域名注册提交人填写域名订单的信息为准的，注册成功 24 小时后，即可在国际（ICANN）、国内（CNNIC）管理机构查询 WHOIS 信息①。CNNIC 规定国内域名必须以公司名义注册，所以在提交订单的时候要写清楚公司的全称及其他信息，否则会引发域名所有权的问题。

第二节　网络安全备案类

一、国际联网单位备案

计算机信息网络国际联网，是指中华人民共和国境内的计算机信息网络为

① WHOIS 信息就是域名所有者等信息。

实现信息的国际交流，同外国的计算机信息网络相连接。

接入单位拟从事国际联网经营活动的，应当向有权受理从事国际联网经营活动申请的互联单位主管部门或者主管单位申请领取国际联网经营许可证；未取得国际联网经营许可证的，不得从事国际联网经营业务。

公安部计算机管理监察机构负责计算机信息网络国际联网的安全保护管理工作。

二、网络安全等级保护备案

国家通过制定统一的信息安全等级保护管理规范和技术标准，组织公民、法人和其他组织对信息系统分等级实行安全保护，对等级保护工作的实施进行监督、管理。

从监管部门角度来看，国家网信部门负责统筹协调网络安全工作和相关监督管理工作，公安机关负责信息安全等级保护工作的监督、检查、指导，国家保密工作部门负责等级保护工作中有关保密工作的监督、检查、指导，国家密码管理部门负责等级保护工作中有关密码工作的监督、检查、指导。涉及其他职能部门管辖范围的事项，由有关职能部门依照国家法律法规的规定进行管理。

对此，《中华人民共和国网络安全法》（以下简称《网络安全法》）第三章也对网络安全等级保护进行了法律层面的规制。

第三节　非经营性网站备案类

非经营性互联网信息服务，是指通过互联网向上网用户无偿提供具有公开性、共享性信息的服务活动。对非经营性互联网信息服务实行备案制度，未取得许可或者未履行备案手续的，不得从事互联网信息服务。

非经营性互联网信息服务备案，也称为ICP（Internet content provider，网络内容服务商）备案。除了经营性的网站，其他没有特定商业目的的网站都应当在主管部门办理非经营性互联网信息服务备案，否则将要面临行政处罚。

目前，非经营性网站主要包括各级政府部门的网站，新闻机构的电子版报刊，企业和事业单位、教育和科研机构等具有公益性的对本单位产品或业务进行自我宣传的网站等。这些网站不向上网用户收取费用，也不利用互联网站直接进行以营利为目的的商业活动。

当前随着NAS（network attached storage，网络附属存储）设备的普及，上网用户可以非常便利地在NAS设备上自行搭建网站，而不通过电信业务经营者获取接入服务。此类网站是否需要备案似乎有很大争议。

实际上，网站申请域名时，都需要ICP备案。NAS只是一种存储方式，除非不需要域名方式访问，只要一个 IP 地址方式访问，否则都需要 ICP 备案。NAS 搭建的网站不需要备案的情形，常见于网站只供公司内部工作人员访问，不对外，类似于内部 OA、论坛，通过 VPN 拨入公司局域网，通过 IP 地址访问。

ICP 备案应当向主体所在地省、自治区、直辖市电信管理机构或者国务院信息产业主管部门办理备案手续。具体手续可以见相关部门的窗口意见，本书不做详细阐述。

第四节 经营性网站许可类

经营性网站是指网站所有者为实现通过互联网发布信息、投放广告、设立电子信箱、开展商务活动或向他人提供实施上述行为所需互联网空间等活动的目的，利用互联网技术建立的并拥有向域名管理机构申请的独立域名的电子平台。

除非另有约定，网站所有者是指网站域名的所有者。因此，需要注意的是，当前有很多“僵尸”网站，因为各种原因疏于管理，结果被网络“黑灰产”用技术等手段取得管理权后，发布违法、违规信息。而基于网站所有者是指网站域名的所有者这一规定，公安等监管部门寻找的第一责任人往往就是域名的持有者。因此，在取得域名后，需要注意定期维护和管理，防止被他人利用。

一、基础电信业务

基础电信业务是指提供公共网络基础设施、公共数据传送和基本语音通信服务的业务。基础电信业务需要电信业务基础设施的投入，根据电信基础设施、数据传输形式和传输协议等要素的不同，基础电信业务基本按照固定电话网、移动互联网、卫星、互联网、IP 网等若干业务类型予以细分。《中华人民共和国电信条例》第十条规定，经营基础电信业务的经营者为依法设立的专门从事基础电信业务的公司，且公司中国有股权或股份不少于 51%，而相关业务大多由诸如中国移动、中国电信、中国联通等基础电信运营商开展，直播行业本身一般不会涉及，在此不做详细阐述。

二、增值电信业务

增值电信业务是指利用公共网络基础设施提供的电信与信息服务的业务。增值电信业务建立在基础电信业务的前提下，其实现的价值使原有的基础网络的经济效益或功能价值增加，而增值电信业务的用户也是基础电信业务的用户。

一般来说，电子商务主体涉及的业务和提供的服务都将涉及增值电信业务的一种或者多种。

（一）基于电信基础设施和资源类的电信业务（B1）

基于电信基础设施和资源类的电信业务，主要利用公用通信基础设施，为客户提供与服务器、机房设备、网络接入等相关的服务。包括 B11 互联网数据中心（IDC）业务、B12 内容分发网络（CDN）业务、B13 国内互联网虚拟专用网（IP-VPN）业务、B14 互联网接入服务（ISP）业务。

1. B11 互联网数据中心业务

互联网数据中心业务是指利用相应的机房设施，以外包出租的方式为用户的服务器等互联网或其他网络相关设备提供放置、代理维护、系统配置及管理服务，提供数据库系统或服务器等设备的出租及其存储空间的出租、通信线路和出口带宽的代理租用以及其他应用服务。

互联网数据中心业务也包括互联网资源协作服务业务，是指利用架设在数据中心之上的设备和资源，通过互联网或其他网络以随时获取、按需使用、随时扩展、协作共享等方式，为用户提供的数据存储、互联网应用开发环境、互联网应用部署和运行管理等服务。

互联网资源协作服务业务也即人们通常说的云服务。目前市场上通常将云服务模式分为三个层次，分别是 IaaS、PaaS 和 SaaS，一般来说，都需要取得 B11 互联网数据中心业务许可。

（1）IaaS。IaaS 是云服务里最底层的服务商，指基础设施即服务（Infrastructure-as-a-Service），也就是利用数据中心提供相应的资源租用型服务，包括云主机等，在业务模式上属于传统 IDC 业务范畴等。

（2）PaaS。PaaS 是云服务里的中间部分，指平台即服务（Platform-as-a-Service），用户在 IaaS 层的基础上建设自有平台，为用户提供开发、测试环境等服务等。

（3）SaaS。SaaS 是云服务里的最上层部分，指软件即服务（Software-as-a-Service），让用户能够通过 Internet 连接和使用基于云的应用程序。其实质上是应用软件的一种销售方式，区别于运行于本地计算机上的传统软件。

SaaS 服务范围很广，存在多种多样的业态类型。有的仅仅是软件服务，不属于电信业务经营许可和管理的范畴；有的业态则符合互联网资源协作服务业务中的定义，那么也需要按照互联网资源协作服务业务进行管理。

2. B12 内容分发网络业务

内容分发网络业务是指利用分布在不同区域的节点服务器群组成流量分配管理网络平台，为用户提供内容的分散存储和高速缓存，并根据网络动态流量和负载状况，将内容分发到快速、稳定的缓存服务器上，提高用户内容的访问响应速度和服务的可用性的服务。

CDN 是在现有 Internet 中增加一层新的网络架构，由遍布全国的高性能加速节点构成的。当今互联网，访问量较高的网站、直播、视频平台等均会使用 CDN 网络加速技术，我们在使用各种大流量平台时的体验是否顺畅，就关系到 CDN 的作用。

3. B13 国内互联网虚拟专用网业务

国内互联网虚拟专用网业务是指经营者利用自有或租用的互联网网络资源，采用 TCP/IP 协议，为国内用户定制互联网闭合用户群网络的服务。互联网虚拟专用网主要采用 IP 隧道等基于 TCP/IP 的技术组建，并提供一定的安全性和保密性，专网内可实现加密的透明分组传送。

使用 IP-VPN 服务，可以帮助企业为多点多地的机构沟通搭建安全、稳定的通道，包括日常 OA 系统、邮件、ERP 和 CRM 等应用的数据传输，并满足其对于安全性的要求；可支持视频会议、内部 IP 电话等通信应用，降低企业运营成本。

4. B14 互联网接入服务业务

互联网接入服务业务是指利用接入服务器和相应的软硬件资源建立业务节点，并利用公用通信基础设施将业务节点与互联网骨干网相连接，为各类用户提供接入互联网的服务。用户可以利用公用通信网或其他接入手段连接到其业务节点，并通过该节点接入互联网。

ISP 服务即为企事业单位和个人提供小区宽带接入、写字楼宽带接入、个人上网、Wi-Fi 无线上网、网站接入、在线 App 应用程序接入等网络接入业务。国内最大的 ISP 服务提供商就是中国电信、中国联通等。

（二）基于公共应用平台的业务(B2)

基于公共应用平台的业务，包括 B21 在线数据处理与交易处理业务、B22 国内多方通信服务业务、B23 存储转发类业务、B24 呼叫中心业务、B25 信息服务业务、B26 编码和规程转换业务。

1. B21 在线数据处理与交易处理业务

在线数据处理与交易处理业务是指利用各种与公用通信网或互联网相连的数据与交易/事务处理应用平台，通过公用通信网或互联网为用户提供在线数据处理与交易/事务处理的业务。在线数据处理与交易处理业务包括交易处理业务、电子数据交换业务(EDI)、网络/电子设备数据处理业务。

(1)交易处理业务，例如天猫、京东、淘宝、易趣、百度外卖、携程等。

(2)电子数据交换业务，是一种把贸易或其他行政事务有关的信息和数据按统一规定的格式形成结构化的事务处理数据，通过通信网络在有关用户的计算机之间进行交换和自动处理，完成贸易或其他行政事务的业务。例如海关报税 EDI。

(3)网络/电子设备数据处理业务，是指通过通信网络传送，对连接到通信网络的电子设备进行控制和数据处理的业务。例如，消费电子设备、可穿戴设备等数据处理和管理平台。

从以上内容可以看出，EDI 属于 B21 中的一个子类。现在有观点将 EDI 等同于 B21，并不是很精确。即使扩大来解释，也是“广义”的 EDI——B21 在线数据处理与交易处理业务与“狭义”的 EDI——电子数据交换业务的混用。

2. B22 国内多方通信服务业务

国内多方通信服务业务是指通过多方通信平台和公用通信网或互联网实现国内两点或多点之间实时交互式或点播式的语音、图像通信。

国内多方通信服务业务包括国内多方电话会议服务业务、国内可视电话会议服务业务、国内互联网会议电视及图像服务业务等。

(1)国内多方电话会议服务业务，是指通过多方通信平台和公用通信网把我国境内两点以上的多点电话终端连接起来，实现多点间实时双向语音通信的会议平台服务。

(2)国内可视电话会议服务业务，是指通过多方通信平台和公用通信网把我国境内两地或多个地点的可视电话会议终端连接起来，以可视方式召开会议，能够实时进行语音、图像和数据的双向通信会议平台服务。

(3)国内互联网会议电视及图像服务业务，是指为国内用户在互联网上两点或多点之间提供的交互式的多媒体综合应用，如远程诊断、远程教学、协同工作等。

3. B23 存储转发类业务

存储转发类业务是指利用存储转发机制为用户提供信息发送的业务。存储转发类业务包括语音信箱业务、电子邮件业务、传真存储转发业务等。

(1)语音信箱业务，是指利用与公用通信网、公用数据传送网、互联网相连接的语音信箱系统向用户提供存储、提取、调用语音留言及其辅助功能的一种业务。每个语音信箱有一个专用信箱号码，用户可以通过电话或计算机等终端设备进行操作，完成信息投递、接收、存储、删除、转发、通知等功能。

(2)电子邮件业务，是指通过互联网采用各种电子邮件传输协议为用户提供一对一或一对多点的电子邮件编辑、发送、传输、存储、转发、接收的电子信箱业务。它通过智能终端、计算机等与公用通信网结合，利用存储转发方式为用户提供多种类型的信息交换。

(3)传真存储转发业务，是指在用户的传真机与传真机、传真机与计算机之间设立存储转发系统，用户间的传真经存储转发系统的控制，非实时地传送到对端的业务。传真存储转发系统，主要由传真工作站和传真存储转发信箱组成，两者之间通过分组网、数字专线、互联网连接。传真存储转发业务主要有多址投送、定时投送、传真信箱、指定接收人通信、报文存档及其他辅助功能等。

4. B24 呼叫中心业务

呼叫中心业务是指受企事业单位等相关单位委托，利用与公用通信网或互联网连接的呼叫中心系统和数据库技术，经过信息采集、加工、存储等建立信息库，通过公用通信网向用户提供有关该单位的业务咨询、信息咨询、数据查询等服务。实践中，经常接到的各类营销信息、客服咨询、回访等业务通常需要此类许可。

呼叫中心业务包括国内呼叫中心业务和离岸呼叫中心业务。

(1)B24-1 国内呼叫中心业务。国内呼叫中心业务是指通过在境内设立呼叫中心平台，为境内外单位提供的、主要面向国内用户的呼叫中心业务。

(2)B24-2 离岸呼叫中心业务。离岸呼叫中心业务是指通过在境内设立呼叫中心平台，为境外单位提供的、面向境外用户服务的呼叫中心业务。

呼叫中心业务还包括呼叫中心系统和话务员座席的出租服务。

用户可以通过固定电话、传真、移动通信终端和计算机终端等多种方式进入系统，访问系统的数据库，以语音、传真、电子邮件、短消息等方式获取有关该单位的信息咨询服务。

5. B25 信息服务业务

信息服务业务是指通过信息采集、开发、处理和信息平台的建设，通过公用通信网或互联网向用户提供信息服务的业务。信息服务的类型按照信息组织、传递等技术服务方式，主要包括信息发布平台和递送服务、信息搜索查询服务、信息社区平台服务、信息即时交互服务、信息保护和处理服务等。

(1)信息发布平台和递送服务，是指建立信息平台，为其他单位或个人用户发布文本、图片、音视频、应用软件等信息提供平台的服务。平台提供者可根据单位或个人用户需要向用户指定的终端、电子邮箱等递送和分发文本、图片、音视频、应用软件等信息。

大部分网站都符合信息发布平台和递送服务的定义，包括但不限于新闻网站、电子公告牌、客户端服务、手机报、应用商店等业务平台。

(2)信息搜索查询服务，是指通过公用通信网或互联网，采取信息收集与检索、数据组织与存储、分类索引、整理排序等方式，为用户提供网页信息、文本、图片、音视频等信息搜索查询服务。

该项服务典型的就是各类搜索引擎，如 Bing、百度、搜狗搜索等。网站或应用内自建的搜索功能则不需办理该许可。

(3)信息社区平台服务，是指在公用通信网或互联网上建立具有社会化特征的网络活动平台，可供注册或群聚用户同步或异步进行在线文本、图片、音视频交流的信息交互平台。

若网站具有社交网络功能，通常符合信息社区平台服务的定义，包括但不限于社交网站、博客、播客、微博、虚拟社区、贴吧等。

(4)信息即时交互服务，是指利用公用通信网或互联网，并通过运行在计算机、智能终端等的客户端软件、浏览器等，为用户提供即时发送和接收文本、图片、音视频、文件等信息的服务。

信息即时交互服务包括如QQ、微信等即时通信服务，交互式语音服务(IVR)，以及基于互联网的端到端双向实时语音业务(含视频语音业务)。

(5)信息保护和处理服务，是指利用公用通信网或互联网，通过建设公共服务平台以及运行在计算机、智能终端等的客户端软件，面向用户提供终端病毒查询、删除，终端信息内容保护、加工处理以及垃圾信息拦截、免打扰等服务。

各类线上杀毒程序、手机安全卫士等属于该类服务。

6. B26 编码和规程转换业务

编码和规程转换业务是指为用户提供公用通信网与互联网之间或在互联网上的电话号码、互联网域名资源、互联网业务标识(ID)号之间的用户身份转换服务。编码和规程转换业务在此特指互联网域名解析服务业务。

互联网域名解析是实现互联网域名和IP地址相互对应关系的过程。

互联网域名解析服务业务是指在互联网上通过架设域名解析服务器和相应软件，实现互联网域名和IP地址的对应关系转换的服务。域名解析服务包括权威解析服务和递归解析服务两类。权威解析服务是指为根域名、顶级域名和其他各级域名提供域名解析的服务。递归解析服务是指通过查询本地缓存或权威解析服务系统实现域名和IP地址对应关系的服务。

第五节　特种行业互联网信息服务许可、备案类

《互联网信息服务管理办法》第五条规定，从事新闻、出版、教育、医疗保健、药品和医疗器械等互联网信息服务，依照法律、行政法规以及国家有关规定须经有关主管部门审核同意的，在申请经营许可或者履行备案手续前，应当依法经有关主管部门审核同意。

一、网络出版服务许可证

根据《网络出版服务管理规定》，电子商务经营者从事网络出版服务，应当办理网络出版服务许可证。

网络出版服务，是指通过信息网络向公众提供网络出版物。网络出版物，则是指通过信息网络向公众提供的，具有编辑、制作、加工等出版特征的数字化作品，范围主要包括：(1)文学、艺术、科学等领域内具有知识性、思想性的文字、图

片、地图、游戏、动漫、音视频读物等原创数字化作品；(2)与已出版的图书、报纸、期刊、音像制品、电子出版物等内容相一致的数字化作品；(3)将上述作品通过选择、编排、汇集等方式形成的网络文献数据库等数字化作品；(4)国家新闻出版广电总局认定的其他类型的数字化作品。

从事网络出版服务，必须依法经过出版行政主管部门批准，取得网络出版服务许可证。电子商务经营者申请从事网络出版服务，应当向所在地省、自治区、直辖市出版行政主管部门提出申请，经审核同意后，报国家新闻出版广电总局审批。国家新闻出版广电总局应当自受理申请之日起 60 日内，作出批准或者不予批准的决定。不批准的，应当说明理由。

根据《外商投资准入特别管理措施(负面清单)》(2021 年版)，境外投资者不得作为个体工商户、个人独资企业投资人、农民专业合作社成员，从事投资经营活动。

二、广播电视节目制作经营许可证

广播电视节目制作经营，是指设立广播电视节目制作经营机构或从事专题、专栏、综艺、动画片、广播剧、电视剧等广播电视节目的制作和节目版权的交易、代理交易等活动的行为。

设立条件不再赘述，需要注意的是，《广播电视节目制作经营管理规定》第六条第二项中的“其中企业注册资金不少于 300 万元人民币”的规定已经在 2015 年 8 月的修订中删除，但许多人对此仍存在错误认识。截至 2021 年 3 月 3 日，“知乎”就办理了广播电视节目制作经营许可证，而其注册资本仅有 169.193 万元。根据《外商投资准入特别管理措施(负面清单)》(2021 年版)，外商禁止投资广播电视节目制作经营(含引进业务)公司。

三、信息网络传播视听节目许可证

互联网视听节目服务，是指制作、编辑、集成并通过互联网向公众提供视音频节目，以及为他人提供上载传播视听节目服务的活动。视听节目(包括影视类音像制品)，是指利用摄影机、摄像机、录音机和其他视音频摄制设备拍摄、录制的，由可连续运动的图像或可连续收听的声音组成的视音频节目。

从事互联网视听节目服务，应当依照《互联网视听节目服务管理规定》取得广播电影电视主管部门颁发的信息网络传播视听节目许可证或履行备案手续。

国务院广播电影电视主管部门作为互联网视听节目服务的行业主管部门，负责对互联网视听节目服务实施监督管理，统筹互联网视听节目服务的产业发展、行业管理、内容建设和安全监管。国务院信息产业主管部门作为互联网行业主管部门，依据电信行业管理职责对互联网视听节目服务实施相应的监督管理。

地方人民政府广播电影电视主管部门和地方电信管理机构依据各自职责对本行政区域内的互联网视听节目服务单位及接入服务实施相应的监督管理。

根据《外商投资准入特别管理措施（负面清单）》（2021 年版），外商禁止投资网络视听节目服务（中国入世承诺中已开放的内容除外）。

四、互联网新闻信息服务许可证

通过互联网站、应用程序、论坛、博客、微博、公众账号、即时通信工具、网络直播等形式向社会公众提供互联网新闻信息服务，应当取得互联网新闻信息服务许可，禁止未经许可或超越许可范围开展互联网新闻信息服务活动。

新闻信息，包括有关政治、经济、军事、外交等社会公共事务的报道、评论，以及有关社会突发事件的报道、评论。互联网新闻信息服务，包括互联网新闻信息采编发布服务、转载服务、传播平台服务。

互联网新闻信息服务提供者的采编业务和经营业务应当分开，非公有资本不得介入互联网新闻信息采编业务。根据《外商投资准入特别管理措施（负面清单）》（2021 年版），外商禁止投资互联网新闻信息服务（中国入世承诺中已开放的内容除外）。

国家互联网信息办公室负责全国互联网新闻信息服务的监督管理执法工作。地方互联网信息办公室依据职责负责本行政区域内互联网新闻信息服务的监督管理执法工作。申请互联网新闻信息服务许可，申请主体为中央新闻单位（含其控股的单位）或中央新闻宣传部门主管的单位的，由国家互联网信息办公室受理和决定；申请主体为地方新闻单位（含其控股的单位）或地方新闻宣传部门主管的单位的，由省、自治区、直辖市互联网信息办公室受理和决定；申请主体为其他单位的，经所在地省、自治区、直辖市互联网信息办公室受理和初审后，由国家互联网信息办公室决定。

由此看出，鉴于获得许可要求比较严苛，一般的直播行业是不太可能进入采编业务的，经营转载、传播的可能性则较大。

五、网络文化经营许可证及备案

互联网文化产品是指通过互联网生产、传播和流通的文化产品，主要包括：(1)专门为互联网而生产的网络音乐娱乐、网络游戏、网络演出剧（节）目、网络表演、网络艺术品、网络动漫等互联网文化产品；(2)将音乐娱乐、游戏、演出剧（节）目、表演、艺术品、动漫等文化产品以一定的技术手段制作、复制到互联网上传播的互联网文化产品。

互联网文化活动是指提供互联网文化产品及其服务的活动，主要包括：(1)互联网文化产品的制作、复制、进口、发行、播放等活动；(2)将文化产品登载在互联网上，或者通过互联网、移动通信网等信息网络发送到计算机、固定电话机、移动电话机、电视机、游戏机等用户端以及网吧等互联网上网服务营业场所，供用户浏览、欣赏、使用或者下载的在线传播行为；(3)互联网文化产品的展览、比赛等活动。

互联网文化活动可分为经营性和非经营性两类。经营性互联网文化活动是指以营利为目的，通过向上网用户收费或者以电子商务、广告、赞助等方式获取利益，提供互联网文化产品及服务的活动。非经营性互联网文化活动是指不以营利为目的，向上网用户提供互联网文化产品及服务的活动。

对于从事经营性互联网文化活动的，省、自治区、直辖市人民政府文化行政部门应当自受理申请之日起 20 日内作出批准或者不批准的决定。通过批准的，核发网络文化经营许可证，并向社会公告；未通过批准的，应当书面通知申请人并说明理由。

非经营性互联网文化单位，应当自设立之日起 60 日内向所在地省、自治区、直辖市人民政府文化行政部门备案。

根据《外商投资准入特别管理措施(负面清单)》(2021 年版)，外商禁止投资互联网文化经营(音乐除外，中国入世承诺中已开放的内容除外)。

直播是否需要办理网络文化经营许可证？对于这个问题，当前仍存在不同的意见。

2020 年 3 月 10 日，北京市文化和旅游局发布了《网络文化经营许可证办理特别提示》，该提示称：网络表演是指以网络表演者以现场进行的文艺表演活动等为主要内容，通过互联网、移动通信网、移动互联网等信息网络，实时传播或者以音视频形式上载传播而形成的互联网文化产品。电商类、教育类、医疗类、培训类、金融类、旅游类、美食类、体育类、聊天类等直播不属于网络表演，不需要申请办理网络文化经营许可证。

2021 年 2 月 9 日，国家互联网信息办公室联合其他部门发布的《关于印发〈关于加强网络直播规范管理工作的指导意见〉的通知》(国信办发文〔2021〕3 号)称，开展经营性网络表演活动的直播平台须持有网络文化经营许可证并进行 ICP 备案。文化和旅游部门要加强网络表演行业管理和执法工作，指导相关行业组织加强网络表演行业自律。

从上述两个文件的规定来看，虽然未有明确冲突，前者对网络表演进行了具体的界定，后者没有。但细究其内核，还是存在争议，很多直播业态，特别是娱乐类直播存在是否属于网络表演的问题。从目前的规定和现状来看，直播行业，特别是娱乐类直播，还是倾向于需要办理网络文化经营许可证。

六、互联网教育——办学许可证

在原先的法律框架内，凡在中华人民共和国境内申报开办教育网站和网校的，必须向主管教育行政部门申请，经审查批准后方可开办。已开办的教育网站和网校，如未经主管教育行政部门批准，应及时补办申请、批准手续。未经主管教育行政部门批准，不得擅自开办教育网站和网校。但在 2017 年 3 月 13 日，教育部发布《教育部关于教育网站网校审批取消后加强事中事后监管工作的通知》(教技〔2017〕4 号)。该通知废止《教育部关于加强对教育网站和网校进行管理的公告》(教技〔2000〕4 号)和《教育网站和网校暂行管理办法》(教技〔2000〕5 号)。教育网站和网校服务要遵照《互联网信息服务管理办法》和国家网信、工信、公安、工商等部门的有关规定执行。

因此，开办直播教育网站和网校不再需要专门申领许可。但需要注意的是，审批机关对批准正式设立的民办学校实施办学许可证管理，营利性民办机构参照民办学校执行。

七、其他可能涉及的特种行业资质证照

(1)互联网药品信息服务资格证书。

(2)互联网药品交易服务资格证书。

(3)医疗机构执业许可证。

(4)网络游戏运营备案。

(5)支付业务许可证。

(6)消费金融许可证。

(7)互联网小额贷款许可。

(8)证券投资基金销售业务许可。

(9)保险业务经营许可。

一般情况下，直播产业并不会直接与这些资质证照相关联，更多是作为合作机构涉及，本书仅做罗列，以供参考之用。

总的来说，常涉及的特种行业资质有：开展经营性网络表演活动的直播平台须持有网络文化经营许可证并进行 ICP 备案，开展网络视听节目服务的直播平台须持有信息网络传播视听节目许可证(或在全国网络视听平台信息登记管理系统中完成登记)并进行 ICP 备案，开展互联网新闻信息服务的直播平台须持有互联网新闻信息服务许可证。网络直播平台应当及时向属地网信等主管部门履行企业备案手续，停止提供直播服务的平台应当及时注销备案。

第六节 特殊互联网信息服务采取专项备案类

特殊互联网信息服务采取专项备案制度当前业已废除,仅作一般性了解即可。

《互联网信息服务管理办法》第九条规定:“从事互联网信息服务,拟开办电子公告服务的,应当在申请经营性互联网信息服务许可或者办理非经营性互联网信息服务备案时,按照国家有关规定提出专项申请或者专项备案。”

根据2010年7月4日国务院发布的《国务院关于第五批取消和下放管理层级行政审批项目的决定》(国发〔2010〕21号),“经营性互联网信息服务许可和非经营性互联网信息服务备案”已包含了“互联网电子公告服务专项审批(备案)”,故不再单设审批项。此后,2014年9月23日工信部发布《工业和信息化部关于废止和修改部分规章的决定》(工业和信息化部令第28号),根据国务院取消“互联网电子公告服务专项审批(备案)”的要求,正式废止《互联网电子公告服务管理规定》。在废止该规定后,互联网电子公告服务作为互联网信息服务的一种,适用于《中华人民共和国电信条例》《互联网信息服务管理办法》《电信业务经营许可管理办法》等,不再有特殊备案一项。

第五章

直播产业的运营合规

第一节 娱乐类直播的运营合规

顾名思义，娱乐类直播就是以娱乐为主要内容的直播类型。电竞直播、秀场直播、旅游直播、线上游戏陪玩，甚至体育比赛直播等具备娱乐属性的直播都可以纳入其中。

对于娱乐类直播，可以考虑从流程上做基础的合规工作。

一、注册协议

注册环节中首要的合规要点是相关注册协议。

（一）用户注册协议的通用条款

在分析斗鱼、虎牙等娱乐直播平台的用户注册协议后，我们可以将主要条款做一下归纳，这些条款也是我们在设计注册协议时需要注意的。

(1)免除或者限制责任条款等重要内容将以加粗形式提示。

(2)未成年人特别提醒：未满 18 周岁的用户须在法定监护人的陪同下仔细阅读并充分理解本协议，并在征得法定监护人的同意后才可使用软件及其相关服务。

(3)协议变更：可能因政策、经营情况发生变更，如果继续使用视为同意，如果有异议请停止访问或使用。

(4)补充协议：在本协议基础上设置的平台规则或相关声明等皆视为补充协议，与本协议具有同等效力，使用平台则视为同意补充协议。

(5)账号设置：遵守法律法规，不得含有危害国家统一、社会稳定的内容，不得含有色情、暴力等内容。账号保护：禁止转让、租借账号给第三方，否则由此产生的一切后果由用户个人承担。账号回收：长期未使用的账号，平台经过弹窗、公告等方式通知后用户仍未登录的，平台对该账户进行注销、回收、替换等清理措施。免责条款:用户自行保管账号密码,未妥善管理致账号泄露可通过申诉等方式找回,但平台只负责确认相关信息而无法对使用人进行审核,故无法保证找回的结果;同时平台采取措施需要一定的时间,不能保证避免损失或阻止损失扩大;用户透露账号或其他信息导致的损失,平台不承担责任。

(6)用户行为规范及责任:在平台发布的任何内容不得违反宪法和法律规定,不得有任何危害国家安全、破坏民族团结、破坏社会秩序等内容;不得侵害第三人名誉权、隐私权、财产权等;禁止利用平台进行危害计算机网络安全的行为。违反上述规范的,平台可能采取暂时或永久禁止账号部分或全部功能使用、扣罚保证金或佣金等措施,侵害第三人权益的用户将直接承担责任,对平台造成不利影响的,平台有权要求其消除影响、赔偿损失。

(7)平台的知识产权:平台的 logo,软件的技术、数据、其他服务信息(包括但不限于图片、文字、音频、视频等),所有的知识产权及相关权利归运营公司所有,未经书面许可,用户不得擅自使用(包括但不限于复制、传播、展示、下载、修改、出租)。用户的知识产权:用户在平台发布上传的文字、图片、音视频、软件以及表演等用户原创的信息,此部分信息的相关权利归用户所有,但用户的发表、上传行为是对平台的授权,用户确认将其发表、上传的信息在全球范围内,免费、非独占性、永久性地授权给平台,该授权可转授权。平台可将前述信息在平台旗下的服务平台上使用,既可以经过再次编辑后使用,也可以由平台授权给合作方使用。

对于这方面,抖音个性条款是:基于部分功能的特性,用户上传的部分信息(音频、对话等)也可由其他用户编辑创作使用。

(8)违约处理和赔偿责任:违反法律法规或与平台的协议视为违约。平台依据相关规则对相应内容和信息进行删除、屏蔽等处理或对账户进行暂停使用、查封、冻结或清空虚拟礼物、注销等处理,并可能中止或终止提供服务。用户违反本协议或其他服务条款规定,引起第三方投诉或诉讼索赔的,应当自行处理并承担可能因此产生的全部法律责任。用户的违法或违约等行为导致公司及其关联方、控制公司、继承公司向任何第三方赔偿或遭受国家机关处罚的,用户还应赔偿公司及其关联方、控制公司、继承公司因此遭受的全部损失。

(9)通知、信息、广告:用户同意运营商向其留在平台的接收信息的装置或软件(包括但不限于固定电话、移动电话、电子邮箱、平台内部推送、QQ、微博、微信等方式)发送通知、服务信息和商业性广告(软件及相关服务和/或第三方供应商、合作伙伴的商业广告、推广或信息)。

(二)主播注册协议的通用条款

在内容上,较用户注册协议,主播注册协议的特殊部分在于:(1)提醒、基本要求等。(2)审慎阅读、签约动作。(3)公司、消费者、主播等名词定义。(4)禁止未成年人直播。(5)“协议的签署,不代表主播与平台之间构成任何劳动法律层面的劳动、劳务、雇佣关系”,平台不支付社会保险金和福利。(6)任何方式侵犯上述直播内容的著作权、著作邻接权以及其他合法权益的行为,公司有权以自身名义进行维权。(7)保密制度:主播承诺无限期保守平台商业秘密,未经书面授权或同意,对平台的商业秘密不得以任何方式向第三方或不特定的公众进行传播、泄露或为非本协议的目的而使用商业秘密。(8)协议变更或解除、违约责任、争议处理等,这部分的设计与用户注册协议区别很大。

主播注册协议特别规定了平台管理的权利、主播权利与义务:

1.平台管理的权利

(1)管理、审查:根据法律法规的规定、相关部门的要求或者第三方的通知对主播的直播及解说内容的合法性进行审查。如果直播及解说内容存在违法违规、侵害平台或第三方合法权益的情形,平台有权采取封停直播、删除内容、冻结/注销账号、配合主管部门调查等措施。(2)考察、评审:平台有权对主播和直播内容进行考察、评审(无须额外征得主播同意),以决定是否确立或取消对主播的奖励或处罚。(3)最终决定权:平台对主播进行的解说直播相关事宜拥有最终决定权。

2.主播权利与义务

(1)身份认证:提供真实合法个人信息,不得冒用他人信息。(2)设备设施费用自行承担:主播应自行承担通过平台开展网络直播及解说活动所需的所有语音设备、视频设备及其他设施,并保证视频图像清晰、语音清晰。(3)与平台开展本协议时不侵犯第三方利益。(4)收益分成条款:平台扣除相应税金后按照协议发放等。

二、个人数据及隐私政策

(一)用户信息收集

用户信息收集包括必要信息收集、敏感信息收集、未经同意不提供给第三方、信息变更删除、用户注销渠道提供。

斗鱼:为提供服务,收集必要的用户信息(可能涉及账户、实名、设备、交易、日志等相关信息)。未经同意,不会从第三方获取、共享或对外提供用户的个人信息。用户可以变更或删除信息,平台提供注销、投诉等方式。

虎牙：为帮助用户完成注册认证、直播互动、浏览和推荐、发布信息、反馈意见，会收集部分必要信息。为提供上述服务，平台可能会收集用户的联络方式、地理位置、虚拟财产等敏感信息。未经同意，不会对外提供任何信息。用户也可以对个人信息进行访问、更正和删除。（提供“同意”和“仅浏览”两个按键，点击“仅浏览”将只收集必要信息而不收集敏感信息。）

点淘：为向用户提供交易相关基本功能，会收集、使用必要的信息；基于用户的明示授权，平台可能会获取地址、设备 ID 等信息，用户有权拒绝或取消授权；未经同意，平台不会从第三方获取、共享或对外提供用户个人信息；可以查询、更正、删除用户个人信息，平台为用户提供注销账号的渠道。

（二）允许 App 或软件使用或访问

使用 App 或软件时，一般会要求访问：(1)摄像头、麦克风可能实时泄露隐私的设备；(2)相册、文件等其他 App 或软件；(3)通讯录、微信、好友列表等交友信息；(4)地理位置；(5)分享时打开其他 App。

在第一次使用（直接使用 App 拍摄，上传或下载，第一次登录获取好友列表等情况）App 时会进行单独确认，选项分为“始终允许”“使用 App 时允许”“不允许”三项，后续使用时默认第一次选择的设置。选择是否允许都可以在设备的“设置”页面中统一管理或更改。“设置”管理权限高于直播 App 管理权限，即如果“设置”中不允许使用，即使 App 中选择“允许使用”，仍无法使用。摄像头、麦克风等设备仅在用户主动点击相关按键的情况下开启。每次使用该功能时需单独确认相关条款。

三、充值与消费

（一）充值和消费主体认证

充值的主体一般是实名注册的用户。这里就会涉及签约主体的行为能力的认定。

根据自然人的年龄划分，《民法典》规定，成年人为完全民事行为能力人，可以独立实施民事法律行为；十六周岁以上的未成年人，以自己的劳动收入为主要生活来源的，视为完全民事行为能力人；八周岁以上的未成年人为限制民事行为能力人，若其独立实施非纯获利益的民事法律行为或者与其年龄、智力不相适应的民事法律行为由其法定代理人代理或者经其法定代理人同意、追认；不满八周岁的未成年人为无民事行为能力人，由其法定代理人代理实施民事法律行为。

根据自然人的精神状况划分，不能辨认自己行为的成年人为无民事行为能力人，由其法定代理人代理实施民事法律行为。不能完全辨认自己行为的成年人为限制民事行为能力人，实施民事法律行为由其法定代理人代理或者经其法定代理人同意、追认；但是，可以独立实施纯获利益的民事法律行为或者与其智力、精神健康状况相适应的民事法律行为。

根据民事法律行为的生效规则，无民事行为能力人实施的民事法律行为无效。限制民事行为能力人实施的纯获利益的民事法律行为或者与其年龄、智力、精神健康状况相适应的民事法律行为有效；实施的其他民事法律行为经法定代理人同意或者追认后有效。

故签订合同前，一定要对合同当事人的民事行为能力进行识别，这是合同生效的前提。在传统的合同中，合同双方一般都是当面签署或者通过邮寄合同的形式签订合同，合同双方通过沟通、交谈一般对合同相对人有一定的了解，故对合同相对人的行为能力能够进行审查。但在互联网环境下，合同的双方当事人经常是从未见过、没有相互了解的，甚至双方都不会发生文字沟通，仅通过自动交易系统就完成了交易。在直播平台的签约中，只能通过用户的注册信息来判断其主体资格，在这种跨空间的往来中无法准确对合同双方当事人的民事行为能力进行认证，如果严格按照传统的行为主体审查方式，线上合同的双方当事人将花费大量时间、精力进行确认，增加经营成本，不符合发展快速、便捷、成本低的新业态与创新模式。

所以，《电子商务法》就对这种类型进行了规定："在电子商务中推定当事人具有相应的民事行为能力。但是，有相反证据足以推翻的除外。"该条款采取了和以往民事行为能力认定完全不同的举证方式，以先行推定的方式认定电子合同交易方具备民事行为能力，而不是要求认定当事人具备民事行为能力后才能展开交易，这将极大地便利电子交易的安全和稳定，也秉承了维护市场交易稳定可信的民法原则。这一规定在直播中同样适用。

常规的实名认证的方式会根据认证主体的不同而进行分类。

个人用户身份认证有五种方式：(1)公安二要素比对(公安部实名验证)，即姓名和身份证号公安库比对；(2)银行卡三要素比对，即姓名、身份证号、银行卡号数据对比；(3)银行卡四要素比对，即姓名、身份证号、银行卡号、预留手机号比对；(4)运营商三要素比对，即姓名、身份证号、身份证实名手机号运营商数据库比对；(5)人脸识别认证，即身份证 OCR、活体检测、照片比对。

值得注意的是，有时候我们会授权用支付宝或微信支付等进行认证，但背后逻辑仍然是以上的情景。

企业用户身份认证的方式比较多，常见的有：(1)企业工商信息比对，即企业名称、信用代码、法人姓名与市场管理总局数据库比对；(2)企业工商信息比对＋法定代表人公安二要素比对，即企业名称、信用代码、法人姓名与市场管理总局数据库比对＋法定代表人姓名和身份证号公安库比对；(3)企业工商信息比对＋法定代表人银行卡三要素比对，即企业名称、信用代码、法人姓名与市场管理总局数据库比对＋法定代表人姓名、身份证号、银行卡号数据对比；(4)企业工商信息比对＋法定代表人银行卡四要素比对，即企业名称、信用代码、法人姓名与市场管理总局数据库比对＋法定代表人姓名、身份证号、银行卡号、预留手机号比对；(5)企业工商信息比对＋法定代表人运营商三要素比对，即企业名称、信用代码、法人姓名与市场管理总局数据库比对＋法定代表人姓名、身份证号、身份证实名手机号运营商数据库比对；(6)企业工商信息比对＋法定代表人人脸识别认证，即企业名称、信用代码、法人姓名与市场管理总局数据库比对＋法定代表人身份证 OCR、活体检测人像比对；(7)企业对公打款验证，即第三方支付机构在一个数额范围之间随机打款至唯一的对公账户；(8)企业工商信息比对＋企业对公打款验证，即企业名称、信用代码、法人姓名与市场管理总局数据库比对＋第三方支付机构在一个数额范围之间随机打款至唯一的对公账户。

经由平台以及公安部等机构审核身份之后，需要给用户颁发类似电子身份证的证书，因此，由认证中心为审核通过的用户颁发具备唯一性的数字证书，表明用户的真实身份，并且数字证书不会被伪造、冒用和篡改。

这些比对方式的严苛程度不同，但越严苛也意味着认证成本高，客户体验差。所以在认证中要做好效率和合规的平衡。

在搞清楚主体认证后，充值的合同和主体问题也就不难理解了。2020 年 5 月 15 日，最高人民法院印发的《关于依法妥善审理涉新冠肺炎疫情民事案件若干问题的指导意见(二)》规定：限制民事行为能力人未经其监护人同意，参与网络付费游戏或者网络直播平台“打赏”等方式支出与其年龄、智力不相适应的款项，监护人请求网络服务提供者返还该款项的，人民法院应予支持。有人叫好，认为这一规定保护和净化了网络环境，但并不新鲜，司法解释只是更明确一些罢了。无论是《民法典》中关于民事行为能力的认定，还是《电子商务法》第四十八条规定“电子商务当事人使用自动信息系统订立或者履行合同的行为对使用该系统的当事人具有法律效力。在电子商务中推定当事人具有相应的民事行为能力。但是，有相反证据足以推翻的除外”，原则上都认定充值是经过实名注册的账号主体自行充值，有相反证据证明的除外。

在很多案件中，未成年人过度充值和消费，导致账户主体损失。但在法律上，基于基本的举证规则，是要账户主体来证明充值和消费行为不是本人而是未成年人所为。这点是很难的。账户登录、充值消费等多重的身份认证，特别是充值密码等的设置，让此类账户主体很难提供有充分法律证明力的证据，导致此类纠纷对账户主体不利。但反过来考虑，如果将举证责任交给平台来承担，显然又是违反基本法理和法律规定的。如果不对交易的稳定性做一个权衡,所有网络平台交易都会陷入不稳定状态,业态也就很难发展。

(二)充值提醒与限制

娱乐类直播平台一般围绕账户主体、单笔充值限额、单日/单周期(每月等)充值限额、地域等设置综合的提醒和限制功能。

如果向未成年人提供服务的,可以适度参考国家新闻出版署印发的《关于防止未成年人沉迷网络游戏的通知》。该通知的第三条规定:"规范向未成年人提供付费服务。网络游戏企业须采取有效措施,限制未成年人使用与其民事行为能力不符的付费服务。网络游戏企业不得为未满 8 周岁的用户提供游戏付费服务。同一网络游戏企业所提供的游戏付费服务,8 周岁以上未满 16 周岁的用户,单次充值金额不得超过 50 元人民币,每月充值金额累计不得超过 200 元人民币;16 周岁以上未满 18 周岁的用户,单次充值金额不得超过 100 元人民币,每月充值金额累计不得超过 400 元人民币。"

四、直播内容规范

从内容上看,互联网直播服务提供者及互联网直播服务使用者不得利用互联网直播服务从事危害国家安全、破坏社会稳定、扰乱社会秩序、侵犯他人合法权益、传播淫秽色情等法律法规禁止的活动;不得制作、发布、传播煽动颠覆国家政权、危害政治安全和社会稳定、网络谣言、淫秽色情,以及侵害他人名誉权、肖像权、隐私权、知识产权和其他合法权益等法律法规禁止的信息内容。2016 年 12 月 2 日,文化部印发《网络表演经营活动管理办法》,该办法第六条规定网络表演不得含有以下内容:(1)含有《互联网文化管理暂行规定》第十六条规定的禁止内容的;(2)表演方式恐怖、残忍、暴力、低俗,摧残表演者身心健康的;(3)利用人体缺陷或者以展示人体变异等方式招徕用户的;(4)以偷拍偷录等方式,侵害他人合法权益的;(5)以虐待动物等方式进行表演的;(6)使用未取得文化行政部门内容审查批准文号或备案编号的网络游戏产品,进行网络游戏技法展示或解说的。

网络信息内容生产者不得制作、复制、发布含有下列内容的违法信息:(1)反对宪法所确定的基本原则的;(2)危害国家安全,泄露国家秘密,颠覆国家政权,破坏国家统一的;(3)损害国家荣誉和利益的;(4)歪曲、丑化、亵渎、否定英雄烈士事迹和精神,以侮辱、诽谤或者其他方式侵害英雄烈士的姓名、肖像、名誉、荣誉的;(5)宣扬恐怖主义、极端主义或者煽动实施恐怖活动、极端主义活动的;(6)煽动民族仇恨、民族歧视,破坏民族团结的;(7)破坏国家宗教政策,宣扬邪教和封建迷信的;(8)散布谣言,扰乱经济秩序和社会秩序的;(9)散布淫秽、色情、赌博、暴力、凶杀、恐怖或者教唆犯罪的;(10)侮辱或者诽谤他人,侵害他人名誉、隐私和其他合法权益的;(11)法律、行政法规禁止的其他内容。

网络信息内容生产者应当采取措施,防范和抵制制作、复制、发布含有下列内容的不良信息:(1)使用夸张标题,内容与标题严重不符的;(2)炒作绯闻、丑闻、劣迹等的;(3)不当评述自然灾害、重大事故等灾难的;(4)带有性暗示、性挑逗等易使人产生性联想的;(5)展现血腥、惊悚、残忍等致人身心不适的;(6)煽动人群歧视、地域歧视等的;(7)宣扬低俗、庸俗、媚俗内容的;(8)可能引发未成年人模仿不安全行为和违反社会公德行为、诱导未成年人不良嗜好等的;(9)其他对网络生态造成不良影响的内容。

具体可以按照《互联网直播服务管理规定》《网络表演经营活动管理办法》《网络音视频信息服务管理规定》《网络信息内容生态治理规定》的相关规定来考虑合规。

第二节 电商直播的运营合规

电商直播在很多环节与娱乐类直播的合规需求相似,本节主要针对电商直播中相对特殊的环节和要点进行合规解析。

一、选品

在电商直播业内,有观点认为:七分靠选品,三分靠运营。

一个电商主播或者商家,能够良好发展,选品是重中之重。选对了,流量和转化都不愁;选错了,开单会难于上青天。接下来就是运营,同一件商品,在不同商家手里进行推广,可能会产生两种完全不同的结果,因为这和商家本身的资金水平、供应链实力、运营方法等方面紧密相关。

选品风险主要可以分为商业风险和法律风险两类。

常见商业风险关注流量、销量、客户群体、客单价、利润、现金流、复购率等。常见的对策有:做好客户画像,购买相关关键词,购买流量产品(如直通车等),与厂家进行价格谈判,制定定价策略,成本收益建模,制订用户黏性计划等。

商业风险通常是 1 和 100 的关系,即少赚钱还是多赚钱的问题。当然,随着现在打法的多样化,也会出现爆品零利润引流、其他产品变现等多种方式,但综合来看,本质还是赚钱方式和多寡的问题。

法律风险则常常是 0 和 1 的关系,即一旦出现法律风险,往往需要承担违约、赔偿等责任,还会受到行政处罚甚至刑事处罚。

选品常见的法律风险有如下几类。

(一)知识产权类风险

1.商标侵权风险

商标侵权是指行为人未经商标权人许可,在相同或类似商品上使用与其注册商标相同或近似的商标,或者其他干涉、妨碍商标权人使用其注册商标,损害商标权人合法权益的其他行为。行为人销售明知或应知是假冒注册商标的商品,商标专用权被侵权的自然人或者法人在民事上有权要求侵权人停止侵害、消除影响、赔偿损失。

《中华人民共和国商标法》第五十七条规定有下列行为之一的,均属侵犯注册商标专用权:(1)未经商标注册人的许可,在同一种商品上使用与其注册商标相同的商标的;(2)未经商标注册人的许可,在同一种商品上使用与其注册商标近似的商标,或者在类似商品上使用与其注册商标相同或者近似的商标,容易导致混淆的;(3)销售侵犯注册商标专用权的商品的;(4)伪造、擅自制造他人注册商标标识或者销售伪造、擅自制造的注册商标标识的;(5)未经商标注册人同意,更换其注册商标并将该更换商标的商品又投入市场的;(6)故意为侵犯他人商标专用权行为提供便利条件,帮助他人实施侵犯商标专用权行为的;(7)给他人的注册商标专用权造成其他损害的。

所谓其他损害的情形主要是将与他人注册商标相同或者相近似的文字作为企业的字号在相同或者类似商品上突出使用,容易使相关公众产生误认的;复制、摹仿、翻译他人注册的驰名商标或其主要部分在不相同或者不相类似商品上作为商标使用,误导公众,致使该驰名商标注册人的利益可能受到损害的。

在这些情形中,最常见的就是直接销售侵犯注册商标专用权的商品。

2.专利侵权风险

《中华人民共和国专利法》第十一条规定:发明和实用新型专利权被授予后,除本法另有规定的以外,任何单位或者个人未经专利权人许可,都不得实施其专利,即不得为生产经营目的制造、使用、许诺销售、销售、进口其专利产品,或者使用其专利方法以及使用、许诺销售、销售、进口依照该专利方法直接获得的产品。

外观设计专利权被授予后,任何单位或者个人未经专利权人许可,都不得实施其专利,即不得为生产经营目的制造、许诺销售、销售、进口其外观设计专利产品。

3.著作权侵权风险

《中华人民共和国著作权法》(以下简称《著作权法》)第五十二条规定,有下列侵权行为的,应当根据情况,承担停止侵害、消除影响、赔礼道歉、赔偿损失等民事责任:(1)未经著作权人许可,发表其作品的;(2)未经合作作者许可,将与他人合作创作的作品当作自己单独创作的作品发表的；(3)没有参加创作，为谋取个人名利，在他人作品上署名的；(4)歪曲、篡改他人作品的；(5)剽窃他人作品的；(6)未经著作权人许可，以展览、摄制视听作品的方法使用作品，或者以改编、翻译、注释等方式使用作品的，本法另有规定的除外；(7)使用他人作品，应当支付报酬而未支付的；(8)未经视听作品、计算机软件、录音录像制品的著作权人、表演者或者录音录像制作者许可，出租其作品或者录音录像制品的原件或者复制件的，本法另有规定的除外；(9)未经出版者许可，使用其出版的图书、期刊的版式设计的；(10)未经表演者许可，从现场直播或者公开传送其现场表演，或者录制其表演的；(11)其他侵犯著作权以及与著作权有关的权利的行为。

简单地说，初期选品时除基础调查、协议约定外，在平台适当进行关键词检索也是极有必要的。在选品阶段，卖家可以找专业的知识产权服务机构或律所，查询该产品的目标市场是否被注册专利；检索相关法律文书，是否存在纠纷等。充分了解产品销售所在地的知识产权相关法律制度，提高企业员工的知识产权风险意识，在保护本企业知识产权的同时，自觉尊重和保护他人的知识产权。

(二)产品或服务质量侵权风险

消费者因购买、使用了网络电商直播中销售的商品或服务，受到人身、财产损害的，或购买的商品不符合食品安全标准而受到损害的，可以依据《民法典》第七编第四章、《中华人民共和国消费者权益保护法》(以下简称《消费者权益保护法》)第四十四条、《中华人民共和国食品安全法》(以下简称《食品安全法》)第一百四十八条等规定，享有依法获得赔偿的权利。依据上述规定，作为销售者的商家和电商主播，有可能因此承担侵权责任。同时依据《消费者权益保护法》第四十四条的规定，在上述侵权纠纷中，如直播平台不能提供主播的真实名称、地址及有效联系方式或电子商务平台不能提供销售者或服务者的真实名称、地址及有效联系方式的，消费者有权主张直播平台或者电子商务平台先行赔偿，直播平台或者电子商务平台对电商主播、销售者或者服务者侵害他人合法权益的行为承担不真正的连带责任。如直播平台或电子商务平台明知或应当知道电商主播、销售者或服务者利用其平台侵害消费者合法权益，而未采取必要措施的，应当依法与该电商主播、销售者或服务者承担连带责任。依据《电子商务法》第三十八条的规定，对关系消费者生命健康的商品或者服务，电子商务平台经营者对平台内经营者的资质资格未尽到审核义务，或者对消费者未尽到安全保障义务，造成消费者损害的，依法承担相应的责任。

销售者对所出售的商品承担质量保证义务，因产品缺陷导致购买者或使用者人身、财产受到损害的，受害人有权向销售者或生产者主张赔偿。且《消费者权益保护法》第二十条规定：经营者向消费者提供有关商品或者服务的质量、性能、用途、有效期限等信息，应当真实、全面，不得作虚假或者引人误解的宣传。经营者对消费者就其提供的商品或者服务的质量和使用方法等问题提出的询问，应当作出真实、明确的答复。经营者提供商品或者服务应当明码标价。

同时，《消费者权益保护法》第五十五条规定：经营者提供商品或者服务有欺诈行为的，应当按照消费者的要求增加赔偿其受到的损失，增加赔偿的金额为消费者购买商品的价款或者接受服务的费用的三倍；增加赔偿的金额不足五百元的，为五百元。法律另有规定的，依照其规定。经营者明知商品或者服务存在缺陷，仍然向消费者提供，造成消费者或者其他受害人死亡或者健康严重损害的，受害人有权要求经营者依照本法第四十九条、第五十一条等法律规定赔偿损失，并有权要求所受损失二倍以下的惩罚性赔偿。

在选品中，其他需要注意的要点如下：

1. 食品标签、质量问题

食品标签、质量问题具体包括标签信息不齐全、内容不准确、字体不规范、无中文标签等，主要有：

(1)标签信息未依据《食品安全法》第六十七条进行标记，标签信息不齐全，不符合食品安全标准。

(2)进口预包装食品无中文标签以及未载明食品的原产地和境内代理商的名称、地址、联系方式，无海关的检验合格证明等。

(3)“三无产品”：无生产厂家名称、无生产日期、无生产许可证。

(4)书写不规范，未使用规范的汉字，如使用繁体字、外文、拼音等。

(5)标签生产者、经销者名称或地址与 SC 证上不一致。

(6)标签字号过小。

(7)净含量和规格未采用法定计量单位以及书写不规范。

(8)食品生产许可证编号未标注 SC 字样或标注成 QS 标志资质。

(9)虚假生产日期以及在食品标签上标注的生产日期早于执行标准实行日期等。

2. 食品保质期问题

食品保质期问题主要包括：

(1)所购买食品已过标签上所标志的保质期，不符合食品安全标准。

(2)保质期与执行标准不一致。

3. 食品包装问题

在食品包装方面，会出现包装和商品实际不一致的现象，职业打假人则利用这种现象制造条件“引导商家售假”，如要求商家在销售符合国家规定的商品时另外提供礼盒包装，随后以礼盒上标签内容不符合国家有关规定为由要求赔偿，曾经在茶叶行业大范围出现类似案件。

4.执行标准、质量等级问题

执行标准、质量等级问题主要包括：

(1)应标注质量等级的食品未标注质量等级。

(2)标签上标注已过期的执行标准。

(3)执行标准存在等级差异，标签上未标注清楚等级。

(4)虚假标注产品质量等级，与执行标准不一致等。

二、运营销售

(一)格式合同的适用与争议

通过直播平台或者电商平台购买商品或者服务时，多数签订的是格式合同。消费者只能根据格式合同选择交易或不交易，没有更改条款的权利。如格式合同提供者故意利用模糊字体、采用极小字体，或是通过减轻或免除经营者的法定或合同义务、约定存在违约行为时不得解除合同等不公允的条款设计侵害消费者公平交易权。

依据《民法典》第六条、第四百九十六条、第四百九十七条，《消费者权益保护法》第二十六条的规定，提供格式条款一方未对与消费者有重大利害关系的条款履行说明义务的，消费者可主张该条款不成为合同内容；提供格式条款一方不合理地免除或者减轻其责任、加重对方责任、限制或排除对方主要权利的，该条款无效。若消费者在购买、使用商品和接受服务时，由于商品的质量或者服务质量有问题致使消费者的人身、财产受到损害，此时会产生合同责任与侵权责任竞合。

(二)虚假广告

虚假广告是指直播中如电商主播对商品的性能、功能、质量、销售状况、用户评价、曾获荣誉等相关方面进行虚假或引人误解的商业宣传，对消费者欺骗或误导，由此导致消费者产生错误认识且消费者因为这种错误的认识而作出了购买商品的决定。

根据《消费者权益保护法》第四十五条的规定，消费者有权要求作为电商经营者的商家和电商主播民事赔偿；电商主播作为广告的发布者，如不能提供经营者的真实名称、地址及有效联系方式的，消费者也可同时要求电商主播承担赔偿的法律责任；关系消费者生命健康的商品或服务的虚假广告造成消费者损害的，网络直播平台和电子商务平台均有可能与广告发布者承担连带责任。

关于广告的合规，将在第六章进行阐述。

(三)直播期间侵犯他人肖像权、隐私权等人格权的侵权责任

电商主播在直播中擅自使用他人肖像或公开他人隐私的行为,均属于侵犯他人肖像权和隐私权。通过直播平台线上销售产品或服务的,主播、电商平台、直播平台均有可能接触并存储用户信息,若发生用户信息泄露的情形,属于侵犯他人隐私权的情形。

根据《民法典》第一千零三十三条、第一千零三十四条的规定,电商主播和直播平台需承担侵权责任。

(四)不正当竞争行为的侵权责任

电商直播中存在混淆行为、虚假宣传误导消费的行为、诋毁竞争对手商业信誉的行为、侵犯商业秘密的行为、欺骗性有奖销售行为和巨奖销售行为的,商家和电商主播将可能按照《中华人民共和国反不正当竞争法》(以下简称《反不正当竞争法》)的有关规定承担侵权责任。

根据《反不正当竞争法》第六条,混淆行为是指经营者实施的下列行为,引人误认为是他人商品或者与他人存在特定联系:(1)擅自使用与他人有一定影响的商品名称、包装、装潢等相同或者近似的标识;(2)擅自使用他人有一定影响的企业名称(包括简称、字号等)、社会组织名称(包括简称等)、姓名(包括笔名、艺名、译名等);(3)擅自使用他人有一定影响的域名主体部分、网站名称、网页等;(4)其他足以引人误认为是他人商品或者与他人存在特定联系的混淆行为。

虚假宣传误导消费者是指经营者对其商品的性能、功能、质量、销售状况、用户评价、曾获荣誉等作虚假或者引人误解的商业宣传,欺骗、误导消费者。经营者通过组织虚假交易等方式,帮助其他经营者进行虚假或者引人误解的商业宣传。

诋毁竞争对手商业信誉的行为是指经营者编造、传播虚假信息或者误导性信息,损害竞争对手的商业信誉、商品声誉。

侵犯商业秘密的行为是指经营者:(1)以盗窃、贿赂、欺诈、胁迫、电子侵入或者其他不正当手段获取权利人的商业秘密;(2)披露、使用或者允许他人使用以前项手段获取的权利人的商业秘密;(3)违反保密义务或者违反权利人有关保守商业秘密的要求,披露、使用或者允许他人使用其所掌握的商业秘密;(4)教唆、引诱、帮助他人违反保密义务或者违反权利人有关保守商业秘密的要求,获取、披露、使用或者允许他人使用权利人的商业秘密。经营者以外的其他自然人、法人和非法人组织实施(4)中所列违法行为的,视为侵犯商业秘密。第三人明知或者应知商业秘密权利人的员工、前员工或者其他单位、个人实施(1)中所列违法行为,仍获取、披露、使用或者允许他人使用该商业秘密的,视为侵犯商业秘密。

欺骗性有奖销售行为和巨奖销售行为主要指:(1)所设奖的种类、兑奖条件、奖金金额或者奖品等有奖销售信息不明确,影响兑奖;(2)采用谎称有奖或者故意让内定人员中奖的欺骗方式进行有奖销售;(3)抽奖式的有奖销售,最高奖的金额超过五万元。

(五)发票问题

发票问题主要包括:

(1)要求商家开具与购买实际商品名称不符的发票;

(2)要求商家开具与实际消费金额不符的发票,随后以发票金额为准向商家要求赔偿等。

直播的涉税问题我们将在后文进行剖析。

三、职业打假人问题

鉴于当前打假人所出现的职业化、集团化趋势,做好企业日常合规管理及风险防控,了解司法动向,极有必要。

常见的职业打假流程分为以下几个环节:

(一)购买

首先寻找可能存在质量问题的食品、过期食品或"三无食品"(无生产厂家名称、无生产日期、无生产许可证),然后直接购买相当数量的产品,有时候超出一般人常见的购买数量,以确保一旦索赔成功可以获得丰厚的经济利益,并坚决索要发票、小票等以确保证据充足有效。

(二)通知

目前全国很多职业打假人有专门的联系群,在一个打假人发现维权机会时,通常也会告知其他"同行",共同购买瑕疵食品,参与维权。

(三)索赔

主要是要求商家"退一赔十",这个阶段有的职业打假人允许有一定的协商,以确保维权成本可控。

(四)投诉举报

如果商家态度强硬或者拒绝,职业打假人就会向市场监管部门投诉举报,要求监管部门组织调解,要求查处涉案企业,并要求监管部门发放物质奖励。

(五)诉讼

在投诉举报的同时,职业打假人会同步进行起诉。一旦商家愿意赔偿和解,职业打假人将会撤销投诉举报或者撤诉,而如果商家不愿意协商赔偿,职业打假人就会通过诉讼程序要求商家赔偿其损失。

在实践中，2017 年 5 月，最高法公布《最高人民法院办公厅对十二届全国人大五次会议第 5990 号建议的答复意见》，称："目前可以考虑在除购买食品、药品之外的情形，逐步限制职业打假人的牟利性打假行为。我们将根据实际情况……适时借助司法解释、指导性案例等形式，逐步遏制职业打假人的牟利性打假行为。"在司法领域确实有大量案例限制了职业打假人的职业打假行为。

但《最高人民法院关于审理食品药品纠纷案件适用法律若干问题的规定》中，第三条也明确：因食品、药品质量问题发生纠纷，购买者向生产者、销售者主张权利，生产者、销售者以购买者明知食品、药品存在质量问题而仍然购买为由进行抗辩的，人民法院不予支持。

可以看出，食品领域具有特殊性，关乎消费者的生命健康权，国家对该领域仍保持谨慎态度，因此在为食品进行直播带货时，更应当引起充分的重视。

四、直播平台的运营合规

直播平台应当建立健全账号及直播营销功能注册注销、信息安全管理、营销行为规范、未成年人保护、消费者权益保护、个人信息保护、网络和数据安全管理等机制、措施。应当建立健全投诉、举报机制，明确处理流程和反馈期限，及时处理公众对于违法违规信息内容、营销行为的投诉、举报。这主要是对平台的制度性要求，这些制度的设计主要需要注意与新出台法律法规和政策要求的更新匹配。

直播平台应当配备与服务规模相适应的直播内容管理专业人员，具备维护互联网直播内容安全的技术能力，技术方案应符合国家相关标准。由于平台的直播间众多，采用全部人力监管的方式显然成本过高，采用技术初审＋疑难人工介入的模式，既能适应普遍要求又能兼顾疑难复杂性。

直播平台应当依据相关法律法规和国家有关规定，制定并公开网络直播营销管理规则、平台公约。目前，平台都会进行相关设计，要点在于格式合同中部分条款的效力，以及需要特别提示、明示、单独同意等条款的法律要求。例如，平台应当建立健全未成年人保护机制，网络直播营销中包含可能影响未成年人身心健康内容的，直播营销平台应当在信息展示前以显著方式作出提示。又如，直播平台利用人工智能、数字视觉、虚拟现实、语音合成等技术展示的虚拟形象从事网络直播营销的，应当按照规定进行安全评估，并以显著方式予以标识。

直播平台应当与直播营销人员服务机构即 MCN 机构等、直播间运营者签订协议，要求其规范直播营销人员招募、培训、管理流程，履行对直播营销内容、商品和服务的真实性、合法性审核义务。也就是说，通常平台都会要求 MCN 机构、直播间运营者（可能为 MCN 机构运营，也可能由主播自身运营）对直播内容、商品提供合法性承诺和保证。

直播平台应当制定直播营销商品和服务负面目录，列明法律法规规定的禁止生产销售、禁止网络交易、禁止商业推销宣传以及不适宜以直播形式营销的商品和服务类别。禁止营销的商品和服务负面清单通常和国家的强制禁止性内容有关，如涉黄赌毒等。还有一些需要特殊资质或牌照才能销售的，如金融产品、烟草等。

直播平台提供付费导流等服务，对网络直播营销进行宣传、推广，构成商业广告的，应当履行广告发布者或者广告经营者的责任和义务。直播营销平台不得为直播间运营者、直播营销人员虚假或者引人误解的商业宣传提供帮助、便利条件。具体可见第六章。

直播平台应当根据直播间运营者账号合规情况、关注和访问量、交易量和金额及其他指标维度，建立分级管理制度，根据级别确定服务范围及功能，对重点直播间运营者采取安排专人实时巡查、延长直播内容保存时间等措施。这个在很多平台都已经设立，不仅是合规的需求，在业务服务和用户体验上，也有其必要性。例如平台配给直播间的私人助理等。

直播平台应当对违反法律法规和服务协议的直播间运营者账号，视情况采取警示提醒、限制功能、暂停发布、注销账号、禁止重新注册等处置措施，保存记录并向有关主管部门报告。应当建立黑名单制度，将严重违法违规的直播营销人员及因违法失德造成恶劣社会影响的人员列入黑名单，并向有关主管部门报告。

应当提示直播间运营者依法办理市场主体登记或税务登记，如实申报收入，依法履行纳税义务，并依法享受税收优惠。直播平台及直播营销人员服务机构应当依法履行代扣代缴义务。这条规定也再次明确了平台的代扣代缴义务，现实中，一般都会将扣缴的税款缴纳到税收洼地。

五、直播间运营者、直播营销人员、直播营销人员服务机构合规

1. 定义

直播间运营者，是指在直播营销平台上注册账号或者通过自建网站等其他网络服务，开设直播间从事网络直播营销活动的个人、法人和其他组织。

直播营销人员，是指在网络直播营销中直接向社会公众开展营销的个人。

直播营销人员服务机构，是指为直播营销人员从事网络直播营销活动提供策划、运营、经纪、培训等的专门机构。

2. 分类

这三类主体中，直播营销人员一般比较好辨认，通常被理解为主播。

而直播间运营者和直播营销人员服务机构则有时候会出现混同。从MCN机构原本的定义来看，似乎仅是“直播营销人员服务机构”，对应网红筛选和孵化、内容开发、技术支持、用户管理、资源对接、活动运营、商业合作、IP开发等日常业务。

实际业务开展过程中，经常出现MCN机构同时负责直播间运营的情况，而且出于流量绑定和数据积累的需要，很多直播间虽然以主播名义进行实名注册，但实际控制和负责运营的往往依然是MCN机构。此时，直播间运营者和直播营销人员服务机构就会出现混同。应当同时履行相关义务。

直播营销人员或者直播间运营者为自然人的，应当年满十六周岁；十六周岁以上的未成年人申请成为直播营销人员或者直播间运营者的，应当经监护人同意。这条是与《民法典》第十七条、第十八条①匹配的，是为了避免未成年人成为主播，也匹配《中华人民共和国劳动法》（以下简称《劳动法》）的相关规定。

直播间运营者、直播营销人员从事网络直播营销活动，应当遵守法律法规和国家有关规定，遵循社会公序良俗，真实、准确、全面地发布商品或服务信息，不得有下列行为：(1)违反《网络信息内容生态治理规定》第六条、第七条②规定的；(2)发布虚假或者引人误解的信息，欺骗、误导用户；(3)营销假冒伪劣、侵犯知识产权或不符合保障人身、财产安全要求的商品；(4)虚构或者篡改交易、关注度、浏览量、点赞量等数据流量造假；(5)知道或应当知道他人存在违法违规或高风

① 《民法典》第十七条：十八周岁以上的自然人为成年人。不满十八周岁的自然人为未成年人。

第十八条：成年人为完全民事行为能力人，可以独立实施民事法律行为。十六周岁以上的未成年人，以自己的劳动收入为主要生活来源的，视为完全民事行为能力人。

② 《网络信息内容生态治理规定》第六条规定，网络信息内容生产者不得制作、复制、发布含有下列内容的违法信息：(一)反对宪法所确定的基本原则的；(二)危害国家安全，泄露国家秘密，颠覆国家政权，破坏国家统一的；(三)损害国家荣誉和利益的；(四)歪曲、丑化、亵渎、否定英雄烈士事迹和精神，以侮辱、诽谤或者其他方式侵害英雄烈士的姓名、肖像、名誉、荣誉的；(五)宣扬恐怖主义、极端主义或者煽动实施恐怖活动、极端主义活动的；(六)煽动民族仇恨、民族歧视，破坏民族团结的；(七)破坏国家宗教政策，宣扬邪教和封建迷信的；(八)散布谣言，扰乱经济秩序和社会秩序的；(九)散布淫秽、色情、赌博、暴力、凶杀、恐怖或者教唆犯罪的；(十)侮辱或者诽谤他人，侵害他人名誉、隐私和其他合法权益的；(十一)法律、行政法规禁止的其他内容。

第七条规定，网络信息内容生产者应当采取措施，防范和抵制制作、复制、发布含有下列内容的不良信息：(一)使用夸张标题，内容与标题严重不符的；(二)炒作绯闻、丑闻、劣迹等的；(三)不当评述自然灾害、重大事故等灾难的；(四)带有性暗示、性挑逗等易使人产生性联想的；(五)展现血腥、惊悚、残忍等致人身心不适的；(六)煽动人群歧视、地域歧视等的；(七)宣扬低俗、庸俗、媚俗内容的；(八)可能引发未成年人模仿不安全行为和违反社会公德行为、诱导未成年人不良嗜好等的；(九)其他对网络生态造成不良影响的内容。

险行为，仍为其推广、引流；(6)骚扰、诋毁、谩骂及恐吓他人，侵害他人合法权益；(7)传销、诈骗、赌博、贩卖违禁品及管制物品等；(8)其他违反国家法律法规和有关规定的行为。

3.合规要求

对于直播间，《网络直播营销管理办法(试行)》规定要对以下五个重点环节进行管理：一是直播间运营者账号名称、头像、简介；二是直播间标题、封面；三是直播间布景、道具、商品展示；四是直播营销人员着装、形象；五是其他易引起用户关注的重点环节。该办法对直播营销活动相关广告合规、直播营销场所、互动内容管理、商品和服务供应商信息核验、消费者权益保护责任、网络虚拟形象使用提出明确要求。

(1)发布的直播内容构成商业广告的，应当履行广告发布者、广告经营者或者广告代言人的责任和义务。

(2)不得在涉及国家安全、公共安全、影响他人及社会正常生产生活秩序的场所从事网络直播营销活动(针对直播营销人员)。

(3)要依据平台服务协议做好语音和视频连线、评论、弹幕等互动内容的实时管理，不得以删除、屏蔽相关不利评价等方式欺骗、误导用户。

(4)要对商品和服务供应商的身份、地址、联系方式、行政许可、信用情况等信息进行核验，并留存相关记录备查。

(5)使用其他人肖像作为虚拟形象从事网络直播营销活动的，应当征得肖像权人同意，不得利用信息技术手段伪造等方式侵害他人的肖像权；对自然人声音的保护，参照适用前述规定。

第六章

直播产业的广告合规

第一节　广告的法律主体及模式

广告，几乎是当前商业社会中必不可少的事物，和直播行业更是密不可分。《中华人民共和国广告法》(以下简称《广告法》)规定："在中华人民共和国境内，商品经营者或者服务提供者通过一定媒介和形式直接或者间接地介绍自己所推销的商品或者服务的商业广告活动，适用本法。"《互联网广告管理暂行办法》规定：互联网广告，是指通过网站、网页、互联网应用程序等互联网媒介，以文字、图片、音频、视频或者其他形式，直接或者间接地推销商品或者服务的商业广告。互联网广告包括：(1)推销商品或者服务的含有链接的文字、图片或者视频等形式的广告；(2)推销商品或者服务的电子邮件广告；(3)推销商品或者服务的付费搜索广告；(4)推销商品或者服务的商业性展示中的广告，法律、法规和规章规定经营者应当向消费者提供的信息的展示依照其规定；(5)其他通过互联网媒介推销商品或者服务的商业广告。

一、广告的法律主体

梳理广告合规前，还需要明白几个主体概念，即广告主、广告经营者、广告发布者、广告代言人。

广告主，是指为推销商品或者服务，自行或者委托他人设计、制作、发布广告的自然人、法人或者其他组织。简单理解的话，可以是厂家或者服务的提供方。广告主发布互联网广告需具备的主体身份、行政许可、引证内容等证明文件，应当确保真实、合法、有效。广告主可以通过自设网站或者拥有合法使用权的互联网媒介自行发布广告，也可以委托互联网广告经营者、广告发布者发布广告。互联网广告主委托互联网广告经营者、广告发布者发布广告、修改广告内容时，应当以书面形式或者其他可以被确认的方式通知为其提供服务的互联网广告经营者、广告发布者。

广告经营者，是指接受委托提供广告设计、制作、代理服务的自然人、法人或者其他组织。简单理解的话，可以是广告设计公司等广告业主体。

广告发布者，是指为广告主或者广告主委托的广告经营者发布广告的自然人、法人或者其他组织。简单理解的话，可以是各类发布广告的媒体。

互联网广告发布者、广告经营者应当按照国家有关规定建立、健全互联网广告业务的承接登记、审核、档案管理制度；审核查验并登记广告主的名称、地址和有效联系方式等主体身份信息，建立登记档案并定期核实更新；查验有关证明文件，核对广告内容，对内容不符或者证明文件不全的广告，不得设计、制作、代理、发布；配备熟悉广告法规的广告审查人员，有条件的还应当设立专门机构，负责互联网广告的审查。

《互联网广告管理办法(公开征求意见稿)》第三条第三款：本办法所称互联网广告发布者，是指利用互联网媒介为广告主或者广告主委托的广告经营者发布广告的自然人、法人或者其他组织。《关于〈互联网广告管理暂行办法〉的修订说明》称：依据《广告法》对广告发布者的规定，明确将“发布展示”作为广告发布者的认定条件。

主播带货过程中的直播内容构成广告的，若主播作为直播营销人员，是直播间的登记(备案)主体，则主播个人成为广告发布者；若直播机构作为直播间运营者，是直播间的登记(备案)主体，则直播机构是广告发布者。

广告代言人，是指广告主以外的，在广告中以自己的名义或者形象对商品、服务作推荐、证明的自然人、法人或者其他组织。简单理解的话，可以是广告中的明星和主播。也有观点认为主播只是向粉丝推荐或者引导，不能视为代言。这里仅进行观点介绍，不做赘述。

实践中还存在一类相关的主体——互联网信息服务提供者，即为他人提供发送、发布广告信息平台的网络运营主体。

上述主体中，“广告发布者”和“互联网信息服务提供者”在实务中非常容易混淆。二者的本质区别在于该主体是否参与了广告活动，如某主体作为第三方平台没有参与广告活动，只是为广告发布提供平台，其角色就是互联网信息服务提供者；反之，如果该主体参与了广告活动，其身份便是广告发布者。

比如，在微博平台中，某公司在微博上发布广告，则该公司属于广告发布者；如果微博平台未对该微博内容进行编辑、置顶等推荐措施，此时微博平台属于互联网信息服务提供者；如果微博平台存在参与此条广告的推广编辑等行为，此时微博平台和该公司共同成为广告发布者。

对于直播，特别是电商直播，是否属于广告，有很多不同的观点。在认为直播属于广告的观点中，主播会因为角色的不同，而被认定为不同的法律主体。

网络直播营销活动所涉及相关广告信息如果由主播自行设计、制作，则主播属于广告经营者。而主播通过网络直播营销活动向消费者介绍、推荐商品或服务的行为通常会被认定为广告发布行为,因而主播则属于广告发布者。

根据中国广告协会发布的《广告代言人的法律界定及行为准则》,判断是否为广告代言人的关键在于主播是否"以自己的形象或者名义"对商品、服务进行介绍和推荐。主播在网络直播营销活动中明确标识个人身份的,或者虽未标明其身份,但因其具有相当的知名度而为网络直播营销活动的受众消费者所知的情况下,主播则被认定为广告代言人。已建立广告代言关系的广告代言人接受广告主、广告经营者的委托,通过自设网站或者拥有合法使用权的互联网媒介(包括各类自媒体、社交媒体)发布广告,则又可以被认定为该互联网广告的广告发布者。

因此,主播在直播活动中,可能是广告经营者、广告发布者、广告代言人,甚至同时构成这几种主体。主播在广告中的主体地位,需要根据其实际做出的工作来进行判断。

但同样有反对观点认为,直播行为与普通广告并不相同。有观点①认为,直播带货中可能有各种各样的商业广告,但正如不能因为电影里有植入广告就说电影属于商业广告一样,不能因为直播带货中存在商业广告就将整个直播带货看作商业广告行为。带货主播虽然表面上看可能属于"代言人",但是《广告法》调整的商业广告中,广告代言人都是广告主的代言人,其主要是为广告主推销商品或服务的;而主播很多时候是以"消费者"代言人姿态出现的,代表消费者向商家为消费者争取更大的利益,比如为消费者争取最低的价格或其他优惠等。另外,传统广告除了宣传商品外,具有更多的"品牌"宣传功能,消费者是冲着"品牌"去消费的。而在直播带货中,品牌宣传的成分甚至商品宣传的成分被弱化了,消费者更多是冲着网红的人格魅力去消费的,因此网红直播带货体现出更多的"交易"特征,而不是"广告"特征。

对此,笔者支持构成商业广告的观点。首先,在行为上,只要符合广告的基本特征,就应当认定是广告,或者该部分属于广告。其次,关于以"消费者"代言人身份出现这一说法,笔者认为主播本身是无法脱离与广告主的合同框架而随意为消费者争取利益的,本质上更像是一种话术或彩排。至于消费者是冲着网红的人格魅力去消费,则与广告代言人并无差别。所以笔者总体上还是支持电商直播构成广告的观点,只是主播在直播活动中会被认定为哪种主体,则需要看其具体的业务和作用。

虽然直播带货是否属于商业广告行为存在争议,不过加强对直播带货的监

① https://zhuanlan.zhihu.com/p/158948191.

管，以保障消费者合法权益，促进直播带货行业健康规范发展是行业和监管部门的共识。事实上，即便直播带货不被认定为商业广告行为，也不等于直播带货活动不能适用《广告法》。对于直播带货中符合商业广告的活动，依然可以适用《广告法》来调整和监管。当然，也会带来一些适用和理解问题。

二、主播广告模式

直播中的主播广告行为分为三种运营模式：自营模式，又称商家模式；他营模式，又称达人模式；公益模式。

自营直播是指由商品、服务的生产者、销售者或其内部员工担任主播的模式。一些商品、服务的经营者限于经费成本考虑，或受产品本身特性所限，如农副产品，或质疑主播的实际带货能力、对产品的了解程度等，或者是为了个人品牌自身引流，采取了由商家高管或者员工向用户进行直播推介的模式。

他营直播是指由商品、服务的生产者、销售者之外的人员担任主播的模式。主要目的是在主播的个人品牌或 MCN 机构品牌的影响下，让消费者对所推介的商品、服务产生信任感，以扩大销量。

公益直播是指主播出于公共利益所需，无偿为商品或服务的经营者进行营销推介的模式。参加此类直播的基本从公共利益出发，宣传当地产品或进行公益宣传，在此过程中，主播、MCN 机构等并不收费。主播可以是达人，可以是明星，可以是电视台主持人等媒体人，也可以是政府公务员。

第二节　广告的内容合规

从广告内容上看，合规是重中之重。《广告法》第八条规定：广告中对商品的性能、功能、产地、用途、质量、成分、价格、生产者、有效期限、允诺等或者对服务的内容、提供者、形式、质量、价格、允诺等有表示的，应当准确、清楚、明白。广告中表明推销的商品或者服务附带赠送的，应当明示所附带赠送商品或者服务的品种、规格、数量、期限和方式。

以(2021)京 0115 民初 19604 号案件为例，法院认为当事人在央广购物频道销售商品的节目中，多次表述有“表链、表身通体 24K 黄金打造，AU999 黄金表带、黄金表身”的内容，在字幕上打出“尊贵 AU9 某某足金表带”“央广首次唯一AU999 黄金表带、表身都是 AU999 黄金”的内容，对商品黄金情况进行了表述。同时节目中也多次表述了“通体 24k 黄金包裹”，展示了“表带、表壳等部位的黄金克重”。从 49 分钟的整体节目来看，节目已将商品表壳、表带部位黄金情况进行了展示，并对商品“黄金包裹”进行了表述，观看整体节目后能了解商品的实际情况，与实物和鉴定书基本一致，但节目中未将商品为表层含金情况表示得准确、清楚、明白。当事人的上述行为违反了《广告法》第八条第一款的规定，属于未将商品黄金情况表示得准确、清楚、明白的行为。

广告的禁止性使用情形主要参见《广告法》第九条，广告不得有下列情形：(1)使用或者变相使用中华人民共和国的国旗、国歌、国徽，军旗、军歌、军徽；(2)使用或者变相使用国家机关、国家机关工作人员的名义或者形象；(3)使用“国家级”“最高级”“最佳”等用语；(4)损害国家的尊严或者利益，泄露国家秘密；(5)妨碍社会安定，损害社会公共利益；(6)危害人身、财产安全，泄露个人隐私；(7)妨碍社会公共秩序或者违背社会良好风尚；(8)含有淫秽、色情、赌博、迷信、恐怖、暴力的内容；(9)含有民族、种族、宗教、性别歧视的内容；(10)妨碍环境、自然资源或者文化遗产保护；(11)法律、行政法规规定禁止的其他情形。

就第(1)项而言，不得“使用或者变相使用中华人民共和国的国旗、国歌、国徽，军旗、军歌、军徽”，此处应作扩大解释。还应包括党旗、党章、党徽、红领巾，七一建党节、八一建军节、九一八事变、南京大屠杀等涉及党和国家、民族尊严和权威的相关事项。

就第(2)项而言，不得“使用或者变相使用国家机关、国家机关工作人员的名义或者形象”。“国家机关”应包括国家权力机关、审判机关和检察机关、军事机关和监察机关。事业单位属于参公机构，严格来说并不属于国家机关行业，可以不在禁止范围之列，但此处边界仍比较模糊，须谨慎对待。“国家机关工作人员”应包括在职的、退休的甚至是已故的国家机关领导人。但目前有些在影视节目中扮演过领导人的演员涉及此类事务，或者打擦边球，需要在具体广告业务中加以注意。

就第(3)项而言，不得使用“国家级”“最高级”“最佳”等用语，也就是不得使用常说的极限用语，包括“最佳”“最好”“国家级”“全球级”“金牌”“王牌”“第一”“独一无二”等等。这个词库也随着市场监管的变化而不断调整。同时也需要注意的是，并非所有使用最高级用语的广告均违反《广告法》，大致有以下五类除外：第一，表达企业或产品的经营理念或价值追求的描述类，如“顾客第一”“诚信至上”等；第二，注册商标中已经含有绝对化用语类，如“王中王”等；第三，有相关真实数据、依据支持的，如某平台“双十一”当天某类产品销售额最高门店(品牌)等；第四，用于同一品牌或企业内部的产品描述，如某品牌最新产品；第五，宣传商品使用的最佳方法、最佳时间等。

以杭余市监罚处〔2021〕401号案件为例。蚂蚁(杭州)基金销售有限公司(下称“蚂蚁”)在支付宝“理财”栏的“基金”板块的“稳健精选”中宣传“闲钱理财首选，买卖灵活”，“蚂蚁”的行为违反了《广告法》第九条“广告不得有下列情形：……(三)使用‘国家级’‘最高级’‘最佳’等用语”的规定，属发布违法广告的违法行为。

就第(4)项而言，不得“损害国家的尊严或者利益，泄露国家秘密”，内资企业较少在这方面犯错误，一般是外资企业会出现此类问题。比如，将台湾列为单独的国家；地图中缺少台湾、香港、南海地区等。需要注意的是，地图中省份颜色不统一也可能遭受处罚，比如其他省份统一用某一种颜色，西藏、台湾地区用不同的颜色。

以杭余市监罚处〔2021〕530号案例为例，杭州某科技有限公司违反广告案中，当事人杭州某科技有限公司于2020年3月至2021年5月25日期间，在其公司网站网页的首页中宣传公司覆盖区域时，使用不完整的地图进行宣传，缺少南海海域。网页由当事人自行设计制作发布，宣传期间浏览量达4867次。当事人的行为违反了《广告法》第九条“广告不得有下列情形：……(四)损害国家的尊严或者利益，泄露国家秘密”的规定，属发布违法广告的违法行为。

就第(7)项而言，不得“妨碍社会公共秩序或者违背社会良好风尚”。这项和第(8)项有时候比较容易混淆。很多时候违背社会良好风尚，就容易和淫秽、色情、迷信等有关。但实践中还是有一些区分。

以沪市监奉处〔2021〕262021000283号案例为例，当事人是上海某文化传媒有限公司，当事人授予A文化传媒集团有限公司(以下简称A公司)在2018年8月1日至2021年7月31日期间为李某等14名旗下艺人的经纪代理人资格。当事人对其艺人在接受各种新闻媒体的采访前或在个人博客、微博、网站等媒介上发表、披露演艺活动相关信息有审核权。

当事人在A公司为李某等3名艺人承接的某品牌女性内衣广告中，未实际审核广告主提供的广告文案：“一个让女性轻松躺赢职场的装备”“我说没有我带不了的货，你就说信不信吧”。2021年2月24日10时50分4秒李某在其个人微博发布该品牌女性内衣的微博广告。广告中含有“#我的职场救生衣#，一个让女性轻松躺赢职场的装备@某品牌官方，我说没有我带不了的货，你就说信不信吧。”等文字内容和一段李某推介某品牌女性内衣的视频广告。此微博广告在同日14时28分45秒被删除。上述广告发布期间阅读量1259649、点赞量7917、评论量287、转发量212。李某代言某品牌女性内衣广告的广告费总计40万元。当事人在扣除A公司代理费、李某广告代言费和缴纳的税款后所得广告费33003.01元。

上海市奉贤区市场监督管理局认为当事人作为艺人李某的独家经纪人，其在李某微博发布某品牌女性内衣广告过程中未尽到审核义务，导致李某为女性内衣代言时，在文案中使用“躺赢职场”内容，已经超出女性内衣舒适度、性价比等推介范畴，把“躺赢职场”与女性内衣进行关联，是低俗的描述，存在物化、矮化甚至歧视女性的倾向。当事人的上述行为违反了《广告法》第九条“广告不得有下列情形：……（七）妨碍社会公共秩序或者违背社会良好风尚”的规定，构成了制作违背社会良好风尚的广告违法行为。上海市奉贤区市场监督管理局作出了责令当事人改正，并处以下行政处罚：(1)没收广告费人民币叁万叁仟零叁圆零壹分(33003.01 元)；(2)罚款人民币贰拾万圆整(200000 元)。

这个案件最终定性为：把“躺赢职场”与女性内衣进行关联，是低俗的描述，存在物化、矮化甚至歧视女性的倾向，而不是淫秽、色情内容。

就第(8)项而言，不得“含有淫秽、色情、赌博、迷信、恐怖、暴力的内容”，当前涉及淫秽、色情的广告仍然屡见不鲜，而迷信内容则有时候和传统文化较难分辨。

以沪市监机处〔2021〕202021000031 号案件为例，在上海某文化传媒有限公司涉嫌违法广告案中，当事人的广告推文中，在推销房产项目时使用“风水理论中，水为财之意||天井又是聚水的最佳场所||所以财禄和天井总是休戚与共||造天井以聚四方水、汇四方财||四水归明堂，财源滚滚就进了家门”等表述，同时在宣传项目时，称沙盘区保留了传统的四水归堂建筑原理，上述内容构成了在房地产广告中含有风水等迷信内容的行为。该广告推文违反了《广告法》第九条第八项的规定，构成在房地产广告中利用风水迷信内容对项目情况进行说明、渲染的行为。

就第(10)项而言，不得“妨碍环境、自然资源或者文化遗产保护”，这项平时较少碰到。上海市奉贤区市场监督管理局在 2021 年做过这方面的处罚。上海某餐饮管理集团有限公司位于上海市奉贤区，该公司管理的饭店宣称有售卖“长江刀鱼”(长颌鲚)与“鲥鱼”。经市场监管局核查，未发现上述饭店售卖“长江刀鱼”与“鲥鱼”。但该饭店品牌管理方上海某餐饮管理集团有限公司在其作为账号主体经营管理的微信公众号发布含有“清蒸刀鱼”“长江三鲜”“陈酒鲥鱼”等内容的微信广告推送。监管部门认为：当事人作为餐饮品牌管理方以及其所管理的餐饮品牌旗下饭店所发布广告的广告主，在其作为账号主体经营管理的微信公众号发布对长江流域禁止捕捞的“长江刀鱼”以及国家一级水生保护动物“鲥”作为食材的烹饪方法及食用价值的诱导性、误导性广告宣传内容。当事人的上述广告宣传内容及发布行为违背了《中华人民共和国野生动物保护法》《中华人民共和国渔业法》《中华人民共和国长江保护法》等法律规范中所体现的“尊重自然、顺应自然、保护自然”的理念以及国家对生态环境及包括野生动物资源在内的自然资源的保护原则，对社会公众理解和遵循国家保护和改善生态环境的基本国策产生误导，妨碍国家保护野生动物，拯救珍贵、濒危野生动物，维护生物多样性和生态平衡以及推进生态文明建设的进程。所以监管部门认为，当事人的上述行为违反了《广告法》第九条“广告不得有下列情形：……（十）妨碍环境、自然资源或者文化遗产保护”的规定，构成了发布有法律禁止情形广告的违法行为，并作出了相应处罚。当然，进一步观察，还可以得出当事人虚假宣传的违规之处，在此不做赘述。

《广告法》第十一条规定：广告内容涉及的事项需要取得行政许可的，应当与许可的内容相符合。广告使用数据、统计资料、调查结果、文摘、引用语等引证内容的，应当真实、准确，并表明出处。引证内容有适用范围和有效期限的，应当明确表示。

这条最常见的情形是用来做产品效果的说明、对比等，类似被处罚的案例非常多。在电商广告中，广告宣传内容未标明数据来源和依据是广告违法的重点类型。商家为了营造产品的高效、好评等，在广告宣传中夸大商品/服务的销售量或者产品数据。

浙江省台州市临海市市场监督管理局在2021年有过这样的处罚案例。该案例中，商家在美团和大众点评上发布了一篇文章，该文章记载有“做一次3D塑形等于有氧运动3小时、徒手按摩100次、普通疏通100次，是普通瘦身10倍的效果，局部瘦前后腰围少了3cm，局部瘦前后腰围少了4.8cm，局部瘦前后腰围少了3.5cm”等内容。显然，无法证明上述文章所使用的数据是否真实、准确，且未表明出处。该商家最终被监管部门处罚。

《广告法》第十二条规定：广告中涉及专利产品或者专利方法的，应当标明专利号和专利种类。未取得专利权的，不得在广告中谎称取得专利权。禁止使用未授予专利权的专利申请和已经终止、撤销、无效的专利作广告。当前，谎称取得专利权的情形随着法治意识的增强，已经越来越少了。但有一种情形经常容易被广告主，甚至是广告主的风控部门所忽视，那就是广告投放期限与专利权有效期的衔接问题。一旦广告投放时间长于专利授权时间，就可能导致使用“已经终止、撤销、无效的专利作广告”，从而违反《广告法》第十二条。因此，应当及时停止该广告的投放或修改其内容表述。

《广告法》第十三条规定：广告不得贬低其他生产经营者的商品或者服务。这里主要的合规风险在于比较广告。比较广告有直接比较和间接比较两类。直接比较广告是指广告主在广告中明确针对某产品或某厂家的产品进行公开比较。间接比较广告是指广告主在广告中不直接指明对方是某一品牌。《广告法》原则上不禁止比较广告，但是比较广告很容易涉嫌不正当竞争等违法情形。这个过程中需要注意：(1)比较广告应符合公平、正当竞争的原则；(2)比较广告必须有科学的依据和证明；(3)比较广告中使用的数据或调查结果，必须有依据，并应提供国家专门检测机构的证明；(4)比较广告的内容，应当是相同的产品或可类比的产品，比较之处应当具有可比性；(5)比较广告使用的语言、文字的描述，应当准确,并且能使消费者理解;(6)比较广告不得以直接或影射方式中伤、诽谤其他产品。

江苏省南通市通州区市场监督管理局曾经在2021年3月做出过这方面的处罚。当事人南通市某纺织品有限公司,在宣传时,宣称“给你们捡漏,是59块钱一条,重量差不多四斤,这个是出口外贸的,质量把控比较好,淘宝上面这种兔兔绒的卖到198块钱一件”等内容。经查,上述宣传系当事人的法定代表人蔡某自行设计的,2021年3月12日执法人员现场检查后,当事人就将涉及违法广告的商品进行了下架处理。监管部门认为,以上广告内容贬低了淘宝上的同类产品,突出了当事人所售的产品,违反了《广告法》第十三条的规定,当事人作为广告主,应当承担相应的法律责任,并作出了相应处罚。

《广告法》第十四条规定:广告应当具有可识别性,能够使消费者辨明其为广告。大众传播媒介不得以新闻报道形式变相发布广告。通过大众传播媒介发布的广告应当显著标明“广告”,与其他非广告信息相区别,不得使消费者产生误解。广播电台、电视台发布广告,应当遵守国务院有关部门关于时长、方式的规定,并应当对广告时长作出明显提示。

这里可以结合《互联网广告管理暂行办法》第七条进行理解。《互联网广告管理暂行办法》第七条规定:互联网广告应当具有可识别性,显著标明“广告”,使消费者能够辨明其为广告。付费搜索广告应当与自然搜索结果明显区分。也就是说,广告应该显著明示,以消费者不会产生误解为结果导向。所以,隐性的商业宣传,无论是直接式、植入式还是测评式的直播带货模式,都应当按照确保消费者可识别的要求,落实“广告”标识义务。

正如前文所言,如果认定电商直播是广告行为,那么构成商业广告的带货直播是否需要在视频中全程显著标明“广告”字样?在电影、电视剧中进行植入式广告,是否也需要在视频中显著标明“广告”字样?这些又会成为合规需要注意的新的问题。

第三节　特别行业的广告合规

在广告中,对于可能涉及国计民生等问题的部分特别行业,我国法律对其做出了一些特殊的规定。

一、医疗、药品、医疗器械类产品

医疗、药品、医疗器械类产品广告不得含有以下内容:(1)表示功效、安全性的断言或者保证;(2)说明治愈率或者有效率;(3)与其他药品、医疗器械的功效和安全性或者其他医疗机构比较;(4)利用广告代言人作推荐、证明;(5)法律、行政法规规定禁止的其他内容。

含有表示功效、安全性的断言或者保证的广告内容稍不注意就容易违规。以重庆市大渡口区市场监督管理局作出的一次处罚为例。该案例中，商家对外宣传“直接清除病灶，达到临床有效治疗；全面修复机体功能，有效防止复发”及“清除风湿致病菌，不伤正常组织，安全治疗。有选择性地将风湿致病菌及自由基清除，不损伤正常组织，不会对身体造成二次伤害”等。监管部门认为：经营者作为医疗机构，为宣传其自身的医疗设备和医疗技术而发布广告是法律允许的，但其内容应当遵守法律法规的规定，不得含有表示功效、安全性的断言或者保证。在本案中，当事人为提升自身的知名度，更好地宣传其医疗技术，在其自有网站上发布的“直接清除病灶，达到临床有效治疗；全面修复机体功能，有效防止复发”属于表示功效的断言和保证；发布的“清除风湿致病菌，不伤正常组织，安全治疗。有选择性地将风湿致病菌及自由基清除，不损伤正常组织，不会对身体造成二次伤害”属于表示安全性的断言和保证。最终重庆市大渡口区市场监督管理局作出了责令立即改正违法行为和罚款处罚。

此外，药品、医疗器械、保健食品和特殊医学用途配方食品广告不得包含下列内容：(1)使用或者变相使用国家机关、国家机关工作人员、军队单位或者军队人员的名义或者形象，或者利用军队装备、设施等从事广告宣传；(2)使用科研单位、学术机构、行业协会或者专家、学者、医师、药师、临床营养师、患者等的名义或者形象作推荐、证明；(3)违反科学规律，明示或者暗示可以治疗所有疾病、适应所有症状、适应所有人群，或者正常生活和治疗病症所必需等内容；(4)引起公众对所处健康状况和所患疾病产生不必要的担忧和恐惧，或者使公众误解不使用该产品会患某种疾病或者加重病情的内容；(5)含有“安全”“安全无毒副作用”“毒副作用小”，明示或者暗示成分为“天然”，因而安全性有保证等内容；(6)含有“热销、抢购、试用”“家庭必备、免费治疗、免费赠送”等诱导性内容，“评比、排序、推荐、指定、选用、获奖”等综合性评价内容，“无效退款、保险公司保险”等保证性内容，怂恿消费者任意、过量使用药品、保健食品和特殊医学用途配方食品的内容；(7)含有医疗机构的名称、地址、联系方式、诊疗项目、诊疗方法以及有关义诊、医疗咨询电话、开设特约门诊等医疗服务的内容；(8)法律、行政法规规定不得含有的其他内容。

在医疗广告中，使用医生、患者名义或者伪装成新闻报道的情形也不胜枚举。比如，使用患者名义对疗效等进行说明，此类处罚案例非常多。

需要注意的是，该行业也是禁止利用广告代言人进行代言的。而直播中，主播极可能被认定为广告代言人，因此，医疗、药品、医疗器械行业是不能通过电商直播的形式“带货”的。

药品广告的内容不得与国务院药品监督管理部门批准的说明书不一致,并应当显著标明禁忌、不良反应。处方药广告应当显著标明“本广告仅供医学药学专业人士阅读”,非处方药广告应当显著标明“请按药品说明书或者在药师指导下购买和使用”。

麻醉药品、精神药品、医疗用毒性药品、放射性药品等特殊药品,药品类易制毒化学品,以及戒毒治疗的药品、医疗器械和治疗方法;军队特需药品、军队医疗机构配制的制剂;医疗机构配制的制剂;依法停止或者禁止生产、销售或者使用的药品、医疗器械、保健食品和特殊医学用途配方食品:不得作广告。

医疗器械,是指直接或者间接用于人体的仪器、设备、器具、体外诊断试剂及校准物、材料以及其他类似或者相关的物品,包括所需要的计算机软件。其效用主要通过物理等方式获得,不是通过药理学、免疫学或者代谢的方式获得,或者虽然有这些方式参与,但是只起辅助作用。其目的是:(1)疾病的诊断、预防、监护、治疗或者缓解;(2)损伤的诊断、监护、治疗、缓解或者功能补偿;(3)生理结构或者生理过程的检验、替代、调节或者支持;(4)生命的支持或者维持;(5)妊娠控制;(6)通过对来自人体的样本进行检查,为医疗或者诊断目的提供信息。

判断产品是否属于医疗器械,最为简便的操作是从对应类别医疗器械的注册备案机关官网,核查其是否完成相应的注册或备案。

推荐给个人自用的医疗器械的广告,应当显著标明“请仔细阅读产品说明书或者在医务人员的指导下购买和使用”。医疗器械产品注册证明文件中有禁忌内容、注意事项的,广告中应当显著标明“禁忌内容或者注意事项详见说明书”。

并非所有的医疗器械均能发布广告,如戒毒治疗的医疗器械,《药品、医疗器械、保健食品、特殊医学用途配方食品广告审查管理暂行办法》第二十一条规定的依法停止或者禁止生产、销售或者使用的医疗器械,以及《关于建立违法医疗器械广告公告制度的通知》规定的试生产阶段的医疗器械。需要注意的是,还有一些地方性规定,如2018年4月3日上海市广告协会发布的《医疗器械广告发布标准》,明确规定医疗机构研制的在医疗机构内部使用的医疗器械不得发布广告。

医疗器械类的广告监管较为复杂,其相关政策文件如表6-1所示。

表6-1 医疗器械类的广告监管的相关政策文件

颁布时间	发文机关	文件名称
1992年8月8日	原工商局、原药监局	《医疗器械监督管理办法》
1999年2月1日	原工商局	《国家工商行政管理局国家药品监督管理局关于变更医疗器械广告审查机关的通知》

续表

颁布时间	发文机关	文件名称
1999 年 5 月 6 日	原药监局	《关于对医疗器械广告进行检查的通知》
2002 年 1 月 8 日	原药监局	《关于停止有关产品医疗器械广告审查的通知》
2003 年 12 月 29 日	原食药监局	《关于变更医疗器械广告受理单位以及做好医疗器械广告备案工作的通知》
2004 年 6 月 24 日	原食药监局	《关于启动药品医疗器械广告审查电子政务系统的通知》
2005 年 4 月 1 日	原食药监局	《关于变更医疗器械广告审查机关的通知》
2005 年 4 月 1 日	原食药监局	《关于建立违法医疗器械广告公告制度的通知》
2018 年 12 月 4 日	市监总局	《关于做好药品、医疗器械、保健食品、特殊医学用途配方食品广告审查工作的通知》
2018 年 12 月 21 日	市监总局	《市场监管总局关于修改〈药品广告审查办法〉等三部规章的决定》
2019 年 12 月 24 日	市监总局	《互联网广告管理暂行办法》
2022 年 3 月 10 日	市监总局	《医疗器械经营监督管理办法》

和直播相关的是，医务人员在网络直播平台开展的患者教育或医学科普直播过程中涉及医疗器械相关信息讲解等情形，是否可以认定为医疗器械广告，目前尚无统一的认定标准，仍需根据发布信息的内容和受众范围进行个案具体认定。

整理后的医疗器械广告的分级管理如图 6-1 所示。

在发放广告的媒介上，对于药品等产品也有特殊要求。前述的麻醉药品、精神药品、医疗用毒性药品、放射性药品等特殊药品，药品类易制毒化学品，以及戒毒治疗的药品、医疗器械和治疗方法以外的处方药，只能在国务院卫生行政部门和国务院药品监督管理部门共同指定的医学、药学专业刊物上做广告。

不得利用处方药或者特定全营养配方食品的名称为各种活动冠名进行广告宣传。不得使用与处方药名称或者特定全营养配方食品名称相同的商标、企业字号在医学、药学专业刊物以外的媒介变相发布广告，也不得利用该商标、企业字号为各种活动冠名进行广告宣传。特殊医学用途婴儿配方食品广告不得在大众传播媒介或者公共场所发布。

广播电台、电视台、报刊音像出版单位、互联网信息服务提供者不得以介绍健康、养生知识等形式变相发布医疗、药品、医疗器械、保健食品广告。当然，现在的立法过程中，对于此种情形，似乎已经有了松动的趋势。

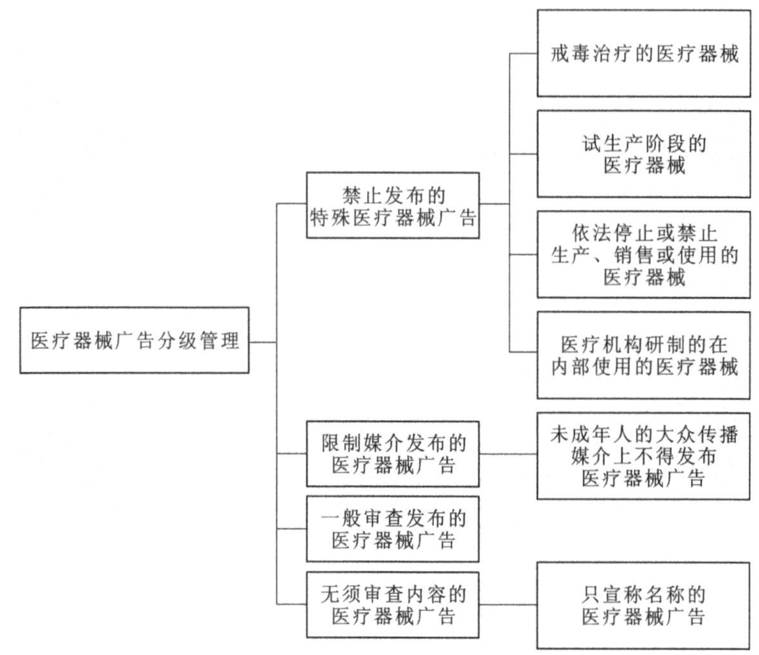

图 6-1　医疗器械广告分级管理①

二、食品、保健食品和特殊医学用途配方食品类产品

很多职业打假人喜欢在食品类产品上做文章，源于《食品安全法》第一百四十八条第二款的规定："生产不符合食品安全标准的食品或者经营明知是不符合食品安全标准的食品，消费者除要求赔偿损失外，还可以向生产者或者经营者要求支付价款十倍或者损失三倍的赔偿金；增加赔偿的金额不足一千元的，为一千元。但是，食品的标签、说明书存在不影响食品安全且不会对消费者造成误导的瑕疵的除外。"

保健食品类兼具保健属性和食品属性，同时受《广告法》《消费者权益保护法》《食品安全法》等约束。关于保健食品广告的规定并不复杂，《广告法》第十八条规定保健食品广告不得含有下列内容：(1)表示功效、安全性的断言或者保证；(2)涉及疾病预防、治疗功能；(3)声称或者暗示广告商品为保障健康所必需；(4)与药品、其他保健食品进行比较；(5)利用广告代言人作推荐、证明；(6)法律、行

① 孔祥钧，张晓晨，刘婷婷.《医疗器械监督管理条例(2021 修订)》专题性解读之六——医疗器械广告合规监管新趋势[EB/OL]. https://law. wkinfo. com. cn/professional－articles/detail/NjAwMDAxMjQ0MjU%3D? q=.

政法规规定禁止的其他内容。保健食品广告应当显著标明“本品不能代替药物”。

保健食品同样受《药品、医疗器械、保健食品、特殊医学用途配方食品广告审查管理暂行办法》管辖。诸多合规要点可以参照药品、医疗器械的合规要点，此前已经提及的不再赘述。

保健食品广告的内容应当以市场监督管理部门批准的注册证书或者备案凭证、注册或者备案的产品说明书内容为准，不得涉及疾病预防、治疗功能。保健食品广告涉及保健功能、产品功效成分或者标志性成分及含量、适宜人群或者食用量等内容的，不得超出注册证书或者备案凭证、注册或者备案的产品说明书范围。

保健食品广告应当显著标明“保健食品不是药物，不能代替药物治疗疾病”，声明本品不能代替药物，并显著标明保健食品标志、适宜人群和不适宜人群。常见的比如某些产品宣称“控制体重不反弹”“一天一杯奶茶月瘦××斤”“防早产、防止产后抑郁”等内容的广告，在互联网上发布保健食品广告未标明“本品不能代替药物”的行为都会被认定为违规。

特殊医学用途配方食品广告的内容应当以国家市场监督管理总局批准的注册证书和产品标签、说明书为准。特殊医学用途配方食品广告涉及产品名称、配方、营养学特征、适用人群等内容的，不得超出注册证书、产品标签、说明书范围。

特殊医学用途配方食品广告应当显著标明适用人群、“不适用于非目标人群使用”、“请在医生或者临床营养师指导下使用”。

除了保健品类的特殊规定外，还需要特别注意食品类产品的常见违规情形。特别是《广告法》第九条、第十七条、第十八条相关规定等。

此外，在广告媒介上，禁止在大众传播媒介或者公共场所发布声称全部或者部分替代母乳的婴儿乳制品、饮料和其他食品广告。特殊医学用途婴儿配方食品广告不得在大众传播媒介或者公共场所发布。

三、农药、兽药、饲料和饲料添加剂

《广告法》第二十一条规定，农药、兽药、饲料和饲料添加剂广告不得含有下列内容：(1)表示功效、安全性的断言或者保证；(2)利用科研单位、学术机构、技术推广机构、行业协会或者专业人士、用户的名义或者形象作推荐、证明；(3)说明有效率；(4)违反安全使用规程的文字、语言或者画面；(5)法律、行政法规规定禁止的其他内容。

表示功效、安全性的断言或保证常见。比如在直播销售蟑螂药产品时断言，该产品“用一次管一年”“连环杀蟑，利用习性全窝端，一只也不放过”“一只中毒整巢覆灭，蟑螂取食后，体内有药剂成分，回窝后死亡，同类分食其尸体，连环传染，全窝灭蟑”等，就构成表示功效、安全性的断言或者保证。在农药产品的销售页面中标注“杀蟑率100%”的表述内容，则违反《广告法》第二十一条第三项。

《饲料和饲料添加剂管理条例》第三十条规定：禁止对饲料、饲料添加剂作具有预防或者治疗动物疾病作用的说明或者宣传。但是，饲料中添加药物饲料添加剂的，可以对所添加的药物饲料添加剂的作用加以说明。比如，在猪饲料广告中使用“增强仔猪免疫力”“专治黄白痢”等用语，就违反“禁止对饲料、饲料添加剂作具有预防或者治疗动物疾病作用的说明或者宣传”条款。

四、烟酒类产品

（一）烟类产品

烟草的管制，一直以来都是我国行政监管的重点。在广告宣传中也有诸多限制。

《中华人民共和国烟草专卖法》第二条规定：烟草专卖品是指卷烟、雪茄烟、烟丝、复烤烟叶、烟叶、卷烟纸、滤嘴棒、烟用丝束、烟草专用机械。卷烟、雪茄烟、烟丝、复烤烟叶统称烟草制品。

禁止在大众传播媒介或者公共场所、公共交通工具、户外发布烟草广告。禁止向未成年人发送任何形式的烟草广告。禁止利用其他商品或者服务的广告、公益广告，宣传烟草制品名称、商标、包装、装潢以及类似内容。烟草制品生产者或者销售者发布的迁址、更名、招聘等启事中，不得含有烟草制品名称、商标、包装、装潢以及类似内容。

所以目前很多烟草厂家都以宣扬品牌为内容，不在广告中涉及任何烟草信息或者暗示烟草产品。而且如果涉及烟草专卖制度，那么在直播中就需要尽量避免给烟草类产品带货。虽然现在大部分的直播都不会涉及烟草类产品的带货。

但是随着科技和需求的发展，电子烟产品开始迅速占领市场。在直播中给电子烟类产品带货就开始出现了。如果说是否将电子烟纳入烟草专卖序列还存在争议的话，将网络销售电子烟类产品纳入整治范围则已经有明确规定。2020年7月1日，国家烟草专卖局、国家市场监督管理总局印发《电子烟市场专项检查行动方案》，认为：2019年11月1日，国家烟草专卖局、国家市场监督管理总局《关于进一步保护未成年人免受电子烟侵害的通告》发布以来，通过互联网宣传、推广、售卖电子烟问题有所好转。但受利益驱使，通过改头换面、变相销售等手段诱导未成年人购买吸食电子烟问题时有发生，严重危害青少年身心健康。为进一步保护未成年人免受电子烟侵害，防止电子烟市场乱象死灰复燃，国家烟草专卖局、国家市场监督管理总局决定联合开展电子烟市场专项检查行动。

该行动方案决定从互联网电子烟信息、电子烟实体店、电子烟自动售卖机三个渠道进行全面检查。具体如下：

1.开展互联网电子烟信息全面清理

(1)全面清理互联网电子烟销售，防止改头换面、变相销售。

(2)全面清理短视频、自媒体等社交平台电子烟销售行为，依法采取必要处置措施。

(3)全面清理互联网虚假违法电子烟广告。

(4)推动落实和强化互联网企业主体责任，督促平台建立自主清理机制；推动落实和强化电子烟企业主体责任，不得通过自建网站、公众号、小程序、短视频等各类线上方式销售电子烟；敦促电子烟生产、销售企业或个人撤回通过互联网发布的电子烟广告。

2.开展电子烟实体店全面检查

(1)严肃查处向未成年人售卖电子烟行为。

(2)严肃查处电子烟实体店发布虚假违法电子烟广告行为。

(3)全面检查电子烟实体店落实明示承诺要求，采取有效年龄核验措施以避免未成年人购买等情况。

3.开展电子烟自动售卖机等新型渠道全面检查

(1)重点检查自动售卖机等各类新型销售渠道销售电子烟行为，全面清理中小学周边、少年宫等未成年人集中区域电子烟自动售卖机。

(2)重点检查电子烟以赞助冠名等推广形式诱导未成年人购买吸食问题。

在对市场进行大力检查的同时，2021年12月2日，国家烟草专卖局也开始公开征求对《电子烟管理办法》的意见。2022年3月11日，国家烟草专卖局发布《电子烟管理办法》，并于2022年5月1日起正式施行。

电子烟的定义在征求意见稿中得到初步的认定，指产生含烟碱(尼古丁，下同)的气溶胶供人抽吸的电子传送产品，但在正式办法中删除了这一定义。主要原因是关于电子烟的国家标准也已经在制定过程中，目前已经二稿。“电子烟包括烟弹、烟具以及烟弹与烟具组合销售的产品等”，这条得到了保留。

《电子烟管理办法》的重要规定可以分为以下几个方面：

(1)生产方面：对电子烟产品实行登记制度。设立电子烟生产企业(含产品生产、代加工、品牌持有企业等，下同)、雾化物生产企业和电子烟用烟碱生产企业等，应当报经国务院烟草专卖行政主管部门审查同意后，方可按照国家有关规定批准立项。上述企业设立必须经国务院烟草专卖行政主管部门批准，取得烟草专卖生产企业许可证，并经市场监督管理部门核准登记；其分立、合并、撤销，必须经国务院烟草专卖行政主管部门批准，并向市场监督管理部门办理相关登记手续。未取得烟草专卖生产企业许可证的，市场监督管理部门不予核准登记。

特别是正式版中新增了一条：前款规定的企业首次公开发行股票并上市应当报经国务院烟草专卖行政主管部门审查同意。结合其他的规定，这将直接相关企业几乎所有重要流程都纳入了专卖监管的范畴中。

(2)销售方面：电子烟批发和零售均需要依法向烟草专卖行政主管部门申请，获得许可后才能进行相关销售业务。国务院烟草专卖行政主管部门建立全国统一的电子烟交易管理平台。依法取得烟草专卖许可证的电子烟产品生产企业、电子烟品牌持有企业等应当通过电子烟交易管理平台将电子烟产品销售给电子烟批发企业。取得烟草专卖零售许可证并具备从事电子烟零售业务资格的企业或者个人应当在当地电子烟批发企业购进电子烟产品。禁止利用自动售货机等自助售卖方式销售或者变相销售电子烟产品。

(3)进出口方面：持有烟草专卖批发企业许可证的企业，经国务院烟草专卖行政主管部门批准，变更许可范围后，方可从事进口产品的批发业务。

电子烟无论是生产、销售还是进出口等方面，都将纳入烟草专卖的管制范围中。因此，在直播带货中，需要提前防范相关风险。

(二)酒类产品

酒类广告的限制要求相对烟草较少。《广告法》第二十三条规定酒类广告不得含有下列内容：(1)诱导、怂恿饮酒或者宣传无节制饮酒；(2)出现饮酒的动作；(3)表现驾驶车、船、飞机等活动；(4)明示或者暗示饮酒有消除紧张和焦虑、增加体力等功效。

需要注意的是，酒类广告中常见的违规有出现鼓动、倡导、引诱他人饮酒的行为。酒类广告一般都不应出现饮酒的行为，最极端的行为也只是出现端杯、干杯等动作。

广告语表述中出现“好酒，可以多喝”“白酒芳香能醒脾提神、甘甜能保脾健胃、酸能护肝扶肝、苦能养心养神”“青春献给小酒桌，革命小酒天天喝”等，均构成违规。

养生酒类产品为获得竞争力，最主要就是需要在如何对养生、对身体有益方面进行说明，因此在带货中常会出现介绍一些养生功效的情形，这也构成违规。比如“滋阴补肾”“强身健体”“延年益寿”等。

五、教育、培训类产品

《广告法》第二十四条规定，教育、培训广告不得含有下列内容：(1)对升学、通过考试、获得学位学历或者合格证书，或者对教育、培训的效果作出明示或者暗示的保证性承诺；(2)明示或者暗示有相关考试机构或者其工作人员、考试命题人员参与教育、培训；(3)利用科研单位、学术机构、教育机构、行业协会、专业人士、受益者的名义或者形象作推荐、证明。

教育、培训类广告最常见的就是突出师资力量、办学(考试)效果等。例如，"全部名师，××人参与教材编写""升学率第一""三个月提高××分"等。这类行为之所以会被判定违法，主要是因为学习成绩的提高不是一个单方因果关系，而是多方因果关系，涉及教师、家庭、学生等，需要多方共同努力，不能简单地将学习成绩的提高归结为培训机构的功劳。这类广告作出一些不属实的保证和夸大、虚假宣传，很容易误导消费者。

而随着《关于进一步减轻义务教育阶段学生作业负担和校外培训负担的意见》的出台，各地不再审批新的面向义务教育阶段学生的学科类校外培训机构，现有学科类培训机构统一登记为非营利性机构。对原备案的线上学科类培训机构，改为审批制。各省(区、市)要对已备案的线上学科类培训机构全面排查，并按标准重新办理审批手续。未通过审批的，取消原有备案登记和互联网信息服务业务经营许可证(ICP)。对于非学科类培训机构，各地要区分体育、文化艺术、科技等类别，明确相应主管部门，分类制定标准、严格审批。依法依规严肃查处不具备相应资质条件、未经审批多址开展培训的校外培训机构。学科类培训机构一律不得上市融资，严禁资本化运作；上市公司不得通过股票市场融资投资学科类培训机构，不得通过发行股份或支付现金等方式购买学科类培训机构资产；外资不得通过兼并收购、受托经营、加盟连锁、利用可变利益实体等方式控股或参股学科类培训机构。已违规的，要进行清理整治。

还需要建立培训内容备案与监督制度，制定出台校外培训机构培训材料管理办法。严禁超标超前培训，严禁非学科类培训机构从事学科类培训，严禁提供境外教育课程。依法依规坚决查处超范围培训、培训质量参差不齐、内容低俗违法、盗版侵权等突出问题。严格执行《中华人民共和国未成年人保护法》有关规定，校外培训机构不得占用国家法定节假日、休息日及寒暑假期组织学科类培训。培训机构不得高薪挖抢学校教师；从事学科类培训的人员必须具备相应教师资格，并将教师资格信息在培训机构场所及网站显著位置公布；不得泄露家长和学生个人信息。根据市场需求、培训成本等因素确定培训机构收费项目和标准，向社会公示、接受监督。全面使用《中小学生校外培训服务合同(示范文本)》。进一步健全常态化排查机制，及时掌握校外培训机构情况及信息，完善"黑白名单"制度。

因此，教育、培训类的广告在当前应该需求不足。

六、招商类、房地产类广告

(一)招商类广告

《广告法》第二十五条规定,招商等有投资回报预期的商品或者服务广告,应当对可能存在的风险以及风险责任承担有合理提示或者警示,并不得含有下列内容:(1)对未来效果、收益或者与其相关的情况作出保证性承诺,明示或者暗示保本、无风险或者保收益等,国家另有规定的除外;(2)利用学术机构、行业协会、专业人士、受益者的名义或者形象作推荐、证明。

这类广告常见的问题有两类:一是风险提示或警示不到位,这类问题还和金融类、投资类产品等有相关性。其常见解决方案是提示,如标明“投资有风险”等语句。二是对未来效果、收益或者与其相关的情况作出保证性承诺,明示或者暗示保本、无风险或者保收益。比如宣传“低投入/高回报/三个月回本”“快速复制毛利率93%”等,以及通过“利润分析”的方法明示或者暗示保收益。

(二)房地产类广告

《广告法》第二十六条规定,房地产广告,房源信息应当真实,面积应当标明为建筑面积或者套内建筑面积,并不得含有下列内容:(1)升值或者投资回报的承诺;(2)以项目到达某一具体参照物的所需时间表示项目位置;(3)违反国家有关价格管理的规定;(4)对规划或者建设中的交通、商业、文化教育设施以及其他市政条件作误导宣传。

这类广告的常见问题有宣传“1分钟辅道直上二三环连接线”“直达30分钟××路CBD,直达30分钟××商圈”“距离××国际机场仅需20分钟”“××市区,60m^2,三居室!自住投资都是赚!”等内容。

招商类、房地产类广告相对比较简单,目前在直播中也不太常见。虽然不常见,但是这两类广告的违规概率非常高,值得注意。

七、农作物种子、林木种子、草种子、种畜禽、水产苗种和种养殖

《广告法》第二十七条规定,农作物种子、林木种子、草种子、种畜禽、水产苗种和种养殖广告关于品种名称、生产性能、生长量或者产量、品质、抗性、特殊使用价值、经济价值、适宜种植或者养殖的范围和条件等方面的表述应当真实、清楚、明白,并不得含有下列内容:(1)作科学上无法验证的断言;(2)表示功效的断言或者保证;(3)对经济效益进行分析、预测或者作保证性承诺;(4)利用科研单位、学术机构、技术推广机构、行业协会或者专业人士、用户的名义或者形象作推荐、证明。

渝涪陵市监处字〔2021〕606号案件中，当事人悬挂有内容为“宁单19、轴细、3个包谷一米长 洪鞠农资”的广告横幅，意思是“宁单19”这个品种的包谷种子种出来的包谷，其长度可以达到3个加起来一米长。当事人并未核实该广告描述的关于包谷生长量的断言或者保证的真实性，并未意识到该农作物种子广告关于生长量含有表示功效的断言或者保证。

此外，这类产品还经常会引用袁隆平等的语句，均构成违规行为。

第四节 广告的行为规范

广告的行为规范涉及面很广，执行很细。本节选取一些常见的情形进行分析介绍。

一、主播禁止性代言内容

由于主播经常扮演《广告法》中广告代言人的角色，因此，首先与主播直接相关的，是明星或广告代言人的禁止性代言内容。

《广告法》第十六条规定：“医疗、药品、医疗器械广告不得含有下列内容：……（四）利用广告代言人作推荐、证明……”《广告法》第十八条规定：“保健食品广告不得含有下列内容：……（五）利用广告代言人作推荐、证明……”《广告法》第二十四条规定：“教育、培训广告不得含有下列内容：……（三）利用科研单位、学术机构、教育机构、行业协会、专业人士、受益者的名义或者形象作推荐、证明。”《广告法》第二十七条规定：“农作物种子、林木种子、草种子、种畜禽、水产苗种和种养殖广告……不得含有下列内容：……（四）利用科研单位、学术机构、技术推广机构、行业协会或者专业人士、用户的名义或者形象作推荐、证明。”

由上可知，明星代言商家的活动受到较多的约束，对于以上内容的广告，主播及MCN机构应当注意尽量回避。

二、与未成年人相关的合规事宜

《广告法》第三十八条规定：“不得利用不满十周岁的未成年人作为广告代言人。”所以选择童星做代言人时，应当先审查其年龄。

《广告法》第三十九条规定：“不得在中小学校、幼儿园内开展广告活动，不得利用中小学生和幼儿的教材、教辅材料、练习册、文具、教具、校服、校车等发布或者变相发布广告，但公益广告除外。”

在某保险公司的一个典型案例中，当事人于2021年上半年开学期间，在承接印制十余家小学生的练习册时，在其练习册内封上发布财产保险商业广告。其广告内容为：“××保险股份有限公司，温馨提示，生命最可贵，安全第一位，爱惜生命讲安全，防火防水防触电。课间活动要文明，不可追逐和打闹。安全好，烦恼少，全家幸福乐陶陶。××保险股份有限公司是经×××同意、×××批准，于××年×月由××公司发起设立的保险公司。世界500强企业。××年×月×日，公司在××成功挂牌上市，成为中国××上市第一股。”这就构成了违法广告。此外，还有给小学生赠送小黄帽时用上公司商标、名称等行为，也容易被否定属于公益性质。

《广告法》第四十条规定：“在针对未成年人的大众传播媒介上不得发布医疗、药品、保健食品、医疗器械、化妆品、酒类、美容广告，以及不利于未成年人身心健康的网络游戏广告。针对不满十四周岁的未成年人的商品或者服务的广告不得含有下列内容：(一)劝诱其要求家长购买广告商品或者服务；(二)可能引发其模仿不安全行为。”

曾经有个争议很大的案例：有一位西安的家长向陕西电视台反映称，西安地铁3号线中出现的以“血精灵法师”为主题的《魔兽世界》广告太过恐怖，把自己的孩子都吓哭了。除了这位家长之外，有不少的乘客都对这幅海报表达了质疑：希女王的形象过于血腥，眼睛流血的画面会让人不适，不应该出现在这种公共场合。而之后有关部门表示，这则广告涉嫌违反《广告法》第九条规定，并要求广告公司立即整改。①

三、互联网广告

《互联网广告管理暂行办法》第十六条规定，互联网广告活动中不得有下列行为：(1)提供或者利用应用程序、硬件等对他人正当经营的广告采取拦截、过滤、覆盖、快进等限制措施；(2)利用网络通路、网络设备、应用程序等破坏正常广告数据传输，篡改或者遮挡他人正当经营的广告，擅自加载广告；(3)利用虚假的统计数据、传播效果或者互联网媒介价值，诱导错误报价，谋取不正当利益或者损害他人利益。

《互联网广告管理办法(公开征求意见稿)》第十六条规定：发布含有链接的互联网广告，广告主和互联网广告经营者、广告发布者应当核对下一级链接中的广告内容。互联网广告经营者、广告发布者能够证明其已履行相关责任、采取措施防止链接的广告内容被篡改，并提供违法广告活动主体的真实名称、地址和联系方式的，可依法从轻、减轻或不予行政处罚。

事实上，所谓下一级链接一般就是商品详情页。大多数主播和MCN机构等无法直接修改商品详情页，只有建议权。所以，万一该链接出现问题，应该留

① https://baijiahao.baidu.com/s?id=1612550021448265918&wfr=spider&for=pc.

存证据，证明其已履行相关责任、采取措施防止链接的广告内容被篡改，并提供违法广告活动主体的真实名称、地址和联系方式。

《互联网广告管理办法（公开征求意见稿）》第十八条规定：对互联网广告违法行为实施行政处罚，由广告发布者所在地市场监督管理部门管辖。广告发布者所在地市场监督管理部门管辖异地广告主、广告经营者、互联网信息服务提供者以及广告代言人有困难的，可以将广告主、广告经营者、互联网信息服务提供者的违法情况移送广告主、广告经营者、互联网信息服务提供者所在地市场监督管理部门处理。

广告主所在地、广告经营者所在地市场监督管理部门先行发现违法线索或者收到投诉、举报的，也可以进行管辖。对广告主自行发布的违法互联网广告实施行政处罚，由广告主所在地市场监督管理部门管辖。

第七章

直播产业的用工合规

第一节 传统用工模式概述

常见的用工模式可以分为三类:劳动关系、劳务关系、合作/经纪关系。

一、劳动和劳务

(一)区别

1.法律依据不同

劳动关系适用《劳动法》、《中华人民共和国劳动合同法》(以下简称《劳动合同法》)等调整劳动关系的法律法规;而劳务关系适用《民法典》等调整平等民事主体关系的法律法规。

2.主体不同

劳动关系的主体为用人单位和劳动者,劳动关系的主体一方是法人、其他组织(如个体户、公司等),即用人单位,另一方则必须是劳动者个人,劳动合同的主体不能同时都是自然人。劳动关系的主体双方不仅存在着财产关系,还存在着人身依附关系,具体表现为:劳动者需要服从用人单位的管理,遵守用人单位的规章制度,用人单位可以依据其制定的规章制度对劳动者的表现进行奖惩。

劳务关系的主体则可以同时都是法人、其他组织、自然人,也可以单方是自然人与法人、其他组织。劳务关系的主体之间人身依附关系较弱,有时需要对提供劳务者进行一定的管理。但总体提供劳务者只需要提供劳务,接受劳务一方只需支付报酬,双方之间地位大致平等。也就是说,劳务关系的主体之间不存在劳动关系主体那样的限制条件。

3.国家干预程度不同

劳动关系是受强制性法律法规进行调整的,主体双方自由协商的部分不能超越法律的范围,如用人单位为劳动者提供符合国家规定的劳动条件和劳动保护用品,不能同劳动者协商每天工作 10 个小时等。

劳务关系的约定完全取决于双方当事人的意思自治，只要当事人愿意，可以一天工作12个小时。

4. 工资、待遇不同

劳动关系中，用人单位发放工资只能采用法定货币的形式，基本工资不得低于当地的最低工资标准，超过法定工作时间的，用人单位应当支付加班工资（工作日1.5倍，双休日2倍，法定节假日3倍）。如果用人单位无力支付工资或报酬，劳动者的工资具有优先受偿权。这在企业破产中体现最为明显。用人单位除了要支付劳动者工资以外，还必须为劳动者缴纳社会保险、提供其他单位福利待遇，缴纳社会保险的责任不能通过双方的约定而免除。在劳动关系中要考虑同工同酬和按劳分配。

劳务关系中，接受劳务一方发放报酬时既可以采用法定货币形式，也可以采用实物、有价证券等；提供劳务者的报酬为一般债权，没有优先受偿权，且没有最低保障，接受劳务一方不用为提供劳务者缴纳社保，体现的是市场经济原则。

5. 未签书面合同的后果不同

劳动关系中，用人单位自用工之日起超过一个月不满一年未与劳动者订立书面劳动合同，劳动者可以要求从第二月起支付每月二倍工资，如果满一年仍未签订劳动合同，视为双方签订无固定期限的劳动合同。

劳务关系中，没有强制性要求。

6. 侵权的责任主体不同

劳动者在工作中的活动属于职务行为，如果对外造成侵权，需要承担赔偿责任，则由用人单位进行赔偿。

提供劳务者完全是以个人名义提供劳务，如果造成侵权，则需要由提供劳务者个人进行赔偿。

7. 发生伤亡的处理结果不同

劳动关系中，若劳动者在工作中发生事故，只要劳动者不是故意为之，即便是违规操作，因工伤适用无过错原则，也可以认定为工伤，认定工伤后，劳动者的一切损失都有保障，除了基本的医疗费，还有各种一次性伤残补助金、伤残津贴等费用。

劳务关系中，如果提供劳务者受伤，只能由过错一方赔偿，如果是提供劳务者自己导致的，那就只能自行赔偿。

8. 纠纷处理方式不同

劳动关系产生的纠纷，必须经过仲裁前置，才能到法院起诉，适用一年的诉讼时效；而且部分案件是一裁终局，用人单位没有上诉的机会。

劳务关系产生的纠纷，可以直接起诉至法院，若对一审不服，则双方均有上诉的权利。

毫无疑问，处理劳务关系纠纷的成本和负担比劳动关系要低得多。所以，用人单位在用工时不可避免地希望大量地使用劳务关系。而为了切实保障劳动者权益，避免《劳动法》《劳动合同法》等成为“挂在墙上”的法律，实践中，对于劳务关系的认定非常严格。

(二)认定

我们大致可以从以下几个方面对劳动和劳务进行认定：

(1)劳动者所从事的劳动是用人单位临时发生的劳务，还是由用人单位的性质所决定的正常的岗位劳动。

(2)劳动者与用人单位之间的关系是否具有一定的稳定性。

(3)劳动者与用人单位之间是否存在着管理与被管理的关系。

(4)劳动者为用人单位提供劳动所取得的报酬是否为其主要的生活来源。

如果劳动者所从事的是正常的岗位劳动，与用人单位关系稳定，其劳动是按照用人单位的指令和标准完成工作，其从用人单位中取得的报酬为其生活主要来源的，就应当确认双方之间的关系是劳动关系。反之，就应当认为双方之间的关系是劳务关系。

在实践中，对于劳务合同的认定已经较少出现。所以为了享有劳务合同的便利，实践中出现了劳务派遣等形式。

二、常见劳务场景

以下情况、工作适用劳务合同：

(1)雇主不具备用工资格。例如：家庭雇主请保姆、家教、家政助理、月嫂、家庭护士等，农民雇主请帮工，承包建筑工程的包工头(指个人)请建筑工人、装修工人等，个体出租车老板请司机合作分时间段开出租车。

(2)劳动者不具备建立劳动关系的资格。例如：大学实习生、暑期工、退休返聘人员等。

(3)临时的或一次性的工作。例如：临时的搬运工、季节性生产高峰期的临时帮工等。

(4)劳务派遣，劳动者与用人单位签订的是劳务合同，劳动者与派遣单位签订的是劳动合同。企业用派遣工只适用于临时性、辅助性或者替代性的工作。

三、劳动和兼职的关系

只要劳动者与兼职单位建立的用工关系符合《劳动法》的规定，原用人单位和兼职单位对劳动者的兼职行为没有异议，一般都认定劳动者与兼职单位之间也存在劳动关系。受《劳动法》的保护，如果以兼职的名义，却存在事实劳动关系情况，那么也属于劳动关系。

《关于确立劳动关系有关事项的通知》（劳社部发〔2005〕12 号）第一条规定，用人单位招用劳动者未订立书面劳动合同，但同时具备下列情形的，劳动关系成立：（1）用人单位和劳动者符合法律、法规规定的主体资格；（2）用人单位依法制定的各项劳动规章制度适用于劳动者，劳动者受用人单位的劳动管理，从事用人单位安排的有报酬的劳动；（3）劳动者提供的劳动是用人单位业务的组成部分。

四、合作/经纪

从《民法典》角度看，经纪关系并非有名合同，与之相关的概念有委托合同、行纪合同、中介合同。涉及经纪关系的法律法规主要有两部，一部《经纪人管理办法》[①]已经废止，一部《演出经纪人员管理办法》[②]于 2022 年 3 月 1 日正式施行。

《演出经纪人员管理办法》第二条规定：经纪人员，包括个体演出经纪人和演出经纪机构中的专职演出经纪人员。该办法第三条规定：演出经纪活动，包括演出组织、制作、营销，演出居间、代理、行纪，演员签约、推广、代理等活动。

司法界有两种主流观点：一种观点是演艺经纪合同的性质就是委托合同。这种观点最终在司法裁判中会出现一个问题，就是委托合同的任意解除权问题。

任意解除权，也叫随时解除权，是指合同一方或双方可以不需要任何理由无条件地解除已经成立的合同。任意解除权的情形有：

（1）承揽合同中的任意解除权。即定作人可以随时解除承揽合同，造成承揽人损失的，应当赔偿损失。

（2）运输合同中的任意解除权。即旅客因自己的原因不能按照客票记载的时间乘坐的，应当在约定的时间内办理退票或者变更手续。逾期办理的，承运人可以不退票款，并不再承担运输义务。

（3）保管合同中的任意解除权。即寄存人可以随时领取保管物。当事人对保管期间没有约定或者约定不明确的，保管人可以随时要求寄存人领取保管物。

（4）委托合同中的任意解除权。即委托人或者受托人可以随时解除委托合同。

（5）旅游合同中的任意解除权。法律规定旅游合同中旅游者享有任意解除权，但旅游经营者没有任意解除权。

---

① 《经纪人管理办法》（2004 年修订），已于 2016 年 4 月 29 日废止。

② 《演出经纪人员管理办法》（2021 年修订），于 2022 年 3 月 1 日正式实施。

《民法典》第九百三十三条规定:委托人或者受托人可以随时解除委托合同。因解除合同造成对方损失的,除不可归责于该当事人的事由外,无偿委托合同的解除方应当赔偿因解除时间不当造成的直接损失,有偿委托合同的解除方应当赔偿对方的直接损失和合同履行后可以获得的利益。

由此,我们可以明显地看出,如果将主播与 MCN 机构、直播平台等关系均视为委托关系,则对于主播来说,只要对 MCN 机构不满意,随时就能解约,且只要做适度的赔偿即可。这样会使得 MCN 机构在纠纷中陷入被动,即合同的效力和解除权一直掌握在主播手中,这种状态显然对于 MCN 机构培养人才是不利的,使得 MCN 机构处于不对等的合同地位,亦违背公平即诚实信用的基本原则,不利于行业的良性发展。所以实践中越来越少地采用这种观点。

而另一种观点认为,经纪合同是具有特定劳动内容的混合性合同,由于直播行业的特殊性,一部分经纪公司往往并非简单的受托人,还扮演着主播操盘手的角色,体现在经纪合同上既有委托或代理事业的内容,又有有关主播的宣传、培训、录制和出版、提供相关服务和支持等内容。在主播的培养中,除主播自身能力外,还需要 MCN 机构在主播的宣传、策划、推广以及知名度提升上做很多的工作。

这种混合性质的经纪合同具有行纪、中介、委托等法律关系,甚至包括劳动、著作权等,属于具有综合属性的合同,这些复杂的法律关系在《演出经纪人员管理办法》第三条中也得到印证。因此,不能依据《民法典》中关于委托代理合同、行纪合同等规定,享有单方的任意解除权。但是,合同的解除还是要根据《民法典》的一般规定以及合同具体的约定。

对此,(2016)京 03 民终 13936 号蒋某某与天津唐人影视股份有限公司合同纠纷二审民事判决就有极大的参考价值。

法院认为,蒋某某与天津唐人影视公司通过签订《经理人合约》《合作协议》建立的合同关系属于演艺经纪合同,演艺经纪合同属于一种具有鲜明行业特征属性的商事合同,兼具居间、委托、代理、行纪、服务的综合属性,构建了经纪公司与艺人之间的特殊合作共赢关系,因此演艺经纪合同并不能被简单归类为《中华人民共和国合同法》[①](以下简称《合同法》)分则分类的某种固定类型合同,而是兼具多重性质的一种新型合同。此类合同并非单纯的委托代理或行纪性质,因此不能依据《合同法》中关于委托代理合同或行纪合同的规定享有单方任意解除权,仍应适用《合同法》九十四条关于行使合同解除权的一般性法律规定。双方签订的《经理人合约》符合委托合同性质,其享有任意解除权的上诉意见,缺乏事

① 《合同法》已于 2021 年 1 月 1 日废止,相关内容并入《民法典》。

实及法律依据，该院不予采纳。

因此，越来越多的案件中，不再简单地将经纪关系作为一种法律关系，而是作为多种法律关系、权利义务的综合体，根据个案来进行综合判定。

我们常说的合作模式，事实上就是经纪模式的另一类变种，只是里面会更多地排除劳动关系，采用一种更趋向于平等市场主体之间的商事合作。此前，有大量 MCN 机构与主播采取的是合作模式，但此类模式在近期被频繁地认定成劳务模式。因此，有必要对于几种用工模式进行进一步比较。

第二节　传统用工模式的合规

一、劳动模式

这类模式有着最强的人身依附属性。劳动组织方面的权利，主要是有权按国家规定和实际需要确定机构、编制和任职（上岗）资格条件；有权任免、聘用管理人员和技术人员，对职工进行内部调配和劳动组合，并对职工的劳动实施指挥监督。劳动报酬分配方面的权利，主要是有权按国家规定确定工资分配办法，自主决定晋级增薪、降级减薪的条件和时间等。劳动纪律方面的权利，主要是有权制定和实施劳动纪律，有权决定对职工的奖惩。决定劳动法律关系存续方面的权利，主要是有权与职工以签订协议方式续订、变更、暂停或解除劳动合同；有权在具备法定或约定条件时单方解除劳动合同。最核心的就是劳动者必须严格遵守用人单位的规章制度。但用人单位在拥有强管理权限的同时，也需要承担大量的法定义务。

用人单位需要承担的主要义务有：按时足额支付劳动报酬、提供劳动岗位、依法为劳动者缴纳各项社会保险、为劳动者缴纳公积金、与劳动者签订书面劳动合同等。具体包括以下几项。

(1)执行国家劳动标准，提供相应的劳动条件和劳动保护。这里的劳动条件是指劳动者完成劳动任务的必要条件，如必要的劳动工具、工作场所、劳动经费、技术资料等必不可少的物质技术条件和其他工作条件。在劳动保护方面，为了保障劳动者在劳动过程中的身体健康与生命安全，凡是国家有标准规定的，用工单位必须按照国家标准执行，合同约定只能高于国家标准。

(2)告知被派遣劳动者的工作要求和劳动报酬。支付加班费、绩效奖金，提供与工作岗位有关的福利待遇。对在岗被派遣劳动者进行工作岗位所必需的培训。连续用工的，实行正常的工资调整机制。用工单位不得将被派遣劳动者再派遣到其他用人单位等。

(3)用人单位应当将直接涉及劳动者切身利益的规章制度和重大事项决定

公示，或者告知劳动者。用人单位招用劳动者时，应当如实告知劳动者工作内容、工作条件、工作地点、职业危害、安全生产状况、劳动报酬，以及劳动者要求了解的其他情况；用人单位有权了解劳动者与劳动合同直接相关的基本情况，劳动者应当如实说明。

鉴于劳动关系的这些特点，劳动关系适合用于 MCN 机构培养 KOL 新人。MCN 机构培养主播初期需要耗费不少资源，公司有两方面风险，其一是主播经过培养无法达到流量指标，其二是主播成 KOL 爆红后解约。针对风险一，公司可以约定试用期条款，并约定试用期间各阶段 KOL 所应达到的 KPI 指标，主播经过培训仍旧不能胜任工作的，公司可以通知解除劳动合同。针对风险二，公司可以约定服务期条款，同时注重留存日常培训记录、培训费用等方面的证据，一旦发生离职劳动仲裁，MCN 机构可以主张不超过培训费用的违约金赔偿。劳动关系中，违约金不能随意设置，导致 KOL 的毁约成本较低，对 MCN 机构而言不确定性增强。培养出好的 KOL 会轻易毁约，培养出一般的主播则有时候选择继续待在 MCN 机构。所以，为了制衡 KOL 成名后轻易毁约，还出现对 KOL 设置冷冻期/静默期[①]等条件，用以约束相关的 KOL 主播。

对于刚出道的新人来说，初期愿意选择用劳动关系是因为新人创业不易，如果没有劳动关系提供相对稳定的收入和 MCN 机构对新人的培养、资源导入等，很可能无法成为 KOL。因此，劳动关系当前常见于对腿部或腰部主播的用工方式。

二、劳务、合作与经纪

我们分析过，经纪关系由于是一个集合了多种法律关系的无名合同，所以很难直接用一种法律关系去对号入座。我们将其中排除了“劳动关系”属性的经纪合同单独切分，作为合作模式，加以讨论。

笔者认为，劳务关系是劳动关系和合作关系两者之间的概念。在司法认定中，常常随着具体情况的变化而被认定为劳动关系或者合作关系，单纯用劳务关系作为法律关系去规制的情况并没有想象中的多。有趣的是，虽然在司法中被认定为劳务关系的不多，但在税务稽查的范畴中，却又会更多地将很多“合作”模式的经营性收入作为劳务收入。

① 冷冻期/静默期条款应当是在双方发生纠纷时，MCN 机构禁止主播使用机构或相关平台上使用的推广名、游戏账号、ID、昵称（包括艺名等）、头像、音视频等在任何他方平台中参与任何商业或非商业的活动（包括但不限于以网络主播活动形式进行的游戏解说、直播、访谈、录播等服务）。

对于合作协议，首先需要MCN机构在合同中明确排除劳动、劳务、合伙等关系的推定或解释，避免在双方权利义务中对主播的人身自由作出过多限制，以免协议被认定为具有劳动关系属性。

对于基础费用，自然不能用工资、奖金等称谓；对于变现产生的收益，应直接约定好分配比例，以彰显合作目的。

有关独家合作条款，主播与第三方机构商业接触行为限制，著作内容限制，著作权归属及邻接权使用，形象要求、道德要求、违约责任等条款也都需要经过双方协商并在专业人士指导下进行书面约定。

合作关系比较适用于非公司原生培养的主播(多指已经具有一定流量基础的但未达到一线水准的主播)。此类主播的显著特征是有流量，但缺乏变现渠道，不能高效变现。同时，合作关系也适用于法律上无法或个人意愿上难以与MCN机构建立劳动关系的主播，双方可以通过较为自由的方式展开经营合作。

需要注意的是，签署了《经纪合同》也可能被认定为劳动关系。在(2021)粤03民终21086号案件中，法院认定：虽然双方签订了《先飞传媒艺人签约独家经纪合同》(以下简称《经纪合同》)，但双方之间的法律关系应当考察双方之间实质形成的权利义务关系。劳动关系是指用人单位招用劳动者成为其成员，劳动者在用人单位的管理下，提供由用人单位支付报酬的劳动而产生的权利义务关系。演艺经纪合同关系则是指演艺人员与经纪人或经纪机构所签订的，由经纪人或经纪机构为其提供包装、宣传、推介等服务，而演艺人员应当服从经纪人或经纪机构的安排，参与经纪人或经纪机构组织和安排的演出活动等形成的权利义务关系。前者具有较强的人身属性，后者则是平等民事主体之间的权利义务关系。

第一，双方均认可先飞公司对李某实行考勤管理。李某每天工作8小时，实行大小周工作制，通过钉钉打卡记录考勤。李某的工作均由先飞公司策划部兼大人部主管苏某某管理，请休假及报销都要通过苏某某确认。双方在合同中还约定李某应当遵守先飞公司的各项规章制度。从上述情况可见，先飞公司对李某进行管理。

第二，双方均确认李某的主要工作内容是出镜拍摄短视频。李某对视频拍摄安排没有选择权，根据双方签订的《经纪合同》，李某“在合作过程中，包括短视频内容制作、发布以及后续运营等方面应积极配合乙方(先飞公司)工作的安排，不得推诿或拒绝”，即李某对短视频内容制作、发布以及后续运营并没有主动权，没有挑选的权利，更没有拒绝的权利。同时，《经纪合同》中还约定，李某必须全部服从先飞公司的经纪安排，即李某对其工作内容、工作步骤等没有决定权。合同约定，先飞公司享有李某拍摄视频的著作权，李某“提供的或新注册的用于本合同合作的任意账号的所有权自双方合作之日起全部归属于甲方，乙方仅在合同期内拥有使用权”。因李某拍摄的短视频需要在第三方平台进行推广，但根据上述条文，先飞公司对第三方平台账户拥有比李某更大的权利，李某不享有对其工作成果的所有权、决定权和控制权。而先飞公司决定李某的工作内容、工作步骤，工作成果的展示方式及归属。因此，李某在工作过程中无论对工作内容、工作步骤，还是工作成果都没有主动权和控制权。

第三，先飞公司每月向李某转账支付款项，备注为“工资”。根据双方签订的《经纪合同》，合作账户产生的收益，由先飞公司进行核算，扣除成本后，对税前利润按照先飞公司 90%、李某 10%的比例进行分配，如对收益或成本有争议的，以先飞公司提供的数据为准。即先飞公司对账户产生的利益分配具有绝对的话语权。

第四，根据《经纪合同》，先飞公司应当根据李某的特点对其进行包装、宣传并在网络上推广李某，但本案中先飞公司并未提交有效证据证明其曾履行了上述合同义务。同时对于演艺经纪合同中常见的经纪公司的合同义务包括就艺人的职业发展进行规划指导、为其安排演艺活动、为艺人的演艺技能提高开展培训等方面，在本案《经纪合同》中未约定。先飞公司也没有举证证明其曾履行相关义务。

第五，从双方认可的微信聊天记录中可见，李某提出工资最低要求“6K”，先飞公司于 2019 年 5 月 31 日回复“可以从 6K 开始”，并询问李某看合同的时间。2019 年 6 月 6 日晚上 9 点 45 分先飞公司工作人员询问李某“你那边周一是可以入职的吧?”，并发送了内容为“员工应缴资料(验原件，留复印件)”的图片。上述流程与普通员工入职流程一致。先飞公司主张虽然双方协商的是劳动关系，但双方最终达成一致并签订《经纪合同》，对此，法院认为，《经纪合同》签订于 2019 年 6 月 6 日，同日晚上先飞公司工作人员询问及告知的却是入职情况，明显与先飞公司主张不同。

从上述情形可见，先飞公司招用李某成为先飞公司的成员，并对李某的工作具有极大的控制权和决定权，李某受先飞公司管理并服从于先飞公司，工作成果归属于先飞公司，先飞公司为李某发放报酬。先飞公司通过视频拍摄获取粉丝及流量，进而产生收益，李某的工作构成了先飞公司的业务组成部分。双方并没有履行演艺经纪合同关系中应有的权利义务关系。综上，法院认为，双方在合同的实际履行中形成的是劳动关系，而并非平等民事主体之间的合同关系。

这个案件非常典型，包含了很多合作/经纪关系转劳动关系的实务操作要点，具有很高的参考价值。

三、合规要点汇总

由于一些司法、行政认定存在一定的模糊性，我们用表格形式对这些模式的合规要点进行梳理和区分(表 7-1)。

表 7-1 合规要点汇总

合规要点	劳动	劳务	合作/经纪
是否有试用期	可约定,最长不超过 6 个月	无	无,但基于直播工作有一定的技术门槛,机构通常会在合作初期约定单方解除的权利,对主播的直播能力进行考察
是否需要遵守劳动制度	需要,强约束	有时需要,弱约束①	无需
是否需要缴纳社保、公积金等	需要	无需	无需
收入类型	工资、奖金等	劳务收入	按约定的经营性收入②
纳税类型	用人单位需代扣代缴	用人单位需代扣代缴	无需,由主播自行缴纳
税负	3%~45%	3%~45%	5%~35%
职务作品等知识产权归属	无约定时,著作权由作者(主播)享有。但单位在其业务范围内有权优先使用。 常见特殊约定是署名权归主播,其余权利归 MCN 机构	依约	依约
主播出现人身损害	可依据工伤	无工伤,依约承担	无工伤,依约承担
保密、竞业限制义务	竞业限制一般不超过 2 年,需按月支付经济补偿	依约	依约
关系解除	主播提出解除的,需提前 30 日。 MCN 机构提出解除的,需依据情形承担不同的经济补偿金责任	依约	依约
争议解决	劳动仲裁前置	依约,可仲裁、可诉讼	依约,可仲裁、可诉讼

① 劳务关系中若需要强制遵守用人单位的规章制度,则有被认定为劳动关系的风险。

② 当前用个人独资企业等进行的税务筹划模式中,已经存在被认定为劳动或劳务收入的风险。

第三节　灵活用工模式及合规

一、灵活用工概述

灵活用工模式是当前互联网各行业用工模式中不可回避的话题。所谓灵活用工，目前还没有权威的定义。百度百科词条显示，灵活用工①等同于“灵活派遣(flexible staffing)”，是人才派遣服务领域的成长型产品，是由派遣公司承担全方位的法定雇主责任，在派遣人数确定、派遣周期、派遣人才的筛选方面都非常灵活的一种用工形式，即灵活用工就是劳务派遣。但这个定义存在比较大的逻辑问题。

从法律定义看，用工形式仅包含全日制用人、非全日制用工、劳务派遣三种。若劳务派遣是灵活用工，那么用工形式可以被解读为全日制用人、非全日制用工、灵活用工三种。

2021 年 7 月 16 日，人力资源和社会保障部联合其他部门发布了《关于维护新就业形态劳动者劳动保障权益的指导意见》，针对依托互联网平台就业的网约配送员、网约车驾驶员、货车司机、互联网营销师等新就业形态劳动者的劳动保障权益问题提出了指导意见。基于该指导意见，安徽省医疗保障局等于 2022 年 5 月 6 日发布了《关于进一步促进新就业形态劳动者参加基本医疗保险工作的通知》，该通知认定的灵活就业人员包括：依托互联网平台就业且未与新业态平台企业建立劳动关系的新就业形态劳动者；无雇工的个体工商户；未在用人单位参加职工基本医疗保险的非全日制就业人员；自谋(自由)职业者；国家及安徽省规定的其他灵活就业人员等。

在该通知中，灵活用工融合了非全日制用工、劳务派遣，以及其他形式，因此，将灵活用工简单认定为劳务派遣的观点有待商榷。

而对于灵活用工平台，则有观点认为②：是基于承揽法律关系，平台承揽(总包)用工企业的业务后向灵活用工人员(包括不限于自然人及自然人对应的相关法律主体)进行众包，具有信息发布及在线交易等功能，且为灵活用工人员提供完税解决方案的互联网平台。

对于灵活用工的价值，从劳动者角度来看，灵活多样的就业方式，是劳动者就业增收的重要途径，对拓宽就业新渠道、培育发展新动能具有重要作用③。从

---

① https://baike.baidu.com/item/灵活用工/271604? fr=aladdin.

② 高亚平，周梦，纪倩．灵活用工平台的合规之路[M]．北京：法律出版社，2021：3．

③ 《国务院办公厅关于支持多渠道灵活就业的意见》(国办发〔2020〕27 号)。

用工单位来看，降低用人成本，降低社保开支，且不限于劳动合同约束，可以随时调整用工规模，具有极强的降本增效作用。从第三方灵活用工服务机构来看，毫无疑问，提供人才信息的搜寻、筛选和培训。用人单位为这种中间流程的便利买单，这是一个新的增量市场。

灵活用工平台主要具备四大核心功能①：一是人的收入结算，解决收入和税收问题；二是人的来源，解决招聘和人才流动问题；三是人的管理，解决人和组织的关系问题；四是人的社保，解决福利和社会稳定问题。

二、灵活用工模式

一般来说，灵活用工模式主要有两种。第一种是以自然人为主体，依据合同向灵活用工平台或者灵活用工平台指定的用工单位提供相关服务，即自然人模式。第二种是向个体工商户、个人独资企业等非自然人主体提供相关服务，可以称之为商事主体模式。

在自然人模式中，存在两个较大的缺陷。一是在税务上相比其他用工模式，并无明显的优势。因为，在自然人模式中，用工单位依旧为法定的代扣代缴义务人，而所得收入一般按照劳务收入计税，即3%～45%的超额累进税率。二是这种模式极容易被认定为存在劳动关系。此类风险主要在于，协议中是否约定了要求灵活用工人员遵守用人单位的规章制度，以及是否对灵活用工人员存在强约束。劳动关系通常体现为需要完成的业务指标、工作纪律、奖惩制度、入职培训、着装规范、作息时间等。而一旦被认定为劳动关系，就存在是否已经签署劳动合同、是否缴纳社保、是否要承担补偿金、违约条款是否有效等一系列问题。

以江苏常熟法院的案件为例：2020年2月，胡某与某供应链公司签订合作协议，由胡某在该供应链公司的淘宝网账户上直播带货，每月基本报酬为7000元，另根据直播带货销售额结算收益。胡某每天工作6小时，直播时间按供应链公司的排班表执行，直播货品为供应链公司经销的服装类产品，货品价格由供应链公司确定，直播工具由供应链公司提供。

胡某于2020年6月辞职后申请劳动仲裁，要求供应链公司向其支付拖欠的工资。仲裁裁决认为双方构成劳动关系，供应链公司应支付拖欠胡某的工资。供应链公司不服，认为双方系合作关系而非劳动关系，诉至法院。法院认为，胡某从事的网络平台直播销售工作是供应链公司的主要业务组成部分，工作场所、劳动工具由供应链公司提供，工作时间由供应链公司安排，双方具有管理与被管理的人身依附和经济从属关系，构成劳动关系，故判决供应链公司支付拖欠胡某的工资。

① 高亚平，周梦，纪倩．灵活用工平台的合规之路[M]．北京：法律出版社，2021：8.

从该案就可以看出，网络主播与合作方之间是否构成劳动关系，取决于他们之间是否具有劳动关系所要求的从属性特质。按照劳动法法理，劳动关系的从属性主要包括人格（人身）从属性和经济从属性。从属性越明显，被认定为劳动关系的可能性越高。

因此，现在越来越少采用灵活用工的自然人模式。即使采用，也通过增加防火墙等措施来避免直接认定到用人单位。

商事主体模式较好地解决了自然人模式存在的两大缺陷。

第一点在税务上。首先，根据《个体工商户个人所得税计税办法》第四条规定，个体工商户以业主为个人所得税纳税义务人，所以纳税的义务人是个体工商户，和平台没有必然联系。其次，《个体工商户税收定期定额征收管理办法》第二条规定：税务机关依照法律、行政法规及本办法的规定，对个体工商户在一定经营地点、一定经营时期、一定经营范围内的应纳税经营额（包括经营数量）或所得额（以下简称定额）进行核定，并以此为计税依据，确定其应纳税额。即定期定额征收方式，或称为核定征收方式[①]。个人独资企业参照适用个体工商户。

与核定征收对应的税款征收方式是查账征收。查账征收是指由纳税人依据账簿记载，先自行计算缴纳，事后经税务机关查账核实，如有不符合税法规定的，则多退少补的一种税款征收方式。查账征收方式适用于财务会计制度健全、能够如实核算和提供生产经营情况、正确计算应纳税款的纳税人。

相对查账征收而言，即使在不考虑实际税负的前提下，核定征收仍然更有优势，适合当纳税人会计账簿不健全，资料残缺难以查账，或者计税依据明显偏低等其他原因难以确定纳税人应纳税额的情形。这对个体工商户等群体而言，无疑是极为有利的。而用人单位也因此摆脱了纳税义务，减轻了自己的负担。

第二点在是否会被定为劳动关系上。由于灵活用工的主体是商事登记的主体，排除了劳动关系中所需要的自然人情形，因此自然就回避了认定劳动关系的问题。而在这个前提下，此前因为顾虑劳动关系而不能约定的诸多条款就可以相对自由地约定了[②]。诸如前面所提到的，需要完成的业务指标、工作纪律等。也正因此，商事主体模式中的灵活用工人员需要自行缴纳社保和公积金等。

在商事主体模式中，我们根据灵活用工平台的主体关系，又可以将其细分为两类——直接合作型和间接合作型，如图 7-1、图 7-2 所示。

直接合作型是指用工单位会直接和第三方灵活用工平台合作，将用工单位

---

① 核定征收方式又可以分为定期定额征收方式和核定应税所得率征收方式，这里不再加以细分。

② 需要注意的是，这并不是绝对安全的，司法中就有案例采用了实质认定的方式。

的任务先交由灵活用工平台承揽，再由灵活用工平台向灵活用工人员分包，由灵活用工人员承接。这样，用工单位与灵活用工平台是合作型或承揽型法律关系，和灵活用工人员不再有直接的法律关系。用工单位也只需向灵活用工平台支付服务费，灵活用工平台再与灵活用工人员自行结算。

图 7-1 直接合作型商事主体灵活用工模式

间接合作型是指加入了除灵活用工平台以外的其他方（通常是人力资源公司），分工不同共同完成承揽业务。在这个模式中，用工单位将所需完成的业务外包给人力资源公司，再由人力资源公司寻找合适的灵活用工平台转包给实际完成工作的灵活用工人员。

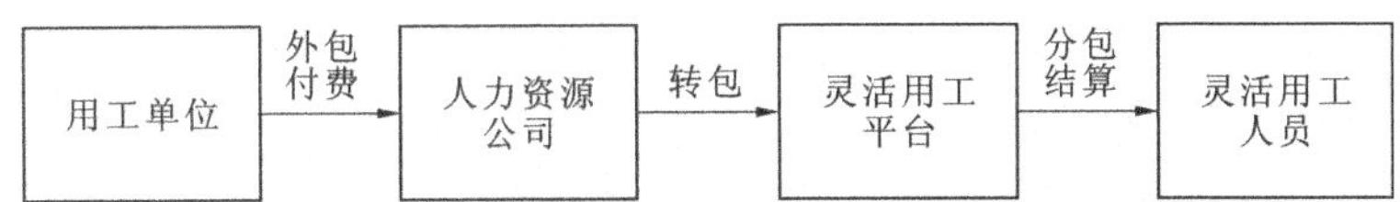

图 7-2 间接合作型商事主体灵活用工模式

三、灵活用工模式的风险与合规

灵活用工模式有着很多优势，特别是对用人单位而言，能够极大地降低成本，在业务波峰和波谷之间能够以较低成本迅速匹配对应的人力资源。那么灵活用工这种模式是否可以“一招鲜吃遍天”呢？为什么当前并不是所有的用人单位都大比例地采取这种用工模式呢？这是因为灵活用工模式仍存在风险。

（一）灵活用工人员注册了个体工商户，仍然可能构成劳动关系

（2021）粤 0605 民初 21355、21434 号案件中，法院对于注册个体工商户的合作模式做出了仍然构成劳动关系的认定。

卓本优品（广东）供应链管理有限公司（以下简称卓本优品公司）经熟人介绍认识张磊。随后双方通过微信、电话等方式商谈双方合作经营网上直播销售业务。双方口头一致约定：卓本优品公司与张磊共同出资 30 万元合作开展直播带货。张磊以其经营的“广州市荔湾区维多利珠宝店”注册的抖音账号“冰玉轻奢”及其团队与卓本优品公司以网上直播带货方式共同销售货物。张磊为广州市荔湾区维多利珠宝店（个体工商户）经营者，注册日期为 2020 年 10 月 16 日。

该案例中，根据案卷证据，结合双方的陈述，法院认为双方之间构成劳动关系。理由是：卓本优品公司系经工商登记的独立法律主体。张磊从事的工作内

容是通过网络直播方式销售卓本优品公司的货物，属于卓本优品公司的业务组成部分。而“卓本公司群”的群成员包含了卓本优品公司的法定代表人、行政人员、财务人员及张某、全某某等，群信息包含了开会、休息时间安排，张某在卓本优品公司注册地址工作，可见张某受到卓本优品公司的管理，双方构成管理与被管理的关系。2021年2月6日和3月20日，张某分别收到卓本优品公司财务人员发送的工资条或工资表，张某提供了劳动并为此收到了报酬。

涉案抖音账号“冰玉轻奢”虽由广州市荔湾区维多利珠宝店注册，但考虑到直播行业的特殊性，张某使用该账号销售卓本优品公司的货物，符合行业习惯。法院最终确认卓本优品公司与张某构成劳动关系。

(2020)粤20民终4447号案件，是非直播行业的知名案例，但对于灵活用工问题有更直接的认定，因此也一并列举作为参考。

2019年7月7日，李某某驾驶两轮轻便摩托车沿中山市某地行驶，途经中山市某地时，与刘某某驾驶无号牌两轮轻便摩托车发生碰撞，事故造成李某某受伤及双方车辆受损，经交警部门认定，李某某承担此事故的主要责任，刘某某承担此事故的次要责任。事故发生后，李某某到中山市中医院住院治疗。李某某住院64天，共休息1个月。本案交通事故发生时，刘某某身穿印有“美团”标志的工衣。

北京三快科技有限公司(以下简称北京三快公司)是美团网平台经营者，致力于为商户和用户提供交易平台。2018年9月19日，北京三快公司的关联公司上海三快智送科技有限公司(以下简称上海三快公司)与珠海美速达电子商务有限公司(以下简称珠海美速达公司)签订《配送服务合同》，由珠海美速达公司负责约定范围(珠海、中山)内的美团外卖配送服务以及组建专门配送团队等运营工作，配送服务期间发生的所有用工风险或给任何第三人造成的人身伤害和财产损失均由珠海美速达公司承担责任。2019年年初，珠海美速达公司将中山三角地区的美团外卖配送业务外包给安徽伯渡劳务服务有限公司(以下简称安徽伯渡公司)。2019年4月1日，刘某某与安徽伯渡公司签订《承揽服务协议》，由刘某某成立个体工商户在中山范围内承接安徽伯渡公司的美团外卖配送服务，按接单情况结算。同年9月29日，安徽伯渡公司通知刘某某于2019年10月31日解除《承揽服务协议》。

最后，法院认定：(1)刘某某与安徽伯渡公司之间构成劳动合同关系；(2)北京三快公司、珠海美速达公司和安徽伯渡公司之间构成联营关系；(3)各联营方需要对此事承担连带赔偿责任。

其中，认定刘某某与安徽伯渡公司之间构成劳动合同关系的理由在于：安徽伯渡公司直接与刘某某签订了关于后者进行具体配送业务的协议，根据协议内容，安徽伯渡公司对刘某某的配送工作进行直接控制、支配和管理，双方关系具备劳动合同关系的特征，二者签订所谓承揽服务协议及让刘某某登记个体工商户的做法可以反映安徽伯渡公司规避劳动合同相关风险的不当动机，相关规避劳动合同关系用人单位责任的合同内容和行为无效。

这里可以得出，如果灵活用工平台对灵活用工人员的工作存在直接控制、支配和管理情形，就仍然可能构成劳动关系。更有意思的是，法院用了“不当动机”一词来描述该案，具有鲜明的价值判断性。

该案争议较大的点在于：认定三公司具有联营性质。其理由为北京三快公司创建并运营以餐饮派送等为主营内容的美团网络平台，珠海美速达公司取得美团配送业务经营权再进行外包，最终安徽伯渡公司直接通过接受转包和直接雇佣骑手成为最后的美团配送业务经营法人。上述各法人集聚在美团网的名义下，密切分工协作，通过美团配送业务收入分成取得相应的经营收入，美团网虽未经工商登记为企业法人，但通过北京三快公司办理国家电信与信息服务业务经营证创设了一个注册的经营性网站，相当于一个起有字号但未经工商登记的合伙企业，虽不构成法人企业，但联营三方不是仅依彼此间合同进行合作的松散的各自独立的经营，而是紧密联系、分工合作，具有合伙联营的特征。若缺其中任意一环，美团配送业务将无法完成，依合伙联营处理较为妥当，亦较能反映各方在美团配送业务中的利益关系和外在表征。例如，就北京三快公司而言，其不仅创建和运营美团网，更基于骑手配送活动取得相应收益，对配送有严格的时限要求，骑手配送时还需佩戴标识美团的装备而非标识直接受雇配送公司的装备，对外普称美团骑手，此种情况下若将北京三快公司与骑手及骑手所在配送企业的美团配送经营活动的交通事故风险割裂开，有悖公平和权利义务对等原则；又如珠海美速达公司转包配送业务后续以从美团配送业务费用中分成谋利，亦不能免除其共担风险之责任。

这个观点确有争议。事实上，珠海美速达公司、安徽伯渡公司更像是北京三快公司的服务商，并不存在对联营体投资的概念。另外，将转包分包所得的收入认定是北京三快公司配送业务的分成也有待商榷。

（二）签订承揽协议后，仍可能被认定存在劳动协议

这点在(2020)川0114民初7675号案件中得以体现。

邓某于2020年2月24日就职于中铁物流集团四川有限公司（以下简称中铁公司）从事装卸工相关工作，工作地点在成都市新都区川宏产业园8号中铁物流集团成都分拨中心。邓某与广西自贸区优活跃劳务服务有限公司（以下简称优活跃公司）签订了劳动合同，优活跃公司与中铁公司有合作协议。中铁公司在邓某就职期间，既未与邓某签订书面劳动合同，又未为其购买社会保险。邓某于

2020 年 4 月 21 日在中铁公司所属分拨中心卸货时，从货车上摔下受伤并被公司经理刘某某送至新都区人民医院救治。中铁公司在邓某受伤后否认其劳动关系导致邓某无法申请工伤认定，故特向法院提起诉讼以保护其合法权益。

在是否构成劳动关系的焦点上，法院认定如下：首先，从双方主体资格上看，中铁公司系依法经过工商登记注册成立的公司法人，邓某系男性，出生于 1968 年 7 月 19 日，故双方于 2020 年 2 月 24 日至 2020 年 5 月 18 日期间符合《劳动法》规定的劳动关系主体资格。

其次，从劳动成果与单位业务的联系来看，邓某是在中铁公司位于新都区的物流分拨中心从事货物装卸工作，这些货物装卸是中铁公司该分拨中心的日常事务，可见邓某所提供劳动成果直接由中铁公司享有。

最后，从劳动管理过程来看，邓某在该分拨中心从事货物装卸工作系由中铁公司管理人员同意，而非优活跃公司。相反，邓某由中铁公司管理人员直接安排装卸工作任务，根据中铁公司管理人员安排上白班、夜班或深夜班，由中铁公司管理人员每天对其出勤情况进行考勤，由中铁公司管理人员每天对其进行安全教育培训，由中铁公司管理人员每月对其装卸工作完成情况以及对应薪酬情况进行统计、公示，由此足以说明，邓某在该分拨中心从事货物装卸工作实际上直接受中铁公司的劳动管理和安排，邓某直接受到中铁公司规章制度约束，双方据此形成管理与被管理的劳动关系。法院注意到，中铁公司提出邓某与优活跃公司存在合作关系，与中铁公司不存在劳动关系。该院认为，邓某虽然与优活跃公司签订了承揽服务协议，但该承揽服务协议并没有明确约定具体的承揽标的、数量、质量、报酬、履行期限、验收标准和方法等内容，只是笼统地表述为"乙方应根据甲方的安排和合作单位的要求完成相关的服务""甲方和合作单位将对乙方的分包服务成果进行验收""乙方应按时尽责地完成甲方以及合作单位要求的服务内容，并达到规定的质量标准"等，根据该院认定的邓某实际工作情况，结合邓某当庭陈述，综合认定双方构成劳动关系。

该案中，无论是构成法律关系的要件上，还是被告抗辩的依据上，都容易得出双方存在劳动关系的结论。

在构成法律关系的要件上，一是主体符合，二是劳动成果由被告享有，三是被告对原告有着严格的管理行为。在被告抗辩的依据上，一是没有留存原告作为个体工商户履行协议的证据；二是承揽协议的内容过于笼统，未能有效查明相关成果等。所以，最终认定原被告劳动关系成立。

如何界定劳动关系与灵活用工关系，灵活用工究竟如何才能合规，具体如表 7-2 所示。

表 7-2　劳动关系与灵活用工的合规点

合规点	劳动关系	灵活用工
强人身监管：用人单位是否需要人员遵守规章制度，包括工作纪律、奖惩制度、作息时间等	需要	不需要
收入名义	工资、奖金等	按约定的经营性收入
收入依据	计时授薪	按成果计价
关系稳定程度	一般是连续性稳定存在	按阶段性或临时性建立

从以上案例可以看出，法院在审理相关争议时，仍然会从实质审查的角度出发，用实质认定来推翻很多灵活用工平台做的“形式合规”架构。其实这点在税务稽查中也多次出现，“范冰冰案”“雪梨案”“薇娅案”无不是从实质的角度穿透审查形式的框架，得出的结论也就不言自明了。

第八章

直播产业的合同合规

第一节 合同合规基础

一、合同的基本概念与架构

根据《民法典》第四百六十四条规定，合同是民事主体之间设立、变更、终止民事法律关系的协议。

实践中，由于交易繁多且复杂，会出现不同的条款和内容。但纷繁复杂的背后，却有一些共性可供寻觅，这些都能帮助我们迅速厘清合同框架，了解合同的主旨要素。一份结构完整的合同一般分为合同封面、目录及标题，首部，正文，尾部，附件五大部分。

(一)封面、目录及标题

合同封面、目录及标题，由三个要素构成——封面、目录、标题。

封面上一般会有合同标题、合同当事人各方、签订时间等。封面除了有保护合同正式文本的作用外，还可以让我们迅速了解该合同的当事人各方信息和基础法律关系。此外，还可以起到美观和体现专业性的作用。

目录主要是为了方便我们查阅相关的合同条款，了解整个合同的框架，对合同有全面总体的认识。

标题是所有合同都需要的，有的合同可以没有目录，甚至没有封面，但一定会有标题。合同标题本身就是法律关系的体现，例如买卖合同、租赁合同等。需要注意的是，如果合同标题与实际内容不符，并不会引发合同效力和法律后果的变化。但当合同的内容属于两种有名合同的竞合且难以区分归类时，合同标题就可以表示各方当事人的真实意图，被认定为合同的基础法律关系。

(二)首部

首部，是合同正文条款之前的所有部分，通常有当事人身份信息、联系方式、合同引言或序言、鉴于条款等。

当事人身份信息一般在合同标题后，引言或者序言前，一般列举当事人名称、合同中的身份和身份证号或统一信用代码。例如，买方：××有限公司，统一信用代码××××。

随着送达重要性的提高，在身份信息中也会附上联系地址、联系电话、邮箱、微信号、QQ 号等。

引言等一般放在身份信息后、正文之前，一般书写如下："甲乙双方根据我国《民法典》等法律之规定，经友好协商，签订合同如下："。但除了此类套话外，引言中有时候会有"鉴于条款"。这部分中，很可能会涉及合同签订的前提条件、合同的目的等内容。在合同正文不够明确时，引言部分就会被视为明确合同内容、把握当事人真正意图的重要依据，会影响合同的解释方式、违约责任的确定等功能，非常有用。此外，对于引言中写入的内容，当事人不能主张与此相反的认知和解释。

（三）正文

正文是整个合同的核心，主要包括合同各方的具体权利义务的实质性条款，即包括从第一个条款到最后一个条款的所有内容。一般以有规律的序号加以编排，明确交易的事项、权利义务等。尽管交易标的、性质、法律关系会有不同，但合同整体框架仍有共性可以追寻。《民法典》第四百七十条规定，合同的内容由当事人约定，一般包括下列条款：当事人的姓名或者名称和住所，标的，数量，质量，价款或者报酬，履行期限、地点和方式，违约责任，解决争议的方法。当事人可以参照各类合同的示范文本订立合同。

这八个条款属于最为基本的合同条款，缺少任何一个都会给合同的实际履行带来不确定性，甚至影响合同的成立和效力。其中，当事人的姓名或者名称和住所一般会出现在前面所说的首部部分，而不是正文。

在《民法典》合同编的分则部分，一些特殊类别的合同，还会有更复杂的条款安排。

除了基本条款外，为了便于表述、阅读、引述，合同条款一般会设有不同层级并编号。一些特别复杂的合同还会设有编、章、节、条、款、项，和立法体例类似。依据不同的个人习惯，有的会有"第一条："这样的表述，有的则喜欢用"1.1"这样的表述。

虽然编号习惯各有不同，但不编号，是既不常规，也不专业的。

（四）尾部

尾部包括合同正文结束后的部分。一般是合同当事人各方的签署部分，有时也有鉴证人等签署区。

（五）附件

附件一般列在尾部后，也有列于合同条款之中。附件不需要另行签订，但交易方在附件上加盖骑缝章或签字会更妥。

效力上，合同附件通常是合同的有效组成部分，在合同正文中一般也会有“附件是合同不可分割的一部分，效力与本合同正文等同”之类的字样。附件又可以分为以下两类：

1. 证明类附件

证明类附件主要用于证明交易方的身份或签订履行合同的资格，包括身份证复印件、统一信用代码复印件、相关许可证、资格证、物权凭证等。

2. 细节类附件

细节类附件是指有时候为了描述交易标的、货物质量要求等，会涉及大量的品种、规格、质量、数量、产品说明等。这些细节信息如果作为合同正文，则会主次不分，影响合同整体的逻辑和内容架构。因此，将这部分内容作为细节类附件更合适。

二、特殊类型的合同

随着社会的发展，传统的纸质合同已经不再能满足快速变化的社会需求了。特别是电子商务崛起后，突破时间、空间限制的新型签约方式的需求日益增长。于是，出现了很多可以远程、全时间段、非接触式的合同方式。

（一）拆封合同

拆封合同，一般是计算机软件商品如实体交付光盘的封面上列明的对购买者使用的许可事项，并申明拆封即视为同意相关条款。例如“软件使用许可条款”及著作权信息申明。在实际安装时会有更详细的条款，如果购买者不同意，可以选择退货。

这类合同对交易流程、文字表述有着很高的要求。条款设置不当非常容易产生许可合同的成立与生效、格式合同效力、卖方告知义务、消费者选择权、退货赔偿等问题。因此，在实际安装时一般都会选择再次确认许可合同的效力，不接受条款则无法使用软件，并可以无条件退货。随着网络的发展，实体交付光盘等形式已经不再常见，因此，这类合同也不再多见。

（二）点击合同

点击合同是当前最为常见的电子合同签约方式，一般在安装软件过程中，通过点击界面上的“同意”或者打钩表示同意的方式完成。大量的软件交付、电子商务的合同都通过这类方式达成。

在网络上，点击合同对于合同条款的显示比拆封合同更有优势，能提供更多的信息和选择，因此逐渐取代了拆封合同。

需要注意的是，笔者做过很多次调查，大部分的人并不会去仔细阅读电子点击合同的相关条款①。由于确认者是否仔细阅读合同条款并不会直接影响合同的成立和效力，所以对于此类合同，法律界逐渐对其有了更多的要求，比如涉及消费者权益保护条款、显著提示要求、单独同意要求等。

（三）浏览合同

浏览合同是指在网站的页面上以醒目方式进行提示提醒，明确说明一经浏览即视为接受条款，并因此遵守一定规则或义务。此类提示一般都是针对网站自身的免责声明，法律上是一种不作为的默示同意。

这类合同特殊的还有 Robots 协议②，是一种规则的文本显示。如果将网站视为酒店里的一个房间，robots. txt 就是客人在房间门口悬挂的“请勿打扰”或“欢迎打扫”的提示牌。这个文件告诉来访的搜索引擎哪些房间可以进入和参观，哪些房间因为存放贵重物品，或可能涉及住户及访客的隐私而不对搜索引擎开放。但 robots. txt 不是命令，也不是防火墙，如同守门人无法阻止窃贼等恶意闯入者。Robots 协议是国际互联网界通行的道德规范，虽然不具有强制性，但在爬虫案件的审理中，已经越来越重要，经常会被认为是浏览合同的形式加以确认。

（四）数据电文合同

《民法典》第一百三十七条规定：以非对话方式作出的意思表示，到达相对人时生效。以非对话方式作出的采用数据电文形式的意思表示，相对人指定特定系统接收数据电文的，该数据电文进入该特定系统时生效；未指定特定系统的，相对人知道或者应当知道该数据电文进入其系统时生效。当事人对采用数据电文形式的意思表示的生效时间另有约定的，按照其约定。《民法典》第四百六十九条规定：以电子数据交换、电子邮件等方式能够有形地表现所载内容，并可以随时调取查用的数据电文，视为书面形式。

这表明在立法上数据电文合同的形式已被承认，具体可以表现为载有合同内容的电报、电传、传真、电子交换、电子邮件等。当前实践中最常见的还是电子交换和电子邮件。

---

① 基本上只有在学习、研究或者监管审查、涉及纠纷时，才可能仔细阅读相关条款。

② Robots 协议（也称为爬虫协议、机器人协议等）的全称是“网络爬虫排除标准”（Robots Exclusion Protocol），网站通过 Robots 协议告诉搜索引擎哪些页面可以抓取，哪些页面不能抓取。

电子交换主要指特定的电子数据使用人之间所进行的电子数据发送和接收。交易双方并不需要另行签订合同，因为双方在注册时都已经同意了相关的平台规则，因此，可以直接用双方的电子数据交换作为签订方式。比如通过电子商务平台购买货物，用户注册登录账号后实施购买行为不再需要签订新的协议。采用数据电文形式订立合同的，收件人的主营业地为合同成立的地点；没有主营业地的，其住所地为合同成立的地点。当事人另有约定的，按照其约定。

三、合同的效力

依法成立的合同，自成立时生效，但是法律另有规定或者当事人另有约定的除外。依照法律、行政法规的规定，合同应当办理批准等手续的，依照其规定。未办理批准等手续影响合同生效的，不影响合同中履行报批等义务条款以及相关条款的效力。应当办理申请批准等手续的当事人未履行义务的，对方可以请求其承担违反该义务的责任。

笔者在之前的章节中，已经对直播行业的相关资质要求进行了梳理，这里就《民法典》第五百零四条，越权订立的合同效力做分析。该条规定：法人的法定代表人或者非法人组织的负责人超越权限订立的合同，除相对人知道或者应当知道其超越权限外，该代表行为有效，订立的合同对法人或者非法人组织发生效力。

(2020)高法民终1229号金融借款合同纠纷，对于越权代理有着较高的参考价值。该案件的裁判要旨是保证合同的效力问题。越权订立合同，如果相对方未尽到起码的注意义务，不构成善意，故保证合同无效，不承担连带清偿责任。所以，该案中就体现出，在签订合同时，相对方仍然有一定的合理注意义务，否则无法构成善意，合同可能被确认无效。

除了越权订立合同外，常见的还有免责条款的效力问题。《民法典》第四百九十七条规定："有下列情形之一的，该格式条款无效：(一)具有本法第一编第六章第三节和本法第五百零六条规定的无效情形；(二)提供格式条款一方不合理地免除或者减轻其责任、加重对方责任、限制对方主要权利；(三)提供格式条款一方排除对方主要权利。"

在(2021)鲁01民终10065号合同纠纷中，裁判要旨如下：光生传媒(北京)有限公司(以下简称光生传媒公司)与虞某某(乙方)签订的《独家艺人经纪协议》印制有"光生传媒"的logo，且首页有"统一版本"字样，该协议为光生传媒公司提供的格式合同，在协议第五条"违约责任及违约判定"部分，全部是针对乙方违约责任的约定，光生传媒公司存在不合理地免除其责任、加重对方责任的情形。故，案涉协议第五条违约责任及违约判定应属无效。协议其他部分系双方当事人的真实意思表示，且不违反法律、行政法规的强制性规定，应属合法有效，双方当事人理应恪守。

四、合同的履行

《民法典》第五百一十一条规定，当事人就有关合同内容约定不明确，依据前条规定仍不能确定的，适用下列规定：(1)质量要求不明确的，按照强制性国家标准履行；没有强制性国家标准的，按照推荐性国家标准履行；没有推荐性国家标准的，按照行业标准履行；没有国家标准、行业标准的，按照通常标准或者符合合同目的的特定标准履行。(2)价款或者报酬不明确的，按照订立合同时履行地的市场价格履行；依法应当执行政府定价或者政府指导价的，依照规定履行。(3)履行地点不明确，给付货币的，在接受货币一方所在地履行；交付不动产的，在不动产所在地履行；其他标的，在履行义务一方所在地履行。(4)履行期限不明确的，债务人可以随时履行，债权人也可以随时请求履行，但是应当给对方必要的准备时间。(5)履行方式不明确的，按照有利于实现合同目的的方式履行。(6)履行费用的负担不明确的，由履行义务一方负担；因债权人原因增加的履行费用，由债权人负担。

这条对合同约定不明确时的履行(包括质量、价款、履行地点、履行期限、履行方式、履行费用)作出了规定。

在(2022)云0826民初269号合同纠纷中，法院裁判要旨认为：原告与被告签订的《林木转让协议》系双方在平等、自愿的基础上签订，是双方的真实意思表示，且未违反法律、法规的强制性规定，故该《林木转让协议》合法有效。根据《民法典》第五百六十二条规定："当事人协商一致，可以解除合同。"本案中，原告提出解除上述协议，被告同意解除，属于双方经协商一致解除合同情形，故，原告诉请解除双方签订的《林木转让协议》于法有据，予以支持。

合同的履行中除了约定不明的履行外，另一个争议较多的就是不安抗辩权。《民法典》第五百二十七条规定，应当先履行债务的当事人，有确切证据证明对方有下列情形之一的，可以中止履行：(1)经营状况严重恶化；(2)转移财产、抽逃资金，以逃避债务；(3)丧失商业信誉；(4)有丧失或者可能丧失履行债务能力的其他情形。当事人没有确切证据中止履行的，应当承担违约责任。

这里争议最多也是最核心的问题就是要区分行使不安抗辩权和一般违约行为。例如在主播代言中，如果主播发生负面舆情，品牌方是否可以依据该条规定停止履约，甚至解除合同呢？

在解除合同的依据尚不充分，但主播继续代言又可能导致品牌方形象受损的情形下，品牌方可以考虑暂时撤除该广告投放，之后根据事件发展态势最终决定是永久撤除还是予以恢复。如品牌方在签署合同后、尚未支付代言费用及推进后续拍摄之前发现主播面临舆论危机，此时，品牌方就可以考虑援引行使不安抗辩权条款——“应当先履行债务的当事人，有确切证据证明对方有下列情形之一的，可以终止履行：……丧失商业信誉；（四）有丧失或可能丧失履行债务能力的其他情形”。

因此，如果舆论中已经有大量证据表明主播丧失了社会声誉及影响力，在完成取证后，品牌方可考虑提出中止履行合同、暂缓支付款项。特别值得注意的是，根据《民法典》第五百二十八条，主张不安抗辩权的一方，除需要提交确切证据、及时通知对方外，还应给予对方机会提供担保，如主播舆论危机在合理期限内未能消除且主播也未提供适当担保的，则品牌方可以考虑依据该条，视为主播一方以其行为表明不履行主要债务，提出解除合同。

除不安抗辩权外，还有先履行抗辩权，即主张对方先履行相关义务。因为先履行一方存在无法得到对价的风险。还有同时履行抗辩权，这种抗辩权适合在没有履行先后顺序时，同时履行义务。这些都是可以降低风险使用的条款，但也有着较为严格的限制，稍有不慎，便可能造成自身的违约。

五、合同的转让

这方面主要可以了解依法不得转让的情形。《民法典》第五百四十五条规定，债权人可以将债权的全部或者部分转让给第三人，但是有下列情形之一的除外：(1)根据债权性质不得转让；(2)按照当事人约定不得转让；(3)依照法律规定不得转让。当事人约定非金钱债权不得转让的，不得对抗善意第三人。当事人约定金钱债权不得转让的，不得对抗第三人。

在直播中经常会遇到和人身属性相关的合同权利能否转让的问题，而涉及人身属性的合同权利义务是禁止随意转让的。

六、合同的终止和解除

《民法典》第五百五十七条规定，有下列情形之一的，债权债务终止：(1)债务已经履行；(2)债务相互抵销；(3)债务人依法将标的物提存；(4)债权人免除债务；(5)债权债务同归于一人；(6)法律规定或者当事人约定终止的其他情形。合同解除的，该合同的权利义务关系终止。

合同终止相对比较好理解，本书不再赘述。

合同解除是指在合同有效成立之后，没有履行或没有依约履行之前，当事人各方通过协议或者一方行使约定或法定解除权的方式，使当事人设定的权利义务关系终止的行为。

合同解除分为合意解除和单方解除两类。

(一)合意解除

合意解除包括协商解除、行使约定的解除权和附解除条件的合同三种。

协商解除是指合同各方共同协商一致,解除原合同。

行使约定的解除权是指,当事人在订立合同时,还可以预先约定一方解除合同的条件,解除合同的条件成就时,解除权人可以通知对方解除合同。从表面上看,这种情况似乎是单方解除,但这种通知解除建立在各方合意的基础之上,故本质上为合意解除。

还有一种情况,即附解除条件的合同。与行使约定的解除权不同的是,附解除条件的合同,自条件成就时失效。而行使约定的解除权,在解除合同的条件成就时,解除权人可以通知对方解除合同。如果有解除权的一方不通知对方解除合同,则合同并不自然解除。

(二)单方解除

单方解除分为法定解除和非法定解除两种。

1.法定解除

法定解除,是指在符合法定条件时,当事人一方有权通知其他方解除合同。法定解除又分为法定事由解除和法定任意解除。

法定事由解除,是指法律规定的事由出现,一方可以通知对方解除合同。《民法典》第五百六十三条规定,有下列情形之一的,当事人可以解除合同:(1)因不可抗力致使不能实现合同目的;(2)在履行期限届满前,当事人一方明确表示或者以自己的行为表明不履行主要债务;(3)当事人一方迟延履行主要债务,经催告后在合理期限内仍未履行;(4)当事人一方迟延履行债务或者有其他违约行为致使不能实现合同目的;(5)法律规定的其他情形。

法定任意解除,是指无需法定事由,依一方的意思表示即可产生解除效力。法定任意解除仅适用于特定的合同中,主要包括不定期租赁合同(《民法典》第五百六十三条第二款、第七百三十条)、承揽合同(《民法典》第七百八十七条)、货运合同(《民法典》第八百二十九条)、委托合同(《民法典》第九百三十三条)等。

这里就会涉及MCN机构和主播的经纪合同是否属于委托合同的问题。如果属于,那主播就享有任意解除权。这也是此类案件一开始争议较多的地方,现在基本上已经不再赞同将此类经纪合同简单地归结为委托合同了。

2.非法定解除

非法定解除是指未出现法律规定的解除事由,法律亦未明确赋予合同一方享有任意解除权,但基于保护当事人的合法权益、提高社会生产效率、避免资源浪费等目的，而允许一方当事人解除合同。

为了避免合同一方滥用非法定解除，在适用非法定解除时，应当具备三个构成要件：(1)解除合同能保障对方获得履行合同时同等的履行利益；(2)解除合同能够保障对方实现合同目的；(3)依据合同性质可以解除。例如：因为临时安排调整，在高铁旅途中提前站点下车。

七、违约责任

笔者认为违约责任是整个合同中的重中之重。设置违约条款的目的：一是通过违约责任迫使对方履行义务；二是如果对方违约，损失由对方承担。

常见的违约责任方式有三种：违约金、定金、损害赔偿。

违约金可以约定具体的金额或基数和比例，也可以约定损失的计算方法。违约金要以明确的违约行为为前提，可以引用正文的相关条款作为违约前提。一般要简单易懂，可操作性强。约定比例的，应当确定基数、是否按时间累计。金额上，应当尽量预估可能的损失作为参考基础。对于迟延履行的，可以既约定违约金又要求继续履行。

定金是对履行合同义务的担保。定金金额一般不超过合同标的总额的20%。同时约定定金和违约金的，可以择一适用。交付定金的一方不符合约定的，可以提出异议并拒绝接受，则定金条款不生效。

以上两种违约责任方式，约定的金额不足以弥补实际损失的，均可以请求弥补至实际损失。

损害赔偿是民事法律关系中最基本的救济。通过列举或定性方式，将违约损失作为损害赔偿的金额，其中可以包含可得利益损失，但应当约定清晰。

违约条款的前提是有约，这里通常最能体现法律工作者的功底，尽量穷尽各种可能的违约假设并设立违约处理方式，非常考验这方面的行业经验。如何约定违约情形、违约责任、违约所产生的损失范围及补偿，可以从以下方面入手：

(1)缔约的目的和特殊的商业价值。这项最能体现法律工作者对行业的熟悉程度，一个好的合同起草者、修订者，一定是对该行业常见的法律风险较为熟知的。理解和领悟重要风险点后，就可以对症下药，加重对方的违约成本，制约对方的违约行为。除约定违约金、赔偿损失外，约定守约方还有权要求违约方继续履行合同，保护守约方的缔约目的。

(2)违约责任的约定应当明确、具体、可操作。很多合同会写“违约责任根据《民法典》规定执行”。这样类似的条款可操作性极差，应当避免。

(3)实务中，违约方几乎都会提出违约金过高的问题，一般来说，当事人约定的违约金超过造成损失30%的，视为违约金过高。实践中对于损失的举证，至关重要。

第二节 合同管理合规

一、合同管理风险产生的原因

合同是市场经济交易的重要部分，随着经济的发展，社会存在各方面的变化，也会影响合同的管理。合同纠纷也是我们最常见的法律纠纷形式。在民法理论上，产生债的形式主要是合同、侵权行为、无因管理、不当得利等。与合同相关的法律条款在《民法典》中就占了三分之一，可见合同的重要性。

企业的经营大部分就是从合同开始，到合同结束，合同如此重要。很多时候，企业在诉讼中失败并不是因为面临复杂的法律问题，而是一些基础的管理水平不到位。

随着合规概念逐渐深入人心，对合同管理也提出了更高的要求。但现状是，很多企业并未建立一套完整的合同管理制度。

首先，企业文本及管理能力不足，没有形成科学的合同体系。虽然合同管理有着各个企业具体业务的特殊性，但也应当有相应的管理规范和体系。当前很多企业信奉从同业对手中“借鉴”合同，而不是真正研究和设计符合自身需求的合同文本。笔者服务过的企业就出现过，一个直播公司同一条产品线，不同的业务人员使用各种非公司模板合同的情形。

其次，观念意识落后，未能建立系统的管理制度，且缺乏优化。合同管理在很多企业高管观点中似乎只是法务部门的事，缺乏整体的规范意识。有的MCN机构甚至部门负责人在审批业务员合同时几乎不作任何审查，出现同样业务使用不同合同，进行不同操作的低级错误。

再次，企业对合同管理的投入不足，使得法务部门人员不足，业务水平提升不足。企业投入少，造成法务人员长期不足，且无法进行大量的学习培训，能力提升较少。有的MCN机构甚至出现法务人员拿着写满备注、修订痕迹的修订版合同与客户签约的情况。

最后，相关合同管理的制度没有落实到位，导致本就不甚科学的管理制度更是形同虚设。一些企业虽然建立了法务制度、合规体系，但由于制度落实不具体、不到位，甚至企业高管带头违反管理制度，合同管理体系出现重大风险。

因此，现在很多企业开始聘请专业的律师团队，对企业的合同管理体系做专项合规服务，以满足日新月异的业务需求和风控管理。

二、合同文本库的常见风险

交易的合同文本因行业、交易规模、企业性质不同而各有不同需求。当前合同文本库的主要风险如下：

(1)合同文本质量较差。交易规模大、交易金额高且风控要求严的企业的合同相对规范。小微企业的合同质量则较差，甚至没有合同，仅保留相关单据。有的企业，为了接订单，不得不以谈成业务为先，无暇顾及合同文本质量，甚至接受一些苛刻的条件。

(2)合同文本中提到的约定过于宽泛，操作性不强，导致需要维权时操作性差甚至无法维权。这主要是因为相关人员能力或者精力不足，无法全面系统地优化合同文本库。有的企业出于“畏讼”思维，或者考虑客户情感，较少使用诉讼手段解决纠纷，在获得便利性等好处的同时，也会带来文本未经诉讼考验、经验累积不足等问题。有的企业甚至直接将国外的一些合同翻译后作为自身的模板合同使用，导致该合同“水土不服”，文本虽有千言，但应诉实无一策。

(3)合同文本库未及时更新，甚至奉行拿来主义，导致合同漏洞百出。我国经济发展迅猛，社会日新月异，合同自然也要紧跟时代发展，与时俱进，及时更新。但笔者就见过很多贸易型企业合同条款中约定：“如有违约，按照《中华人民共和国经济合同法》(以下简称《经济合同法》)规定执行。”《经济合同法》在 1999 年《合同法》生效时就废止了，而《合同法》也在 2021 年《民法典》生效时被废止了。拿着 20 多年前的、被废止的“爷爷辈”法律作为合同的条款，实在是让人忍俊不禁。

三、合同管理的合规要点

一般的合同管理流程可以分为四个阶段：前期准备、合同订立、合同履行、履后管理。

1. 前期准备阶段

前期准备阶段的主要注意点在：合同当事人的主体资格审查、招投标工作、询比价工作和议价业务审查。

这一阶段常见的合规问题有：在初步确定合作对象时，未识别法律主体不适格或不具备履约能力；谈判中合同核心权利义务的设定不明确；细节缺失；不当让步；合同文本草稿内容不合理、不完整，存在歧义表述等。

2. 合同订立阶段

合同订立阶段的主要注意点在：合同成立和生效，即要约邀请、要约、承诺、签署等时点；合同形式选择，即口头、书面、默示、电子等等；最重要的是合同的审查、修改、批准。

这一阶段常见的合规问题有：无权限或越权签订合同，合同文本条款中存在不利点，合同用印管理不当等。

3. 合同履行阶段

合同履行阶段的主要注意点在：我方合同义务的履行情况，我方权利的获得情况，合同的变更、转让、终止等，以及合同纠纷的解决。

这一阶段常见的合规问题有：未适当履行合同义务，合同变更、转让的处理不当，合同解除、终止的操作不当，合同纠纷处理中的谈判和诉讼问题。例如擅自转让合同权利义务，导致转让不合法律强制性规定。

4. 履后管理阶段

履后管理阶段的主要注意点在：合同随附义务的履行，合同的存档和保管，合同事后评估总结等。

这一阶段常见的合规问题有：合同履行的随附义务的后续跟进问题，例如软件产品的后续维护和服务问题；合同保管不善，导致丢失、损毁，无法事后查阅、评估，泄露商业秘密等。

从合同文本管理的角度而言，虽然归档管理工作不涉及文本的修改等，但对提高工作效率、保护公司商业秘密等有着极大的好处。

文本管理是分人分事的档案管理，可以避免文本的混淆和损毁，便于事后查找搜寻。常见的管理方式有：

(1)为每个交易主体或者客户设立专门的文件夹，并做好相关信息的填写工作。

(2)文件夹内容可以按照年份、项目、内容等分类收纳。

(3)尽量保留过程性的文件，作为工作记录和日后参考查阅资料。

(4)文本应做好安全备份或存放，可以交由专业档案管理部门或者电子备份。

四、MCN 机构与主播的合同合规

(一)关系定性条款

MCN 机构与主播间究竟是劳动关系，还是劳务关系，抑或是合作关系/演艺经纪关系，是 MCN 机构与主播间的合同首先需要明确的问题。

在司法中，几乎所有违约引起的法律纠纷中，主播都会主张其与 MCN 机构间系属劳动关系；而几乎所有的法院都会实质性审查是否构成劳动关系。之所以出现这样的局面，是因为如果 MCN 机构与主播间的关系被认定为劳动关系，两者合同中的违约金条款将因为违反法律的强制性规定而被认定为无效。

所以，在相关协议中对 MCN 机构和主播的关系进行定性非常重要。是期望建立劳动关系，还是期望建立合作关系，但又不想被误认为劳动关系，非常考验合同起草人的功力。

(二)涉及主播的账号归属及补偿的约定

关于主播账号的归属与使用、MCN 机构对账号的运营权，建议双方进行书面约定。对于主播已有的账号，绝大多数平台在用户协议中都已经明确账号所有权属于平台；部分平台虽然没有明说，但通过对于账号处置设置种种限制，从实质上宣告了所有权的归属。因此，MCN 机构往往难以取得账号所有权，甚至被禁止转让使用权(如微信公众号、抖音号等)。

司法实践中，也经常认为账号本身具备一定的人身属性，不能归 MCN 机构所有，而应当归注册的主播本人持有。账号的所有权归属平台，账号注册人只享有使用权且不得擅自出租、转让等。但实际中，MCN 机构为了培养主播，投入了很多资金等，以使账号涨粉。而培养的过程中，MCN 机构可能还未取得收益或者未实现收支平衡，就可能面临主播违约或者合同到期的问题。如何使 MCN 机构减少风险，获得收益补偿，从而更愿意培养主播呢？笔者有以下建议。

(1)尽量以 MCN 机构的名义申请账号，同时，应在账号的头像及发布内容中，植入 MCN 机构的商标或 logo，强化 MCN 机构与账号之间的联系。在相关协议中植入账号使用权归属条款等。

(2)MCN 机构还可以考虑从账号的控制、收益分红入手。MCN 机构在合同中约定合同解除时，MCN 机构有权就账号增值部分向主播主张补偿权，并在合同签订时及签订后按期统计流量增长数据，交由主播确认。对于合作协议生效之后产生的账号，MCN 机构不妨自行注册，或在主播账号中标示 MCN 机构的 logo，并约定合作解除后的补偿问题等。例如：某主播在抖音基础粉丝值为 100 人；其后每增长 100 人，MCN 机构就可以在合同终止后获得×元的补偿；或者直接按照一个粉丝价值×元来确定收益补偿。不同平台的粉丝价值可以做不同约定。

(3)MCN 机构还可以约定主播在合同终止后，不得继续使用该账号。也有机构会将主播的艺名作为注册商品，来防止主播合作结束后继续使用艺名引流，但应注意双方间的约定不要与《民法典》第一千零一十七条[①]的规定相冲突。

---

① 《民法典》第一千零一十七条：具有一定社会知名度，被他人使用足以造成公众混淆的笔名、艺名、网名、译名、字号、姓名和名称的简称等，参照适用姓名权和名称权保护的有关规定。

（三）独家合作

限制主播与外部的合作已成为MCN行业的商业惯例，MCN机构通常在与主播的合同中明确排除主播与其他机构的合作。主播未经MCN机构书面授权，不得与任何第三方开展合作，包括但不限于在个人或机构账号为第三方进行宣传、将主播过去创作或即将创作的内容置于第三方平台发布、授权第三方为主播开展宣传或以主播名义进行宣传、参与第三方线上或线下的活动以及任何利用主播名义扩大第三方商业利益的行为。

此类条款的作用是非常有效的，但仅限于合同期内。合同终止后，则将演变为竞业限制。

（四）冷冻期/静默期条款

有些观点把冷冻期/静默期条款和独家合作、竞业限制等混为一谈，也有将三者合并后再根据具体情况对冷冻期/静默期条款进行细分。

笔者理解的冷冻期/静默期条款应当是在双方发生纠纷时，MCN机构禁止主播使用机构或相关平台上使用的推广名、游戏账号、ID、昵称（包括艺名等）、头像、音视频等，且禁止主播在任何他方平台中参与任何商业或非商业的活动（包括但不限于以网络主播活动形式进行的游戏解说、直播、访谈、录播等服务）。也就是说，MCN机构希望将主播完全“冷冻”，在网络上“静默”。所以冷冻期/静默期和独家合作、竞业限制的区别有以下几点（表8-1）：

表8-1　冷冻期/静默期和独家合作、竞业限制的区别

	独家合作	竞业限制	冷冻期/静默期
时间段	合同期内	合同期外	期内、期外均有
本平台	不涉及	不涉及	涉及
第三方平台	涉及	涉及	涉及

冷冻期/静默期包含的时间段既可在合同期内，又可以延伸到合同期以外。独家合作一般只针对合同期内，竞业限制则一般针对合同期以外。就自身平台和第三方平台而言，冷冻期/静默期条款属于全网络平台限制；独家合作一般限制第三方平台，竞业限制也是如此。有的还约定：禁止主播在合作期内与任何第三方从事与本合同相关的业务合作（包括商业与非商业性质）。但笔者觉得此条在独家合作条款中已经涉及，可以不用重复。

对于冷冻期/静默期的持续时间，有的设计成一个固定期限，如纠纷发生起1年；有的设计成一个阶段，如纠纷发生后至与纠纷有关的法律文书生效之日。

由于这些时间段的设计可能会超出双方原来约定的合作期限，因此就会产生合作期结束后，但冷冻期/静默期还未结束的竞业限制问题。总体而言，当前的司法实践逐渐认可竞业限制以及违约而需承担违约责任的诉求，甚至在一些地方性立法上也有体现。

例如，广东省高级人民法院于2020年4月发布《关于网络游戏知识产权民事纠纷案件的审判指引(试行)》，其中第三十一条“游戏主播违约跳槽行为的审查”规定：原告主张被告通过不正当手段引诱游戏主播违约跳槽，不当抢夺相关市场和利益，违反《反不正当竞争法》第二条规定的，应审查相关行为是否违背了商业道德，是否具备不正当性与可责性。游戏主播以自身知识和技能优势为其他平台获取市场竞争优势，未违背商业道德，未扰乱市场竞争秩序的，一般不构成不正当竞争行为。主播违反竞业禁止协议或相关独家、排他直播协议的，依照协议约定承担相应违约责任。

提到竞业限制，就无法回避竞业限制补偿金问题。有观点认为，MCN机构与主播之间的合作关系并不同于劳动者与用人单位之间的关系，无须支付补偿金。特别是MCN机构和主播合作时，并不完全禁止主播自有的本职工作，因此，主播并不将与MCN机构合作作为唯一的谋生途径。

(五)工作质量条款

为了防止直播过程中出现睡觉、单纯聊天或保持静默等消极怠工现象，通常MCN机构或平台对主播都会有一些行为的要求。例如双方约定：主播承诺勤勉开展与MCN机构的合作事宜，保证直播/短视频/笔记的在线人数/点击量/阅读量不低于X，否则MCN机构有权要求主播按机构要求改进内容质量，经N次要求相关指标仍未达到标准的，主播当月发放的合作金额按$Y\%$计。

(六)侵权赔偿及追偿权

主播的人设是当今网络引流的重要因素，如果出现有违艺德甚至出现违法犯罪的行为，会极大地损害MCN机构甚至平台的声誉。在合理范围内，MCN机构可以与主播约定限制其一定范围的创作自由及行为自由。例如：主播承诺其创作作品的过程及内容需遵守所在地法律法规及行政规定，并不侵害任何第三方的任何权益。主播承诺，其在与机构合作期间，言行须符合法律规定且遵循善良风俗，符合一般民众的道德标准。主播的创作内容或言行导致机构利益或名誉受损的，机构有权立刻终止与主播的合作关系，并有权向主播追偿一切损失。

五、MCN机构与厂家的合同合规

（一）主体资质

主要是审查厂家的主体，产品的注册商标、特许证明、销售文件等。这部分虽然相对简单，但也要注意避免对外推广“三无产品”或者质量存在争议的产品等。例如辛巴销售燕窝事件①。

（二）推广费用条款

主播及MCN机构所需的推广费一般有固定费和“坑位费＋销量提成”两类。坑位费就是基础推广费，不同主播的坑位费标准不一。此前就出现过某明星收取了50万元的天价坑位费，但带货金额只有几千元的案例。因此，坑位费的约定模式在合同中显得极为重要。也开始出现附条件或阶梯式坑位费。

（三）付款方式条款

付款方式是容易被忽略但又会对整个交易产生很大影响的因素。常见可以明确的风险点有：付款条件、分期支付模式、销量基数的确定、退换货影响、正式计提分成时间点等。

（四）全网最低价条款

由于当前直播带货火热，很多MCN机构都会要求厂家确保给予他们的出售价格在某时间段内全网最低，包括各种电商平台、直播平台等。例如：厂家应确保给予MCN机构的某商品价格为上线直播前后×天内的全网最低价。

（五）直播的知识产权归属条款

原本由厂商提供的商品介绍、品牌信息、宣传资料等著作权一般都归属于厂

---

① 2020年10月25日，辛巴团队的主播“时大漂亮”在直播时向粉丝推荐了一款燕窝产品。2020年11月4日，有消费者质疑“时大漂亮”在直播间售卖的即食燕窝“是糖水而非燕窝”，并要求辛巴对此作出解释。具体涉及的产品是10月25日“时大漂亮”在直播间售出的茗挚牌“小金碗碗装燕窝冰糖即食燕窝”。随后，辛巴现身“猫妹妹”直播间进行回应，为了验证品牌的真实性，辛巴连开数罐新燕窝进行演示，并拿出了产品检验报告自证清白。在直播中，辛巴表示，自己有录音，对方需要加价格才要下架视频，这样看来就是赤裸裸的敲诈勒索了，辛巴称：“倾家荡产也要告这些人诽谤。”截至2020年12月6日中午，辛巴团队已向27270名消费者完成近2400万元的赔付。2020年12月23日，广州市场监管部门公布“辛巴直播带货即食燕窝”事件调查结果。广州市场监管部门表示，在此次燕窝销售过程中，辛巴涉事直播公司存在引人误解的商业宣传行为，其行为违反了《反不正当竞争法》第八条第一款的规定。根据《反不正当竞争法》的规定，市场监管部门拟对其作出责令停止违法行为、罚款90万元的行政处罚。辛巴的快手账号被禁60天。

商。MCN机构在直播过程中自行设计、自行创造的推广内容及其素材、载体等，则通常由双方自行约定归属，也有由约定双方共有的。

(六)合作的解除或终止条款

MCN机构通常可以因为产品质量、最低价保证、厂商提供虚假资料等要求解除或终止合作；厂商一般可以因为约定的主播履约质量不符、档期不足、负面舆情等情形要求解除或终止合作。

第九章

直播产业的刑事合规

第一节 MCN机构、主播及其直播平台的刑事风险

网络直播平台推广活动中可能产生刑事风险的来源有两类：一类是平台自身行为产生的刑事风险，另一类是网络直播行为产生的行事风险。

一、MCN机构及其主播的刑事风险

MCN机构可能涉及的刑事风险分为主播直播行为、非主播直播行为两类。前者主要与主播的行为相关。通常而言，由于MCN机构的身份属于隐于直播间幕后的运营者甚至“操盘者”，故其在娱乐直播和电商直播带货过程中所涉的法律问题，大多要与主播的不法行为绑定来看待。而MCN机构的刑事风险只有部分依附于主播的行为，在其直播以外的业务活动中，MCN机构还可能独立构成犯罪，即由MCN机构自身业务引发的刑事风险①。

可能构成的罪名有：

(1)制作、贩卖、传播淫秽物品类犯罪。

包括制作、复制、出版、贩卖、传播淫秽物品牟利罪，传播淫秽物品罪，组织播放淫秽音像制品罪等。

(2)侵犯公民人身权利、民主权利类犯罪。

包括强奸罪，强制猥亵、侮辱罪，拐卖妇女、儿童罪，收买被拐卖的妇女、儿童罪，侵犯公民个人信息罪等。

例如，主播为了吸引更多关注、获得更多经济利益，以身试法公然直播淫秽表演，或者猥亵他人甚至直播强奸。

(3)网络主播非法宣传行为导致的刑事风险——虚假广告罪。

主播利用直播平台发布虚假广告，具有传播范围大、受体人数多、影响恶劣

① 于冰.网络直播营销活动中MCN机构的刑事风险研究[J].山东社会科学，2021(10)：189.

等情形或造成严重危害结果的，应以虚假广告罪追究网络主播的刑事责任。此时，如果查明涉案带货主播是在其所属 MCN 机构的授意下实施这一行为，或者按公司提供的既定直播文案进行带货宣传，涉嫌触犯《中华人民共和国刑法》(以下简称《刑法》)虚假广告罪的，就应当将 MCN 机构及机构的相关责任人(如决策者、实际业务经办者)视为虚假广告罪的共犯并追究其刑事责任。此外，根据相关司法解释的规定，专门为从事此类虚假广告商务而设立或主营此类业务的 MCN 机构，还可能进行以个人犯罪追究其主要负责人的刑事责任。

(4)当网络主播以销售者的身份出现，并且实施了犯罪行为时，MCN 机构也要承担相应的刑事风险——生产、销售伪劣商品类犯罪。

包括生产、销售伪劣产品罪，生产、销售、提供假药罪，生产、销售、提供劣药罪，妨害药品管理罪，生产、销售不符合安全标准的食品罪，生产、销售有毒、有害食品罪，生产、销售不符合标准的医用器材罪，生产、销售不符合安全标准的产品罪，生产、销售伪劣农药、兽药、化肥、种子罪，生产、销售不符合卫生标准的化妆品罪等。

例如，当带货主播明知或应当知道其直播间销售的商品为伪劣产品、不符合安全标准的食品、不符合卫生标准的化妆品等《刑法》分则明文规定的“伪劣商品”时，可能构成犯罪。根据《刑法》第一百五十条的规定，单位可能成为该罪名的犯罪主体，如果与主播相关联的 MCN 机构在前述犯罪过程中知情、同意，就要追究该机构及其主管人员、主要负责人员的刑事责任。

(5)当明知直播中所售卖产品是假冒注册商标、著作权等商品时，可能需要追究主播的刑事责任，而 MCN 机构也可能要承担相应的刑事风险——侵犯知识产权类犯罪。

包括假冒注册商标罪，销售假冒注册商标商品罪，非法制造、销售非法制造的注册商标标识罪，假冒专利罪，侵犯著作权罪，销售侵权复制品罪等。

(6)直播间营销的产品需要具有特许经营或专卖许可才可以销售，但在未获授权的情况下销售此类产品时的刑事风险——非法经营罪。

例如，未取得烟草专卖的相关资质，在直播中销售电子烟、烟弹、烟具等。具体可以参照本书直播生态中的资质、牌照以及特别行业的广告合规章节。

(7)伪造流量、刷单等情况下的刑事风险——诈骗罪或者合同诈骗罪。

在利益的驱使下，一些 MCN 机构在广告接揽、商务洽谈等过程中，可能出现一系列围绕“流量”做文章的诈骗手法。即 MCN 机构与商家签订合同时约定，以在直播带货专场实现若干点击率、达到相应观看人次为指标，不成功则赔偿相应损失，但为了保障 MCN 机构的收入，MCN 机构通过流量造假等技术手段，虚构直播数据，由此赚取相关收入。其起始标的是完全虚拟的，其行为目的也完全不在于实现直播带货的销售需要，而是通过流量造假来实现部分合同指标，从而实现“旱涝保收”，用差额部分保底。

MCN 机构对此差额部分显然已具有了非法占有之目的，进而可推断出此行为完全符合诈骗犯罪构成所要求的“MCN 机构虚构事实、隐瞒真相使供货方陷入错误认识并基于该认识给付财物—机构获取财物—供货方遭受财产损失”这一基本构造，在金额达到一定数额的前提下，便应以诈骗罪或合同诈骗罪追究 MCN 机构的刑事责任。

另外，雇佣他人在直播中虚假下单、恶意“刷单”来完成合同要求的带货销售指标，待直播结束后再利用平台的无理由退货机制大量退货，这一本质是数据造假的行为“已成为电商直播行业的潜规则”，此行为同样可能构成诈骗罪或合同诈骗罪。

因此，厂家在与 MCN 机构、主播等签订相关带货协议时，应当特别注意相关风险。

(8)如果 MCN 机构是代刷虚假流量服务的直接提供者，或雇佣他人实施上述造假行为，则存在刑事风险——扰乱公共秩序类犯罪。

包括非法侵入计算机信息系统罪、破坏计算机信息系统罪、拒不履行信息网络安全管理义务罪、非法利用信息网络罪、帮助信息网络犯罪活动罪。在这个过程中，MCN 机构可能独立构成犯罪，也可能以共犯的身份构成共同犯罪。

此外，有的 MCN 机构为了更好地统计、评估、提高主播的带货效率，会使用爬虫等手段爬取不同平台的数据，用于自身需要，甚至是以此开发相关的服务产品，类似淘宝的“生意参谋”等产品。例如，淘宝系主播和 MCN 机构，利用爬虫技术，获取抖音系直播间的相关禁止爬取的数据，用于自身开发或引流，更有开发成产品对外销售的，均可能构成相关犯罪。

(9)在 MCN 机构的新晋主播孵化过程中，其讲授内容实际构成前述犯罪行为或其他犯罪行为，即传授如何实施以上犯罪的刑事风险——传授犯罪方法罪。

需要注意的是，就既有案例来看，司法实务中并未将传授犯罪方法罪中的“传授”范围局限于“特定对象”或“指定群体”，向不特定多数人传授犯罪方法的行为亦可构成传授犯罪方法罪。当 MCN 机构将自己的相关“行业心得”编辑成电子文本或音视频文件时，其内容涉嫌传授犯罪方法的，也可能构成传授犯罪方法罪。另外，MCN 机构在引导新晋主播的过程中，依据其行为方式的不同还可能成立具体犯罪的组织犯、教唆犯或帮助犯。

二、直播平台的刑事风险

网络直播平台与网络主播实际上是相互依存、相互支持的关系。无论是娱乐直播还是电商直播，网络直播平台为网络主播提供技术支持和平台，而网络主播获得的收益也与网络直播平台进行分成，因此网络直播平台对网络主播的直播行为应当进行监督和管理。平台内部管理缺位为网络直播犯罪起到“孵化”作用，则网络直播平台缺位或平台与主播共同犯罪，也同样会给网络空间的社会秩序和公共秩序带来刑事风险。

网络直播平台不履行监督管理的义务而构成的犯罪可能包括普通犯罪、过失犯罪、不作为犯罪等形态①。

普通犯罪中，网络直播平台可能和主播在共同意思联络下实施共同犯罪，明知网络主播在直播时实施犯罪而放任主播继续直播，不采取断网、封号等手段对其加以管制，从中与主播共同分享直播所得收益的行为，应当承担共犯责任；如果网络直播平台与网络主播并无共同意思联络，但是在明知主播利用直播平台实施违法犯罪活动时不加以制止，仍然提供平台和技术支持，此时网络直播平台便构成独立的正犯责任。

网络直播平台因为过失未发现主播直播内容涉黄且有大量网友观看，造成社会秩序被破坏等不良后果时，应当承担网络过失犯罪的刑事责任。

网络直播平台的不作为犯罪是指网络直播平台具备相应的网络安全管理能力和应急能力，但是当直播平台发现主播在直播过程中有实施违法犯罪的可能，并能够采取措施预防危害行为及危害结果发生时，却消极对待或者放任不管导致危害结果发生。不作为犯罪又可进一步分为故意和过失的不作为犯罪。

在网络直播过程中比较常见的罪名有：

(1)制作、贩卖、传播淫秽物品类犯罪。

包括制作、复制、出版、贩卖、传播淫秽物品牟利罪，传播淫秽物品罪，组织播放淫秽音像制品罪等。

例如，主播为了吸引更多关注、获得更多经济利益，以身试法公然直播淫秽表演，或者猥亵他人甚至直播强奸，直播平台未能予以阻止，甚至积极参与其中的，均构成犯罪。

(2)侵犯公民人身权利、民主权利类犯罪。

包括强奸罪，强制猥亵、侮辱罪，拐卖妇女、儿童罪，收买被拐卖的妇女、儿童

---

① 张婷.网络直播中的刑事风险、刑事责任及其规制研究[J].传播与版权，2020(6)：194.

罪，侵犯公民个人信息罪等。

例如，网络直播平台擅自将所收集的用户信息出售或者提供给他人；或者没有采取必要的保护措施，提供合理的安全保障，放任用户个人信息泄露或被窃取；或者平台明知第三方从事电信网络诈骗等犯罪，仍然出售或者提供给第三方的。

(3)扰乱公共秩序类犯罪。

包括非法侵入计算机信息系统罪、破坏计算机信息系统罪、拒不履行信息网络安全管理义务罪、非法利用信息网络罪、帮助信息网络犯罪活动罪①等。

(4)侵犯知识产权类犯罪。

包括假冒注册商标罪，销售假冒注册商标商品罪，非法制造、销售非法制造的注册商标标识罪，假冒专利罪，侵犯著作权罪，销售侵权复制品罪等。

例如，直播平台在明知主播和直播间销售侵犯他人商标权、著作权等产品时，仍未采取任何措施，放任其继续销售，并获取相关分成。

(5)生产、销售伪劣商品类犯罪。

包括生产、销售伪劣产品罪，生产、销售、提供假药罪，生产、销售、提供劣药罪，妨害药品管理罪，生产、销售不符合安全标准的食品罪，生产、销售有毒、有害食品罪，生产、销售不符合标准的医用器材罪，生产、销售不符合安全标准的产品罪，生产、销售伪劣农药、兽药、化肥、种子罪，生产、销售不符合卫生标准的化妆品罪等。

例如，主播和直播间在销售某款未经国家相关部门认证的“减肥药”或者化妆品，而直播平台知晓后，仍未采取任何措施，放任其继续销售，并获取相关分成。

第二节　刑事合规

近年来，企业合规的理念被引入企业刑事犯罪预防领域，成为企业犯罪治理的新路径。为避免因犯罪行为给企业及其成员带来刑事责任而形成的内部控制机制，被称为刑事合规。刑事合规即单位或企业这一主体，自觉采取内部控制和防范机制，以减少或控制企业及其内部成员对外输出风险。刑事合规也是国家

① 当前，帮助信息网络犯罪活动罪已经跃升为刑法打击最多的犯罪之一。2021 年，起诉人数最多的五个罪名及其起诉人数是：危险驾驶罪，35.1 万人；盗窃罪，20.2 万人；帮助信息网络犯罪活动罪，12.9 万人；诈骗罪，11.2 万人；开设赌场罪，8.4 万人。最高人民检察院. 2021 年全国检察机关主要办案数据(附答问)[EB/OL]. (2022-03-08). https://mp.weixin.qq.com/s/6tp1gEbkfxkp77NBu2SIfA.

出于保护企业合法权益、预防企业及其人员犯罪之目的，采取的刑事实体性（如出罪制度）、程序性（如不起诉制度）措施。所以，刑事合规既是企业内部适法计划的施行和运转过程，又是以国家为主体的风险控制措施。

刑事合规可以界定为：企业合规是风险管理过程，是企业为规避刑事责任，预防、识别与应对刑事犯罪风险，根据刑事法律而制定并遵守的管理体制，同时国家通过削减或免除刑事责任给予激励与回应而形成的有关刑事实体法与刑事程序法方面的制度。本书主要探讨企业内部管理制度和合规体系的建立，对于国家立法层面的制度化、体系化不做过多评述。

一、建立适合行业的合规管理体系

（一）识别评估风险

直播行业发展极快，很多具有相当规模的直播企业不仅不知刑事合规为何物，甚至对于经营管理中的刑事风险也知之甚少，成为泥足巨人。进行合规管理，首先需要定期对企业经营活动开展全面的刑事风险调查，对企业所面临的风险点有全面认知，并以此为基础建立完善的预防机制，避免企业涉及刑事犯罪。

（二）建立合规制度

以风险为导向，结合行业监管规章，建立合规行为手册。针对各个环节，梳理、优化与完善各类合规管理制度，并编制操作规范与解读。刑事合规不应与企业的其他法律事务割裂开来，而应梳理刑事合规并将其全面融入企业法律事务的工作流程中，建立合规控制的关键点，配合其他法律法规实施内部控制。

直播行业各主体的合规可以按照事前、事中、事后三个阶段划分。

第一是事前的告知和初审义务。事前的告知和初审义务，是指应当根据《网络安全法》《电子商务法》等法律法规将直播行为中应当遵守的法律规范在直播前进行告知或约定，特别是通过显著的方式提示容易构成犯罪的一些直播行为。如禁止赌博，禁止散播危害国家安全、公共安全的言论等。当前的直播平台一般会有《用户守则》《主播管理条例》等文件，要求用户、主播签署。有的还会在直播界面上以滚动屏的形式进行风险提示。对于直播带货等商业性直播行为，平台、MCN 机构、主播都有必要开展相关的审查，比如查看厂商的基本主体情况和产品的检验证明、合格证明等。直播平台更多进行形式审查，MCN 机构、主播则在一定范围内承担实质审查的义务。

第二是事中的技术和制度保障义务。在直播过程中，网络直播平台、MCN 机构应当通过技术手段对直播中出现的涉嫌犯罪行为进行监测，保障直播内容、弹幕信息等合乎法律规定。对于发现的涉嫌犯罪的信息，应当采取紧急技术措施及时制止，并留存相关证据。例如，当主播出现涉黄行为时，直播平台要在技术上迅速识别并加以干预，采取暂停直播间一段时间、永久封闭等措施，并依据平台规则对相关人员进行处罚等。在必要时引入人工审核，对违法违规行为进行复核。

第三是事后的通知和止损义务。事后的通知和止损义务主要针对已经出现的涉嫌犯罪的直播内容，或者监管部门发现后责令网络直播平台改正的，应当根据法律、行政法规明确的规定，在平台技术能力范围内及时改正并报告；已经造成违法信息大量传播的，应当积极配合国家监管部门及时止损，降低影响。

MCN 机构未参与违法行为的，则应当按照过错对涉事人员进行处罚；对收到相关犯罪线索检举的，应当进行一定的审查，确有可疑的，应当及时告知直播平台和相关监管部门。

当主播直播带货行为涉嫌犯罪时，应当探讨其所属的 MCN 机构对这类触法商品上架直播间的选择过程是否实质参与、是否事前知情、是否尽到了产品质量审核责任以及产品风险判断的品控责任，在此基础上具体划分刑事责任的有无与轻重。如主播在这一过程中全程不知情，仅仅是在直播间按公司指示“照本宣科”地进行了宣传和销售工作，不以单位犯罪论处，而以间接正犯追究 MCN 机构或其主要责任者的刑事责任。

（三）建立组织架构

建立适应直播行业经营特征的合规组织架构，根据既有合规实践，通常有三种类型：一是设立独立的合规部，具有较强的专业性，任命首席合规官为负责人。二是将既有的法务部与合规部合并，共同组建“法务合规部”，将二者业务整合在一起。三是将合规、法务、审计、风控等职能部门合并，共同组建“法律合规部”，企业在上述部门与人员基础上增加合规管理人员，融合上述职能，此种模式有助于合规管理与法务、审计等部门之间的沟通。

由于合规、法务、审计、风控管理等在内部逻辑上极难梳理和明确划分，因此，强行将合规、法务、审计、风控管理等划分出来的做法已在实践中证明有很大弊端，易导致重复建设、分工不清、互相推诿的情形。因此当前将合规、法务、审计、风控等合并为大合规部门的趋势较为明显。诸多国资体系已经开展此类工作和组织结构建设。

（四）明确层级责任

在企业治理层面，应将合规经营理念写入企业章程之中。董事会应将合规战略纳入企业发展战略之中，监督企业合规建设情况。董事会决定合规部门负责人的任免与薪酬，合规部门负责人向董事会汇报工作，如此可以确保合规负责人工作的独立性。在企业管理层面，应配置充足资源以建立、维护、评估与改进合规管理体系，将合规管理体系作为一项系统工程。合规管理体系建设涉及企业内部各个部门，需要整体规划与全面协调，各部门在合规管理时需承担相应责任，协力配合。

二、实施卓有成效的长效合规管理

（一）完善合规管理的运行机制

合规管理体系建立之后，要配套培训与沟通、问责与激励、举报与查处、应对与回应等机制管理。

要对员工及部分上下游合作方进行常态化的合规风险的培训与沟通。企业刑事合规的重要目标是在企业内部建立制度化、常态化、规范化的犯罪预防机制，这一目标的实现取决于企业成员观念上的认同与行为上的遵守，以及上下游紧密的合作方对企业文化的了解，内部的思想教育配合外部的行为监督。

网络直播平台在商业活动中会与第三方网站等进行链接。用户从网络直播平台点击链接后将离开该平台转而访问第三方网站等。此时，链接的安全性也是网络直播平台的刑事风险之一。因为链接是由网络直播平台提供的，基于公平承担义务的原理，网络直播平台应当承担初步安全的义务，即保证用户初次点击链接后进入的是合法的网页，点击链接不能使用户在网络直播平台的个人信息被窃取，不会直接进入虚假的页面窗口。对于进入链接以后需要再次注册用户个人信息的，或者再次链接到其他非法网站的，网络直播平台则无须对此负责。

（二）设计合规业绩考核目标

对于合规管理责任人员开展定期的、多维度的合规评估与考核，将评估结果与薪酬、奖励、晋升建立关联。建立合规质询、举报与查处机制，对违规员工进行追责并予以公开的内部纪律处分。

（三）建立特定企业刑事风险应对机制

对已经发现的具体犯罪风险，应积极化解与应对，而不能被动地任由风险转化为现实。例如，笔者曾经审核过一些企业的合规资料，其中某些企业对于被侦查机关已经查实的情况仍然心存侥幸，试图用形式上的合规性来掩盖实质上的违法性。因此，合规部门应对发生的刑事风险及时响应，进行风险评估，提出具体方案，避免风险进一步扩大。

（四）建立企业刑事犯罪回应机制

若企业或员工已经因为特定犯罪事实进入刑事诉讼程序，合规部门应发挥自身优势，根据企业所面临的处境，积极面对。帮助企业了解可能判处的罪名与刑罚，为企业参加刑事诉讼提供法律指引，积极收集无罪、轻罪的证据，为企业争取最优的刑事处罚，尽可能地降低刑事犯罪给企业带来的负面影响。更重要的是，可以在司法机关的同意下，开展事后的刑事合规，以获得减轻、从轻或免予处罚。

第十章 直播合规法律服务

第一节　法律服务的产品化思维

一、法律服务产品化概述

法律服务的产品化本质上是满足竞争的需要。一是行业的内卷，这个无须多言。二是产品化可以使服务标准化、可复制，从而降低时间成本，保证服务的质量。为了将法律服务产品化，法律服务业做了大量的努力。常见的困难有：(1)建立什么样的标准。即将原来个性化的服务，改造成服务模块。(2)根据服务模块提供标准化的服务。

事实上，将复杂服务(法律服务就是其中之一)产品化是个世界性难题。笔者也经常遇到客户"只认你"的两难困境。由于律师不可替代，这使得法律服务规模无法拓展，成本无法降低。

目前常见的法律服务产品化的步骤如下：

(1)将服务任务的步骤进行分离和标准化，并以此形成任务模块。

(2)根据律师、团队、律所的能力，将其作为服务提供模块匹配到任务模块。

(3)营销和交付均需要以产品的方式对外开展。

二、直播合规法律服务的产品化

律师如何介入直播合规法律服务，是当前法律服务界关心的话题。本章节主要提供一些程序性参考，并尝试以法律服务产品模式进行直播合规的探索。

首先，法律服务团队应以整体性合规为主要服务目标。其次，团队可以基于对行业现状、发展趋势、困境及市场潜力的基础分析，明确贯彻团队化、模块化、流程化、复制化、精品化、高效化的服务宗旨。

从当前的法律服务现状对比(表10-1)可见，直播合规法律服务更应该具备主动性、全面性、深入性和有效性。

表 10-1　当前市场中法律服务存在的问题和直播合规专项法律服务应当突出的优势

当前市场中法律服务存在的问题	直播合规专项法律服务应当突出的优势
传统法律顾问模式，等待问题	以实质合规为目标主动出击
表单式填写研判为主，较少核查平台根本模式和内核	经客户许可彻底全面梳理辅导
操作指引建立以法条堆砌为主，不具备实操性	着重流程化、模块化，让客户清晰体验服务流程和节点

直播合规法律服务产品可以以具体文本化的法律服务底稿及专项设计合同文本为载体，辅以操作使用相应文本的工作流程，包含合规调查及整改系列文本、专项设计合同文本、工作流程演示三大部分，分为文本产品和流程产品两大类型。此外，需确保直播合规法律服务产品能随着法规、政策、市场的变化进行相应迭代，使其更符合客户使用时的内外环境。

第二节　合规专项工作流程

一、筹备期

筹备期的流程如图 10-1 所示。

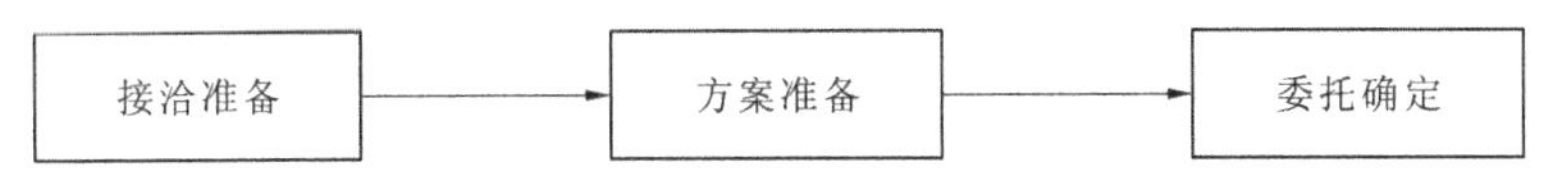

图 10-1　筹备期流程图

（一）接洽准备

（1）明确客户基本信息：对市场监管、第三方软件、公众号等进行初步了解。

（2）选择接洽人员、接洽时间、接洽地点、洽谈方案，并更新至团队协作平台，如各类法律团队软件、微信、钉钉等。

（3）服务展示：在接洽中以产品宣传文案等展示服务内容。

（二）方案准备

（1）根据洽谈结果，触发抉择：

①客户拒绝，终止项目。

②客户态度不明朗，启动方案准备工作。

③客户积极需求，启动方案准备工作。

（2）编制服务方案，根据具体情况微调。

(3)根据方案反馈情况,触发抉择:

①客户拒绝,终止项目。

②客户态度不明朗,会议决定是否二次洽谈。如果是,进入接洽准备第(2)项。

③客户积极需求,确定委托事项处理专人,选择签约时间、签约地点,并更新至团队协作平台。

(三)委托确定

(1)确定委托意向。

(2)签订委托合同。

二、接触期

接触期的流程如图10-2所示。

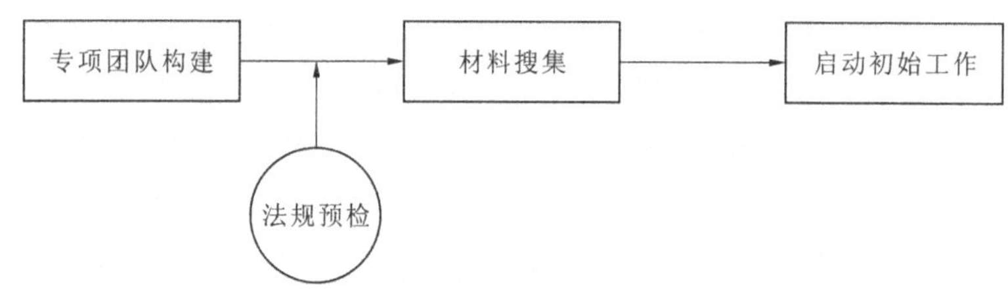

图10-2 接触期流程图

(一)专项团队构建

(1)确定服务目的:可选择单一或合并适用,包括合规服务、体检服务、顾问服务。

(2)项目评估:预估时间跨度,人员投入。

(3)服务人员确定(第1回):确定主负责人、各模块负责人、参与人,以及各人员进退机制,形成文件抄送客户。

(4)法规更新确定:锁定适用法律法规范畴,检索有无新规出台,主负责人明确现行通用法规范围。

(二)材料搜集

(1)签约后初次走访,材料清单递交及随单回收。工作顺序如下:

①主负责人建立工作群组。

②在递交材料清单的同时与客户明确各材料负责提供人。

③根据客户提交状况制定提交及收件确认凭证。

(2)客户人员确定:明确客户对接负责人,至少涵盖负责人、法务人员、财务人员、技术人员,确定及变更需客户盖章或系统确认。

(3)服务人员确定(第 2 回):分解收件材料,明确各部分材料收件人(待研究期间根据需求向收件人复制)。

(三)启动初始工作

(1)整理第 1 回搜集的材料。

(2)汇总材料存在的问题,以便进行二次核查。

三、核查期

核查期的流程如图 10-3 所示。

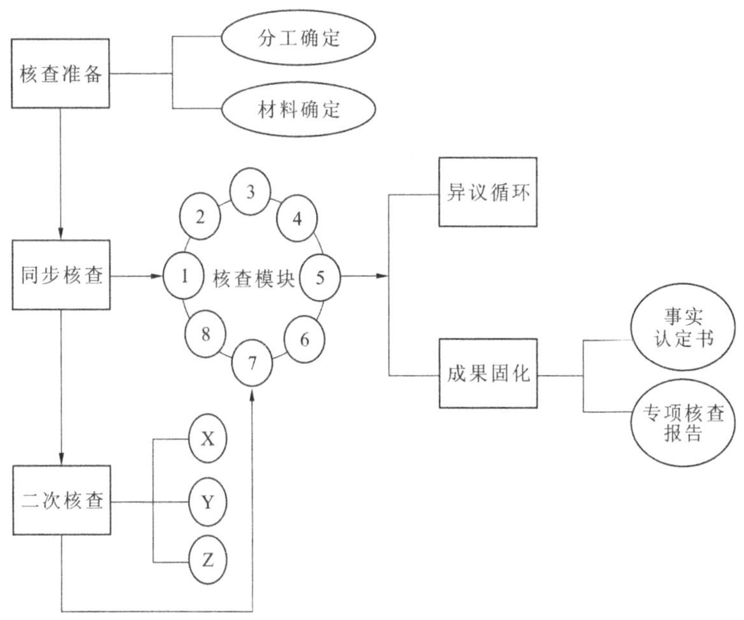

图 10-3　核查期流程图①

(一)核查准备

(1)分工确定:收件后 2 日内,由项目主负责人召集,明确各模块分工,原则上与材料收件分配一致,初步判断核查和整改重点。

(2)材料确定:分工后 2 日内完成,各模块负责人明确所需资料内容,向各模块收件人提交复制申请,收件人凭回执准备复印件。

(二)同步核查(第 1 回)

(1)时长申报:复印件发放完毕 2 日内,各模块负责人申报资料分析时间,原

① 图中,X 表示高管访谈,Y 表示材料二次搜集,Z 表示二次研究。

则上不超过一周。

(2)多线程同步核查启动,按照专项检查报告形式进行作业。

各律师可以根据实际情况自行确定核查范围、模块、要点。例如:公司基本情况模块、企业内控及制度模块、红线禁令模块、风险管理要求模块、数据安全及系统规范管理模块、用户保护模块、信息披露模块、其他风险提示模块等。

(三)同步核查(第2回)

(1)结果初查:自申报核查期结束前,各模块负责人对核查结果及存在问题形成书面意见并上传至共用平台,核查期满2日内由项目主负责人召集,各模块负责人依序汇报研究结果,并达成共识。

(2)高管访谈:明确高管访谈分工,根据客户档期安排走访,争取两周内完成。

(3)材料搜集(第2回):根据第1回核查结果向客户对接人员再次提交材料需求清单,并于现场针对各部门原告随机发放调查问卷取样。

(4)二次核查:原则上二次补充资料收件后一周内完成二次核查,并在时限到期后召开二次结果汇报会议,触发抉择。

①核查结果各方无异议,进入成果固化阶段,各模块负责人申报撰写期。

②核查结果仍需明确,循环部分或全部环节,原则上不得再次重复2次以上,若因个人原因(非材料、突发、政策变化、难易度等原因)重复,由主负责人召开临时会议,变更负责人或优化团队配置。

(四)核查成果固化

(1)编制事实认定书初稿(项目相对简易的,可以不制定事实认定书,直接采用专项检查报告)。

(2)编制专项检查报告预备稿。

以上均在完成后上传至团队协作平台,一周内主负责人召集会上讨论通过。

四、反馈期

反馈期的流程如图10-4所示。

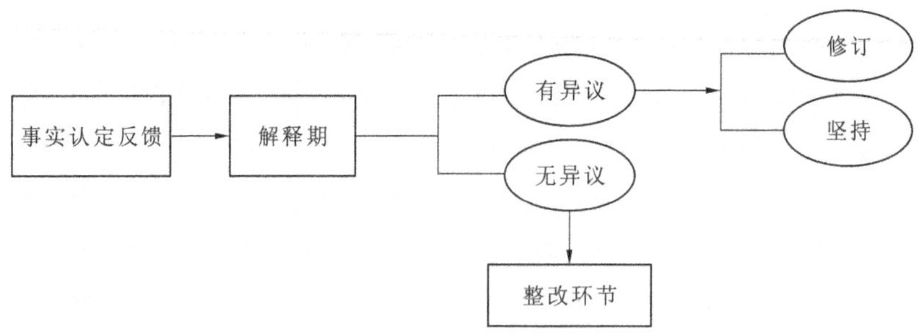

图10-4 反馈期流程图

（一）事实认定反馈

(1)提交：主负责人将事实认定书提交客户对接主负责人，完成签收并书面告知时限给予解释期。

(2)解释期，触发一阶段抉择：

①客户无异议，进入整改环节。

②客户有异议，由主负责人上传异议内容，团队分析解释，触发二阶段抉择：修订或坚持相关认定。

(3)解释期后一周内完成事实认定书并正式出具。[①]

（二）专项检查报告及整改意见报告反馈

事实认定书正式出具后一周内完成专项检查报告及整改意见报告编制，由主负责人召开阶段会议，讨论稿件并排查，3 日内完成审定，提交客户对接主负责人。

五、整改验收期

整改验收期的流程如图 10-5 所示。

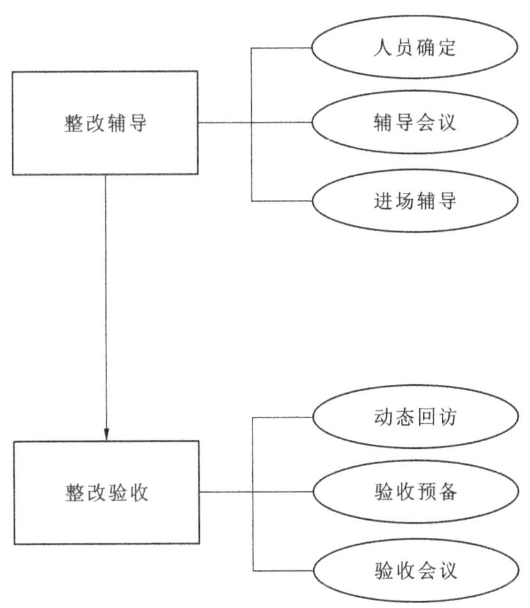

图 10-5　整改验收期流程图

① 为保证法律体检效果，事实认定有冲突以服务方认定为准。

(一)整改辅导

1. 人员确定

根据整改意见确定整改辅导人员,以及客户对接人员。

2. 辅导会议(第 1 回)

团队会议讨论针对整改意见的整改计划可行性及实施方案,会后 3 日内各模块负责人上传书面整改计划,由主负责人汇总。

3. 辅导会议(第 2 回)

由主负责人汇总整改计划后 2 日内召集开会,明确辅导会主讲人、PPT 编制人,并在一周内完成 PPT。

4. 进场辅导

约定客户后,团队全体成员到场,由主讲人负责讲解整改计划和实施方案,接受客户向各整改板块负责人提问,最后提交整改方案。

(二)整改验收

1. 动态回访

根据整改计划时点(客户根据自身情况设定)安排,由各模块负责人各自进行整改回访,记录整改进展和困难,随时将整改进度上传至交流平台。

2. 验收预备

主负责人根据时点安排,到期后联系客户主负责人,在得到整改完成回复后约定验收会议时间。

3. 验收会议

团队全体成员如无特殊情况一并到场,由各模块负责人制作整改验收询问笔录,并收集整改后相关资料,完成后回所直接研讨,触发抉择:

(1)认为符合条件,2 日内制作验收完成的报告,由主负责人汇总发送。

(2)认为不符合条件,2 日内各模块负责人制作各自对应的进一步整改意见书,由主负责人汇总发送。

(3)认为整改不合格且无法完成整改的,团队形成并签署一致书面意见,下发法律风险提示报告。①

以上直播合规法律服务流程系笔者团队相关法律服务产品的节选,仅供参考。

---

① 整改期内主负责人提示客户随时申报新项目、新产品信息,并针对产品、信息进行动态追查,3 日为一周期,保持到专项结束。

第十一章

元宇宙与直播行业

第一节　元　宇　宙

一、元宇宙概述

元宇宙，你见，或者不见，它就在那里。在我们经历了十余年的移动互联网之后，元宇宙（metaverse）这个被视为下一代互联网的事物出现了。元宇宙虽然受到热议，但截至目前，仍未有一个关于它的精准定义。在看了诸多的定义后，笔者更喜欢用"一个互动开放的虚拟网络空间"来形容元宇宙。当然，也有观点为了避免将元宇宙等同于虚拟空间引起不必要的恐慌，提出元宇宙的发展最终形态是虚实结合。如何理解元宇宙，可以主要依据两点：一是实践是检验真理的标准，对元宇宙下定义前首先要了解自己是否真正地参与到元宇宙中，否则就会认为元宇宙是虚幻、虚假炒作的，事实上元宇宙已经是现实存在的事物。二是辩证地认识虚实社会形态，元宇宙所说的虚实二融世界，虚是指数字化虚拟，而不是虚幻和虚假的虚无飘渺，是现实社会在数字化虚拟后的孪生再现，是实实在在客观存在的。目前，学界普遍接受的元宇宙概念是"新型虚实相融的互联网应用社会形态"，认为元宇宙本质是数字经济升级桥接虚实世界相互渗透的产业化发展。

1990 年，钱学森将"virtual reality"（虚拟现实）称作"灵境"，并想到将其应用于人机结合和人脑开发的层面上，使人与计算机进入深度结合的时代。

元宇宙的概念于 1992 年由科幻作家 Neal Stephenson 在小说《雪崩》中提出。书中，metaverse 是一个脱胎于现实世界并与之平行的宇宙。现实世界的人以数字化身的形式生活在其中，可以永不下线。电影《黑客帝国》《头号玩家》对此也有不同的展现。

2021 年 3 月 10 日，元宇宙概念第一股罗布乐思（Roblox）在美国纽约证券交易所正式上市，上市首日市值突破 400 亿美元。5 月，Facebook 表示将转型成一家元宇宙公司，并改名为 Meta。随后腾讯、字节跳动、苏富比、百度等都宣布加入元宇宙。

所以有观点认为2021年可能是元宇宙元年，此前都只是概念、想象或种子。Roblox认为，元宇宙有八个特征，笔者将其归纳为四组，如图11-1所示。

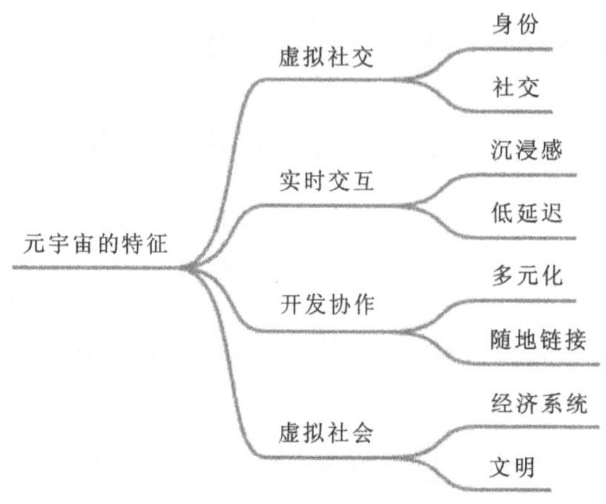

图11-1 元宇宙的特征

二、元宇宙兴起的原因

元宇宙兴起最切实的原因应该是资本的需求。在新冠肺炎疫情全球大暴发的背景下，资本的选择范围受到很多限制，而“宅经济”的异军突起，让资本有新选择，使元宇宙火爆，这是对几十年来数字化产业的终极想象。

其次是当前已经积累的技术，需要一个统摄性的产品。十余年来，以“ABCDGIR”——AI人工智能、Blockchain区块链、Cloud云计算、Data大数据、5G技术、IOT物联网、Robot机器人为代表的技术分别获得了长足发展，无论哪个单独赛道，都已经获得了资本充分的认可，但仍然缺少一个能结合这些技术的消费级产品。而元宇宙则是对这一系列新兴技术的统摄性的产品化想象，它可以统合诸多新兴技术，将其导向可以落地的产品形态。正如智能手机将当时的触屏技术、智能软件操作系统、3G技术等结合在了一起，让资本市场充满了想象。当然，技术的积累只是基础，主要仍然是为了满足资本的需求。

也有观点提到，广大的网络用户也需要新的体验。在PC时代，人机交互的方式是键盘、鼠标。在移动时代，是手指触摸。而在元宇宙时代，新的交互技术会是VR(virtual reality，虚拟现实)、AR(augmented reality，增强现实)等，让用户拥有沉浸式体验。

三、元宇宙的维度

元宇宙实际上是三个坐标轴所构成的时间、空间和物质实体的三维一体空间，分别对应时间的有无、空间的有无、物质实体的有无。一个现实的世界，可以直接地感知到时间、空间和物质实体的存在。在元宇宙里，不是简单地体验这二元世界，而要从有时间到无时间、有空间到无空间和有物质实体到无物质实体的八个多元世界组合中来回穿梭。

在顶层治理方面，元宇宙强调的“开放”需要“有序”来加持。否则，元宇宙会因缺乏有效治理而变成“暗网”一样的“暗”宇宙。需要制定完善的规则体系，保证元宇宙可持续。在实践过程中面临增加管理成本，以降低交易成本，提升整体效率等情况。

在经济运行方面，随着元宇宙的发展，风险的传导速度可能更快，传播面可能更广，复杂性、危害性可能更强，将给监管带来新的挑战。大量的跨区域和跨境交易极大冲击了各辖区的税收管辖权，网络化、数字化和远程化的交易模式还带来了税基侵蚀、利润转移等风险。

四、元宇宙与直播的结合

元宇宙与直播的结合首先在于技术的融合。直播平台结合 VR、AR、MR (mixed reality，混合现实)等虚拟现实交互技术，只需要一些简单的直播设备，便能通过直播实现广电级实时虚拟直播效果，给用户带来真实可感的交互体验，仿佛置身于元宇宙空间，勾起用户接触陌生事物的好奇心，丰富直播内容和形式。此外，用户也可以通过购买 VR、AR 眼镜等方式，在客户端进入全新的元宇宙世界。

VR 技术，早期译为“灵境技术”。VR 是利用电脑模拟产生一个三维空间的虚拟世界，提供使用者关于视觉、听觉、触觉等感官的模拟，让使用者如同身临其境，可以及时、没有限制地观察三维空间内的事物。VR 技术可以采用 360°全景拍摄设备，捕捉超清晰、多角度画面，打破空间与距离的限制，主要适合比赛赛事、各种学习场景或者电商直播。

AR 技术，是一种实时地计算摄影机影像的位置及角度并加上相应图像的技术，是一种将真实世界信息和虚拟世界信息“无缝”集成的新技术，这种技术的目标是在屏幕上把虚拟世界套在现实世界上并进行互动。AR 技术可以呈现线上活动 3D 视觉盛宴。在技术层面上，通过电脑，在摄像头拍摄的画面基础上，将动态运镜、虚拟大屏以及远近机位切换相结合，将虚拟的信息应用到真实的环境中。例如在直播过程中，通过 AR 技术打造虚拟主播，可以广泛应用于线上发布会、企业年会和电商直播等场景。

MR 技术，指的是合并现实和虚拟世界而产生的新的可视化环境。在新的可视化环境里，物理和数字对象共存，并实时互动。MR 技术是虚拟现实技术的进一步发展，该技术通过在现实场景中呈现虚拟场景信息，在现实世界、虚拟世界和用户之间搭起一个交互反馈的信息回路，以增强用户体验的真实感。简单地说，就是用户可以和周边环境进行实时交互，可以主动对环境进行操作，而不是被动观察或者接受。MR 技术可以适用于演唱会、企业培训、发布会、公司年会等。

VR 技术、AR 技术最终还是会向着 MR 技术的方向进行迭代演进。在元宇宙直播带货中，观众可以自由地选择任意角度观看，操控视频的视角来查看售卖产品的相关细节，打破了传统平面视觉的限制，三维视觉效果能拉近用户和直播的距离。

2022 年 5 月 15 日，杭州市公安局高新区(滨江)分局组织开展了“5·15”打击和防范经济犯罪宣传日活动。该活动通过网易伏羲“元宇宙”在线沉浸式会务系统开展，同步展示促进会成员单位风采、优秀企业合规建设及合规产业成果等内容，虚拟会场气氛异常活跃。这场“元宇宙”会议就是对未来的一种探索。

在元宇宙的直播带货中，还可以结合 5G、MR、边缘计算等技术，将真实产品和 3D 场景模板进行搭配，辅以 AI 引擎进行渲染，再纳入用户的互动体验，为用户提供良好的体验。

随着“3R”、AI 等技术的进步，传统直播的人货场架构中，人、货和场的要素都会产生全新的影响，将会变革整个直播生态。

对主播而言，虚拟主播或真人主播都可以凭借相关技术实现瞬间换装，这大大节省了直播所需的换装时间。也可以通过 MR 技术等，实现与用户的实时互动交流，甚至完成从“千人一面”到“千人千面”再到“一人千面”的根本变革。再加上虚拟主播的兴起，“人”的要素将会有很多变革。

对厂家品牌方而言，量身定制相关场景更加便捷，产品在推广过程中，调整和试错成本更低，产品推荐更加多元化，无形中更有利于带货。因此，直播中“货”的要素也会有很多变化。

对直播间而言，最直接的影响就是大幅度减少了传统布景、搭建场景的投入。利用信息技术可以随时切换背景，背景可以是阳光沙滩，可以是高原雪山，也可以是繁华都市。直播中“场”的要素将变化更多。

由此可见，元宇宙会给直播的“人货场”要素带来非常大的变革，未来还会有更多、更新的玩法。

第二节　虚拟主播

一、虚拟主播的发展概览

虚拟人物作为元宇宙的重要内容之一，为现实世界和虚拟世界之间提供了具备更强视觉效果、更佳沉浸体验以及更有情感温度的交互方式。

虚拟人物是以数字形式存在，具有人的外观、特点、行为，依赖科技展示的虚拟形象，具备存在于非物理空间、数字技术合成和高度拟人化特征三个核心要素。结合直播行业，最主要的就是虚拟主播了。

所谓虚拟主播，是指以 CG(computer graphics，计算机动画)等虚拟形象代替真人形象在视频网站上开展视频直播等活动的主播。虚拟主播通常包括外在的虚拟形象与运营该账号的幕后主播，幕后主播通常指角色的运营者。

初音未来、绊爱、辉夜月都是横扫全球二次元圈子的“顶流”虚拟主播，并最终在日本形成了一套标准化模式。初音未来是世界上第一个使用全息投影技术举办演唱会的虚拟偶像。初音未来实际上已经和现在的一些虚拟主播区别不大，只是在当时，更多的是从虚拟偶像的角度来加以认识。在国内，虚拟主播的出现可以追溯至 2003 年，央视少儿频道推出虚拟主持人跳跳龙。2006 年，央视又在《爱画电影》栏目中推出了两位虚拟主持人“小 T”和“超级导”。

目前，国内虚拟主播按表现形象大概可以分为两种主要类型：第一种是 2D 真人虚拟形象，追求外在形象无限接近真人，在播报、主持行业应用广泛，比如科大讯飞虚拟主播小晴；第二种是 2D 或 3D 形象的二次元虚拟主播，以“二次元”漫画、影视剧、衍生品形象的虚拟 IP 打造和孵化为主，如洛天依、柳夜熙。

虚拟主播的概念是由绊爱在 2016 年 11 月以虚拟 YouTuber 的形式开创的，绊爱角色形象由森仓圆设计，3D 模型由 Tda 制作。2016 年 12 月 25 日，免费公开自身 3D 模型素材，作为圣诞礼物。2018 年，绊爱成为推广日本旅游的 Come to Japan 的宣传大使。2022 年 2 月 26 日，绊爱于线上演唱会“Hello，World2022”后宣布进入“无限期休眠”。

绊爱的大热使得网络上出现了大量的虚拟 YouTuber。国内也毫不逊色，在 B 站[①]，有专门的虚拟 UP 主板块，还细分出游戏、音乐、动画、其他等四个板块。

除了虚拟娱乐主播外，虚拟电商主播也开始发展起来。真人主播无法做到

① https://www.bilibili.com/.

连续24小时直播且真人主播带货一个小时费用很高，但虚拟主播可以24小时直播，且成本更低，可以全年24小时无休，无须支付人员薪酬或合作费用，可以按照预定好的程序不间断地直播，甚至还可以一定程度上避免言语违法违规。在面对“黑天鹅”事件时，虚拟主播人设稳定且不会“翻车”。电商直播间内，真人或卡通形象的虚拟主播卖力地讲解产品功能、特点，时不时还会跳舞、唱歌活跃气氛。目前虚拟主播带货市场上涌现出大量虚拟电商主播供应商，这些企业规模不一，或是背靠上市公司，或是细分领域内头部企业，也有不少初创企业。

虚拟电商主播不仅经济成本低①，技术门槛也开始逐渐降低。在抖音短视频平台输入关键词“虚拟主播”进行搜索，已经有众多制作虚拟主播的教程，费用也不高。“1台电脑＋摄像头”，5分钟能够速成3D虚拟直播，“你自己不需要任何建模，你也不需要任何技术能力，你需要的就是用这个软件去直播”。目前市面上一些虚拟主播是模板化的低配版本，商家仅需向供应商购买主播定制软件及后期的运维服务，而这类主播最大的弊病是较为机械、死板，互动性较弱，不过需求并不小，小型线上店铺对其追捧尤甚，但不能满足中大型企业的需求。

由于目前的虚拟主播尚未具备自主交互能力，大部分直播间在服务高要求客户时，都会选择以“真人＋虚拟人”的组合模式进行直播。厂家除支付真人主播的成本之外，还需要付出虚拟人的采购及运营成本。

通过3D建模技术打造的虚拟人中，实现强交互的，大部分背后都由“中之人②”实时驱动，而非真正实现了AI驱动。所谓“中之人”驱动，即通过动作捕捉驱动将真人的动作同步到虚拟人身上。即借助安置在头部与肢体上的传感器，通过光学动作捕捉系统捕捉真人动作和表情，将动作数据同步到虚拟角色上，我国的三大运营商就有类似的尝试，例如联通的虚拟主播皮小U。

据艾媒咨询发布的《2017—2023年中国虚拟偶像市场规模及预测分析》，2020年中国虚拟偶像核心市场规模为34.6亿元，同比增长70.3％，2020年虚拟偶像带动市场规模为645.6亿元。预计在2030年，我国虚拟偶像整体市场规模将达到2700亿元③。

国家政策层面，也对发展虚拟主播进行了鼓励。2021年10月，国家广播电视总局发布的《广播电视和网络视听“十四五”科技发展规划》中指出：“面向新闻、综艺、体育、财经、气象等电视节目研究虚拟形象合成技术，包括2D虚拟形

① 这里的成本低是指精度不高，互动简单的，适合中小型MCN机构、厂家使用的，并非高精度、高AI的虚拟主播。

② 中之人，来源日语“中の人”，指操纵虚拟主播进行直播的人，也泛指任何提供声音来源的工作者。

③ https://m.thepaper.cn/baijiahao_16032021.

象的合成、3D虚拟形象的驱动、虚拟引擎构建、语音驱动、动作捕捉、面部表情捕捉等技术，提升节目制作效率及质量；同时探索短视频主播、数字网红、直播带货等虚拟形象在节目互动环节中的应用，增加个性化和趣味性。”

然而，随着虚拟主播行业的发展，也涌现出越来越多的问题，如在网上伪装成虚拟主播发表不当言论，诽谤中伤、暴露幕后主播身份的事情也时有发生。此外，还常有幕后主播因与虚拟形象所属公司解约等不能继续使用原虚拟形象等问题。

二、虚拟主播肖像权的认定和法律风险

肖像权属于自然人重要的人格权，特别是当肖像与商品、服务结合到一起时，会使社会公众对商品与肖像中所体现的自然人品格、魅力、社会评价相联系，对相关商品、服务产生更多的信赖感，将使得人格权具备财产利益。对于影视明星、体育明星等社会公众人物而言，其肖像权具有非常高的经济价值。同理，虚拟主播也可以具备高经济价值的肖像权。

肖像是通过影像、雕塑、绘画等方式在一定载体上所反映的特定自然人可以被识别的外部形象①。根据《民法典》的规定可知，肖像具有如下特点：第一是物质性，即肖像需以一定的物质为载体体现出来。第二是可感知性，《民法典》中列举了影像、雕塑、绘画三种方式，同时对此持开放规定。第三是个人性，即肖像需要反映特定自然人的个人形象，是某个人与他人相区别的重要标志，因此自然人享有肖像权，法人或其他社会组织不享有肖像权，肖像权的主体只能是自然人。第四是可识别性，即肖像需反映出自然人可以被识别的外部形象。《民法典》条文中明确规定肖像为可以被识别的外部形象，如果指向的客体（如背影、侧脸）足以使人将其与某人外部形象相联系，那么就应该将该客体视为某人的肖像。

例如，成都高新法院审理的易某诉成都某生物科技有限公司肖像权纠纷一案。该案被告在其微信公众号上发布了一篇商业推广文章，文章中发布了一张人物肖像剪影图片，并提到该公司即将迎来一名神秘“蓝朋友”，文章中除肖像剪影外，还用文字描述的方式提供了大量人物线索，并且在该文章的精选留言区有大量留言均提及易某的名字。法院经审理认为，“肖像剪影＋人物特征描述＋精选留言”模式具有明显的可识别性，可构成侵犯肖像权。单纯的剪影因其仅有轮廓，可识别性并不强，但如果对剪影有大量明确指向性的人物特征描述，再加上精选留言，则该剪影具有很强的可识别性。

---

① 《民法典》第一千零一十八条。

从形象的真实性角度看，虚拟主播大致可以为两类：模拟真人式和虚拟架空式。

模拟真人式是指虚拟形象以幕后主播为蓝本，整体形象与幕后主播相似。即利用通过动作捕捉驱动将真人的动作同步到虚拟人身上，而该虚拟人的体型、样貌、声音、性格等均与幕后主播本人一致或极度相似，也就是真人的完全数字虚拟化。

虚拟架空式则是指虚拟形象与幕后主播的个人情况完全无关，甚至可以采用如动物、动漫形象、架空生物等非真人形象。如此前所说的初音未来、绊爱等。

（一）模拟真人式主播的肖像权问题

（1）物质性判断。虚拟形象是通过数据编程的方式体现的，数据及编程须经计算机等硬件和相关软件结合形成，因此应当判断其具有物质载体，即物质性。

（2）可感知性判断。由于《民法典》并未穷尽列举肖像的表现形式，那么数据载体的表现方式可以包含在内，而且从外观上看，也与影像有一定的相似度。因此应当构成可感知性。

（3）个人性判断。虚拟形象的外观通常与幕后主播大致相似，并且虚拟形象的制作还需要记录幕后主播的动作，利用软件重现记录的动作并将动作等比例地运用到虚拟形象上，最终在直播中展示。因此，应当判断其具备个人性。

（4）可识别性判断。如果其内容能够引起一定主体产生与特定个人有关的联想，则其就具有可识别性，反之就不应当具有可识别性。确定可识别性应当考虑权利人的社会交往范围、社会知名度等，综合予以判断。虚拟形象对幕后主播的形象模拟如果不限于面部，那么可识别性的内容也应不限于面部，还应包括形象其他模拟的部分。只要指向的客体足以使人将其与某人外部形象相联系，则应认定其具有可识别性。

因此，模拟真人式的物质性、可感知性、个人性等通常都会满足相关要件。只要指向的客体足以使人将其与某人外部形象相联系，构成可识别性，那模拟真人式的肖像权就是成立的，应当归属被模拟的主播个人。

（二）虚拟架空式主播的肖像权问题

在大部分情况下，虚拟架空式主播是缺乏个人性和可识别性要件的。但如果通过长期的视频直播工作，幕后主播的声音、说话方式甚至某些特定的表达内容等已成为虚拟形象的一部分，那么，该虚拟形象可否成为幕后主播的肖像？这里主要厘清声音是否属于肖像权的问题。

《民法典》第一千零二十三条规定：对姓名等的许可使用，参照适用肖像许可使用的有关规定。对自然人声音的保护，参照适用肖像权保护的有关规定。姓名权在《民法典》中是有单独列举并加以规定的，参照了肖像权许可使用的相关规定。《民法典》并未明确将声音作为一项权利列举，而是参照了肖像权的保护规定。随着直播行业的发展，声音与虚拟形象的结合往往以整体的形式出现，若简单地排除声音作为肖像权的保护必然不妥，也与法相悖。外观形象、声音，以及二者结合的整体均可以作为肖像权指向的客体，自然可以构成肖像。

解决声音和形象的整体可以作为肖像权客体的问题后，再来分析个人性和可识别性要件。

在个人性方面，如果虚拟主播使用了幕后主播的真实声音，那就可以判定其具备个人性。但如果是使用了各种声音元素的集合体，即通过技术手段在声音库中形成了一个全新的声音体系，则不应具备个人性。

在可识别性问题上，如果声音与幕后主播建立了指向性的联系，可以认定有可识别性。如果幕后主播在虚拟形象运营时使用变声器等设备改变声音，无法使声音与幕后主播本人联系起来，或者幕后主播仅根据剧本和人设进行演绎，虚拟形象不具有幕后主播的个人特点，则应认定为不具备可识别性。

因此，虚拟架空式主播的肖像权是个较为复杂的问题。它不同于模拟真人式主播的直观性，要根据具体情况分析其个人性和可识别性。

（三）虚拟主播肖像权的侵权

《民法典》第一千零一十九条规定：任何组织或者个人不得以丑化、污损，或者利用信息技术手段伪造等方式侵害他人的肖像权。未经肖像权人同意，不得制作、使用、公开肖像权人的肖像，但是法律另有规定的除外。未经肖像权人同意，肖像作品权利人不得以发表、复制、发行、出租、展览等方式使用或者公开肖像权人的肖像。

常见的侵权形式是未经肖像权人许可，擅自使用其肖像，无论其是否用于营利等商业目的。由于虚拟主播的新颖性，笔者暂且引用一些现实的案例以方便理解。具体而言有：

1. 虚假/超授权代言

品牌方为了宣传产品以及服务，通常都会寻找具有知名度的公众人物来做代言人，以利用公众人物的流量创造更多的商业利润。但存在部分品牌没有与明星建立聘用关系也没有支付相关费用，反而直接利用其肖像制作海报进行广告宣传，导致社会公众误认双方之间存在代言关系的情况。有的则虽然签订了授权协议，但整个肖像权的授权对时间、地域、网络平台、渠道等都有严格的约定，超越此类授权范围使用的，仍然构成肖像权侵权。

2. 制作和滥用表情包

当未经肖像权人同意，将剧照、海报、直播视频等作为自身宣传所用，丑化、污损形象，自然可以视为肖像权侵权。在(2018)京 01 民终 97 号案件中，葛优起诉被告在其新浪微博账号“艺龙旅行网”中发布了使用原告肖像的配图微博，整篇微博以图片配台词的形式，在每张图片中添加台词字幕，通过介绍“葛优躺”代入与被告业务相关的酒店预订，旨在宣传其旅游项目及酒店预订，构成肖像权侵权。所以 PS 图片有风险，制作表情包需谨慎。

3. 广告软文

很多公司自媒体会选择以广告软文方式介绍明星的相关内容，在文章内植入品牌自身的产品或服务，以期获得商业利益。例如在(2021)京 0491 民初 6392 号案件中，靳东就主张被告在其公众号发布了《〈我的前半生〉|老干部靳东衣品爆表，堪称穿衣典范!》一文，文中含有三十余张显示有靳东肖像的图片，构成对其肖像权的侵害。

需要注意的是，社会公众人物，其肖像保护与普通民众不同，应当具有一定的容忍度，承受一定的权利减益或让渡。例如，在鞠婧祎起诉自媒体“花椰菜大王”肖像权侵权纠纷案件中，法院认为：鞠婧祎作为公众人物，其知名度与公众的讨论相辅相成，故其私人利益与公众利益、公众知情权与舆论监督发生冲突时，应当承担一定的容忍义务。涉案文章使用的是鞠婧祎自行公开的肖像，在使用中不存在诋毁、污损、丑化情形，其使用行为是为了合理评论鞠婧祎的发型并进行经验分享，而不是利用鞠婧祎肖像的商业价值，也没有以鞠婧祎肖像做广告、进行产品推荐，鞠婧祎作为公众人物负有容忍义务，因此法院驳回了其诉讼请求。

当虚拟主播的剧照、海报、直播视频等未经肖像权人同意，被相对方作为自身宣传所用，丑化、污损形象，自然可以视为肖像权侵权。而当该虚拟主播的表演构成著作权时，可能会同时涉及两者侵权的竞合。在他人肖像上进行 PS，同样构成肖像权侵权。因此，虚拟主播形象如果被 PS，也可以归于丑化、污损肖像权的维度。

因此，任何第三方没有经过肖像权人的允许，不应擅自使用其肖像，否则可能构成肖像权侵权，应承担停止侵权、赔礼道歉、赔偿损失的法律责任。

合理使用是肖像权侵权案件的抗辩事由，《民法典》第一千零二十条规定，合理实施下列行为的，可以不经肖像权人同意：(1)为个人学习、艺术欣赏、课堂教学或者科学研究，在必要范围内使用肖像权人已经公开的肖像；(2)为实施新闻报道，不可避免地制作、使用、公开肖像权人的肖像；(3)为依法履行职责，国家机关在必要范围内制作、使用、公开肖像权人的肖像；(4)为展示特定公共环境，不可避免地制作、使用、公开肖像权人的肖像；(5)为维护公共利益或者肖像权人的合法权益，制作、使用、公开肖像权人的肖像的其他行为。

此外，还有从权利基础抗辩原告不是照片的权利人，不是适格的主体的；从善意角度抗辩从第三方购买或制作，或者委托第三方运营，本人不知情的；从损失角度抗辩无证据证明原告有损失的；等等。

作为虚拟主播的肖像权人，应积极建立起保护自身肖像权的法律意识，主动采取相应手段对自身肖像的使用情况予以充分了解。当发现侵权行为时应及时取证，并及时要求侵权人停止侵权行为以避免进一步扩大损失。

对于肖像使用人，应树立尊重他人人格权利的意识，要牢记乱用虚拟主播形象也可能构成肖像权侵权。如需在合理使用范围外使用他人肖像的，应当首先获得肖像权人的授权，并与肖像权人对肖像使用的范围、方式、期限、报酬等内容进行明确约定，依约合理对他人肖像进行使用。

三、虚拟主播的著作权

中国公民、法人或者非法人组织的作品，不论是否发表，均依法享有著作权。《著作权法》所称的作品，是指文学、艺术和科学领域内具有独创性并能以一定形式表现的智力成果，包括：文字作品，口述作品，音乐、戏剧、曲艺、舞蹈、杂技艺术作品，美术、建筑作品，摄影作品，视听作品，工程设计图、产品设计图、地图、示意图等图形作品和模型作品，计算机软件，符合作品特征的其他智力成果。

虚拟主播的外部模型可作为美术作品行使著作权。《中华人民共和国著作权法实施条例》第四条定义美术作品为：绘画、书法、雕塑等以线条、色彩或者其他方式构成的具有审美意义的平面或者立体的造型艺术作品。

在虚拟架空式主播类型中，可以参照动漫形象的美术作品保护方式。即使模拟真人式主播以一定的人物模型为基础，但每个模型往往还有独特形象要素，如五官的轻美颜效果、衣着及配饰、身体线条等。有些模型还会设置更加细致的表情和形态变化，这使得虚拟主播的形象具有独创性和一定美感，符合美术作品特征，可以作为美术作品保护。决定美术作品权利归属的是其本质特征，即五官、衣着及配饰的显著特点，以及基于人物造型后产生的诸如动漫人物的动作、姿势。

这里会涉及以下主体：

(1)模型制作者，通常都是模型的设计者和画师等主体，一般都是通过协议对虚拟主播的著作权进行约定。委托第三方制作和设计的，一般都约定归委托方享有著作权。

(2)“中之人”是虚拟主播动作形态和声音的提供者。具体来说，他们利用动作捕捉技术参与直播，利用人物模型的视觉呈现和自己的声音与观众进行互动。独立的“中之人”也能享有著作权。

(3)虚拟主播的 MCN 机构。在 MCN 机构工作的“中之人”直播产生的直播视频等视听作品应当被看作职务作品。我国《著作权法》第十八条规定:“自然人为法人或者非法人组织工作任务所创作的作品是职务作品,除本条第二款的规定以外,著作权由作者享有,但法人或非法人组织有权在其业务范围内优先使用。”

争议较大的是虚拟主播直播时产生的视听作品著作权问题。特别是娱乐主播直播游戏时的著作权归属,再加上虚拟主播的身份,问题会更加复杂。争论主要集中于两个方面:一是主播本人的游戏操作行为能否构成作品创作[①],从而创造出有别于游戏固有画面的新作品;二是未经许可的网络游戏直播构成侵权还是对游戏著作权的合理使用。

从主播游戏操作行为智力创造性以及游戏操作画面额外独创性内容的角度看,一般将游戏玩家或主播的法律身份划定为消费者、表演者以及演绎作者三类。

消费者不享有著作权,自然不用过多论述。

在网络游戏直播中,主播通过自身的操作技巧将游戏中的图像、音乐、故事情节等展现出来,从而为受众所感知并欣赏,再现了游戏作品的内容,游戏直播行为因而可以构成表演。有观点认为,主播可以被定义为表演者,对自身操作所形成的游戏直播画面享有表演者权。

有一些游戏要求玩家运用天马行空的想象力,调用游戏中一切可利用的资源素材来建构自己的人物、建筑物乃至整个虚拟世界,使得玩家的自我思想感情能够通过游戏画面予以外化。主播的游戏操作对最终作品的形成做出了绝对性的贡献,构成了演绎性创作,主播也理所当然地成为演绎作者,享有相应的演绎作品的著作权。

如果游戏本身运行画面为游戏开发者已经事先设计并固定下来的几乎不随玩家操作而发生变化的音乐、动画、文字、图片等素材的集体呈现,部分画面内容几乎都是一成不变的,玩家对最终画面的形成没有自己的独创性贡献,那么主播的游戏操作画面基本等同于游戏本身的运行画面,最终形成的直播画面的著作权应归属于游戏开发者。

如果游戏主播在游戏直播中体现出了足够多的“独创性”。如操作技巧、策略选取、资源利用、角色装扮等内容体现了其强烈的个性化色彩,反映了主播本

① 当前实务中更多的是真人主播在游戏直播中产生的视听作品问题,但并不能排除今后用虚拟主播的形象参与到游戏直播中来。而且,随着元宇宙技术和各类应用的发展,这种情况大概率会发生。

人对游戏规则极为独到的见解或有别于常人的思考，例如在一些电竞游戏中的超常规的操作，被粉丝膜拜为“神操作”的情景。这种直播呈现的操作画面超出了游戏既定素材的简单拼凑或排列组合，并能与其他游戏主播的游戏操作画面轻易区分开来。此时主播更应当被界定为法律意义上的演绎作者，对最终直播画面享有受限制的著作权。

网络游戏直播行为的著作权争论历来是一个错综复杂的问题，也是当前知识产权理论与司法实务界的前沿热点问题之一。

四、其他

虚拟主播还可能导致纳税主体的位置和身份信息难以准确认定。特别是当元宇宙进一步发展后，不仅主播可以使用虚拟形象，消费者也可以，在线交易方式使得交易双方个人信息更具隐蔽性，税制要素的判定变得异常复杂。

第三节　非同质化代币

非同质化代币(non-fungible token，NFT)是一种带有特殊可追溯标记的区块链数字通证，意为非同质化通证。相对于同质化通证如比特币(BTC)、以太坊(ETH)等，NFT 的特点是唯一性、不可替代性、稀缺、不易分割等。

NFT 使用区块链技术进行加密，加密对象是能够在网络上进行流通的各类电子产品，如图像、文字、视频等。就像是给每个电子产品配上一个专属的 ID 号，把一张图片放到区块链上，进行加密后它就会变成独一无二且不可分割的数字作品。实践中，一张同样的图片也可能发行成百上千份，只是配属不同的 ID 号，内容还是一致的。这时候，NFT 更像是一张区块链上的邮票。

NFT 与直播的关系，可能表现在很多方面。

一、对直播带货的模式影响

在当前的直播领域中，已经出现了两个弊端。一是要求低价再低价。但凡直播，主播或者 MCN 机构必然要求厂商提供的产品或者服务保证在一段时间内是全网最低价，甚至需要远低于厂商给很多经销商的价格。最终，商品的销售状况很大部分取决于主播或者 MCN 机构给粉丝带来的价格是否足够惊喜。这固然有有利于消费者的一面，但对于大量商家而言，无疑被挤占了大量的利润空间，有的商家甚至在细算给主播的坑位费、提成等之后，出现了亏损。对于一个行业而言，持续的低利润或亏损无疑是不利于整体长期发展的。而马克思主义政治经济学告诉我们，价格总是伴随着价值而波动的，不可能长期偏离价值。长期低价的背后，也必然意味着长期的低价值。

二是居高不下的退货率。电商直播中很多GMV数据看似漂亮,实则很多消费者在购物时属于冲动型消费,在一遍遍的“买它!买它!”声中被洗脑,冲动下单,而事后又觉得不适合,提出了退单。退单率根据品类的不同而出现较大差异,有时候为50%左右,有的甚至超70%。这不仅对商家、主播没有益处,也浪费了大量的社会资源。

为了解决这两个弊端,2022年3月,一种将NFT、盲盒、直播带货等结合的新模式出现了。具体而言,就是商家首先与某个IP合作,结合自身产品特性和IP属性或人设,联合出品某款NFT数字藏品。例如,卖玩具车的和变形金刚IP方合作,联合推出一款玩具车与变形金刚结合的NFT数字藏品系列。该系列NFT共有十个款式,其中一款是限量款,发行100份,其余9款共发行9900份。然后商家委托某MCN机构或主播帮忙带货。货物销售后,消费者确认收货或者确认收货7日后,系统将根据总体销售情况,按比例随机给消费者赠送NFT数字藏品,形成交易闭环。

在这个模式中,很多购买该产品的消费者本身对于NFT和产品就有一定的认知和了解。由于需要消费者确认收货或者确认收货7日后才有机会获得NFT,因此退货率会大幅度下降,交易GMV数据更真实。

而由于NFT客观上有一定的收藏性、价值性,赠送NFT的行为使得消费者购买的意愿大增,对产品本身的售价并不一味要求最低价,使得商家的利润空间增加。而且由于NFT火爆,带货更加容易,很多主播和MCN机构也主动不再要求全网最低价。

在整个模式中,各方都获得了各自所需,社会资源的浪费程度也降低了。

二、对流量的影响

直播带货让传统电商找到了新的增长点。但最大的问题是,大众印象最深的仍然是主播。很多人对品牌和商品缺乏概念,纯粹是喜欢的主播卖什么,他们就买什么。直播带货这个生态中,平台在提供技术支持,商家在打折,物流在送货,而主播却成了最大的流量端口。这就和整体直播业态有关了。

在直播带货中,一部分人有明确要买的商品,知道某几个主播会做相关专场,然后提前守候。但大部分的用户是围着特定几个主播打转的,他们日常打开手机看主播介绍,有自己想要的就买,没有就当看节目消遣。商品是一直在流转的,唯有主播永远不换,也就导致在产品销售中,消费者注意的,总是商品的价格、用途、优惠等。商家只是借助别人的场景去卖货,流量、认知、归属感这些对品牌重要的东西只为主播所拥有和积累。

为了改变达人主播掌握绝大部分流量的现状,很多商家开始店铺直播、品牌直播。但会出现另一个问题，就是主播的实际门槛很高。直播时，动辄两三个小时，其间要介绍商品、折扣、活动规则，要跟网友互动，要跟嘉宾配合，要避免冷场，要求主播具有较高的主持能力、应变能力。直播外，还要有面向供应商的议价能力，面对消费者的选品能力，以及抗压能力。这也是为什么电商直播兴起至今已经有数年时间，但顶流大主播就那么几个的原因。

那究竟什么样的活动既能够给到商家优质的流量帮助其促进销售，又不跟商家抢夺流量呢？与 NFT 结合的直播带货模式，可能就是解决之道。

结合 NFT 带货的模式，使得主播的流量效应降低，消费者更多地回到了产品本身、IP、NFT 本身的复合流量上来。由于联合推广的 NFT 属性必然是产品结合 IP 的，因此，品牌的知名度、美誉度一定可以得到积累，而不会因为某主播直播的变化而改变。而好的产品配合好的 IP，完全可以产生“1＋1＞2”的效果，让产品和 IP 强强联合双丰收。

第四节　DAO、Web3.0 与直播行业

一、DAO

DAO 的定义仍在不断演变。DAO 是 Decentralized Autonomous Organization 的缩写，中文译字“岛”，是基于区块链核心思想理念衍生出来的一种组织形态。DAO 也可以理解为支持区块链、智能合约和数字资产在互联网上运作的组织，并从诞生之日起就具备在全球扩展的能力。这种去中心化自治的组织，是一种基于区块链、智能合约、通证经济等技术的元宇宙组织形态，通过程序设计将治理规则的制定权交给社区自治，治理规则由分布式程序自动执行，确保社区成员的利益保持一致，并能够共同实现组织目标。

DAO 最基础的功能是依靠智能合约赋予人们直接或间接控制或运用组织资产的能力。智能合约和底层区块链跟踪组织成员，而成员身份除了通过购买以外，也可以作为奖励(通常以代币形式)分配给用户，以换取资金、用例或资源。此外，成员身份赋予参与者特定的权利。有些 DAO 赋予成员分润的权益，而有些 DAO 提供访问、管理或转移资源或服务的权益，人们还可以凭借成员身份参与决策。

其特征大致有：

(1)DAO 内成员一般都是代币或通证持有者，按照其持有代币或通证数量享受分红。

(2)DAO 内成员之间关系平等。

(3)DAO内成员之间形成了代币或通证的共同利益,并能够共同实现组织目标。

(4)DAO是自由开放的,用户可以同时为多个DAO工作,并且成员可以短时间内加入、参与组织或退出DAO。

(5)没有正式的管理者,去中心化地作出决策,而非传统组织的紧密组织形态。

(6)治理规则的制定权交给社区自治,治理规则由分布式程序自动执行。

(7)DAO内信息是完全透明公开的,DAO内成员均可以通过节点查询,可以激励DAO成员内部竞争。

根据DAO功能的不同,可以有很多应用层的分类①:

(1)社交DAO,将一群志同道合的人聚集在在线社区中,形成代币经济的共同利益,共同制定治理规则,并最终创建一个有价值的社区。如:Friends with Benefits Pro是一个私人俱乐部,加入该俱乐部要经过严格的身份审核并购买$FWB代币作为门票,通过$FWB链接社区价值,持有的$FWB越多,能做的事情就越多。

(2)协议DAO,通过发行项目代币,构建一个协议将权力从核心团队转移到社区手中。如:开启流动性挖矿的Compound,将协议手续费收入用于回购销毁代币,并对提供流动性的用户提供代币奖励。

(3)服务DAO,为全球人才匹配提供渠道,并通常使用ERC20代币作为项目贡献的奖励。如:YGG游戏公会组织玩家打游戏赚取游戏资产。

(4)投资DAO,提供了一种新投资模式的可行性,还可将投资的决策和执行完全上链保障投资者的资金安全。如:BitDAO将BIT作为治理代币,只有在提案和投票成功后才会进行相应投资。

(5)捐赠DAO,关注的是社区生态发展而非项目回报。如:Grants已向549个开源项目资助5580万美元以上。

(6)媒体DAO,提供一个开放的媒体创作社区,让任何人都可以参与到媒体的创作中。如:Bankless DAO上的工作事项公开,通过互联网工具进行协作完成。

(7)收藏DAO,目的在于降低NFT投资的门槛,收藏具有长期价值的NFT。如:ConstitutionDAO众筹参与苏富比1787年供制宪会议代表正式版宪法副本的拍卖。

---

① 黄斌.赋予元宇宙灵魂之DAO法律问题探析[EB/OL]. https://mp.weixin.qq.com/s/9nTfqQxIXdfSjZBtWCdZfA.

二、Web3.0

Web3.0与DAO关系密切。有Web3.0,通常就有Web1.0、Web2.0。

Web1.0的时代,也是最早的网页时代,即1991年到2004年之间的互联网时代,当时大多数用户是内容的消费者,而不是内容的创造者。

Web2.0的时代是指2004年至今,允许用户成为消费者和内容的创建者。技术进步让更多的人参与到资源的分配中,并造福了一批人,如网红、UP主。

在Web 1.0时代,我们是那些从互联网上吸收大量信息的人;但在Web2.0时代,形势逆转了,互联网开始从我们这里收集信息。互联网巨头大量获取数据,给客户画像、贴标签,针对性投放广告和内容,未经客户许可违法收集、存储、出售信息等。

于是,Web3.0出现了。Web 3.0是互联网的下一个迭代,它将在很大程度上依赖于区块链技术、加密货币,以及最重要的去中心化理念。在维基百科里,Web3.0被定义为一种基于区块链的去中心化的互联网形态。它是一种通过技术而形成的规则框架,这种规则可以实现更加的公平。所以,DAO也是Web3.0庞大体系中的一员,这个体系中还有很多分支,包括大家熟悉的现代互联网、移动互联网、数字货币、不可替代代币NFT、去中心化程序DApp等。

三、DAO与直播行业

由此,我们可以尝试畅想下未来DAO对直播行业的影响。

首先对内部来说,DAO作为一种新的组织形态,可能会和公司制度一样变得举足轻重。DAO和公司二者都是人类虚构出来的概念,在现实中,公司的存在既不是"董监高"等高管,也不是机器、厂房、设备,更不是公司员工,而是一个人类对要素集约化的概念;二者都是一个有组织形态,都为个人提供创造财富的机会,都为社会创造价值等。但公司制度也有较大的问题,DAO的出现将组织的管理和运营规则以智能合约的形式编码在区块链上,从而在没有集中控制或第三方干预的情况下自主运行。

一是从"股东"身份角度上看,由于所有的DAO的社区成员,进入社区都持有代币,可以理解成加入公司,成为公司股东,就是全员持股的概念。这样的话,只要为DAO付出劳动力,作为股东就会因为代币的升值而获得激励,直接有效解决了公司所有者和劳动者的矛盾,毕竟人人都是所有者也是劳动者。直播公司原有的架构就可能被打破,主播、选品、商务洽谈、优惠方案拟定、话术等均可以由不同的DAO成员担任,合作方式和价值体现都更灵活。

二是从人才的聚集角度上看,人人都可以创建并加入一个DAO,也可以随时退出，加入别的 DAO。人才的流动变得更加便捷，因此只有那些每个社区成员十分努力地工作和营运得最优秀的 DAO 才会胜出，获得人才的亲睐。这很像市场化的市场经济理想形态，消除垄断和壁垒，有利于 DAO 之间的充分竞争。在直播行业中，主播、红人等的流动就会更加便捷，公司以往设置的壁垒手段，就很难有效。

三是从价值观角度上看，相比于公司资本的利润作为第一驱动力而言，很多 DAO 成员加入 DAO 的目的是改变世界等，而不是为了利润。DAO 的驱动力更适合创造社会价值来凝聚共识，利润只是创造社会价值的副产品。如果 DAO 将利润置于使命之前，很多成员便会因为价值观的不符合，而离开并加入其他的 DAO，因为利润很可能并不是成员加入的真正目的。因此，如果以上愿望能实现，DAO 更容易成为一种向善的良性组织，并创造更好的公众认知。这对于直播行业而言也是有益的，例如带货中对产品质量的把控要求会更高，合规性要求也更全面，否则一旦无法凝聚共识，DAO 也将分崩离析。

四是从与用户关系上看，DAO 的模式中，用户很可能是基于价值观或目标的认同，而成为 DAO 的组织成员，与直播机构、主播等的关系，不再是单纯的购销或者购买、提供服务的关系，而可能是更加深入的互动和作业协同。用户购买商品或服务的，也可能通过获得通证的形式加以确认，从而进一步获得认可和尊重。用户与直播机构、主播的关系可能从购销、服务的两端而逐渐模糊为特殊的“合伙”形态，即在为该 DAO 做贡献的同时，自己也可以由此获益。

第五节　DAO 的司法展望

一、DAO 的法律主体认定

作为一种新兴的商业组织形式，DAO 在法律意义上还没有得到充分的认定，且许多 DAO 正在推动传统的界限。对于大多数司法管辖区来说，存在一些问题，特别是不知道用哪一种法律主体去界定它。有了主体定位，现有法律框架内的规定才可能对其进行规制。

大多数现有的 DAO 是未注册的（事实上也很难用传统方式注册），具有不确定的法律地位，它们可能被视为“alegal”（不在现有法律的框架或概念内）而不是非法的。互联网不是法外之地，用现行的理论框架去规制，或者做一些尝试和突破，对于规制 DAO 有重要意义。

从发展上看，2017 年美国证券交易委员会（SEC）依据《1934 年证券交易法》第 21 条(a)款发布的 DAO 调查报告得出结论称，基于对 DAO 组织 Slock. it 公开发行通证的调查，明确指出基于 DAO 这一组织形式发行的通证属于美国

《1933年证券法》及《1934年证券交易法》中的“证券”，应纳入联邦法律管辖。2021年3月，怀俄明州成为美国第一个通过立法将DAO认定为新型有限责任公司的州。2022年，太平洋岛国马绍尔群岛共和国已正式修正《非营利实体法》，承认去中心化自治组织（DAO）为法律实体。去中心化组织DAO毋容置疑肯定是一个法律实体，

可见目前的实务中，将DAO纳入LLC（有限责任公司）的范畴中进行规制的案例已经出现。怀俄明州的法案认为：除DAO法案或州务卿另有规定外，《怀俄明州有限责任公司法》（Wyoming Limited Liability Company Act）适用于DAO。这样的规定，奠定了DAO在怀俄明州属于合法组织形式的法律地位。

之所以将DAO纳入LLC的范畴，可能是因为相对于其他传统组织形式，DAO与LLC更为接近，且司法体系对LLC的规制也更为成熟。

为使公众将DAO区别于传统的有限责任公司，DAO必须在其登记名称中包含“DAO”“LAO”或“DAO LLC”等字样；并且，在组织章程（articles of organization，AOO）中，必须说明该组织系DAO，并且陈述DAO中的成员权利与其他有限责任公司的成员权利存在重大区别。

但是，也有很多法律问题无法解决。

首先，DAO只有经过公司工商登记才可能被认定为有限责任公司，但其成员之间是没有领导者和管理者的，也没有“董监高”等管理层，后续加入的成员是否应当股东登记还是签订股权代持都不符合DAO的实际运行情况，因此，登记无法解决也无法适应DAO的模式。

其次，DAO如果被认定为合伙组织，但其成员之间没有合伙协议也没有合伙事务执行人，合伙组织的无限连带责任将摧毁DAO的现行运行状态，毕竟几乎所有成员原先只是提供一些数字货币，都不会愿意承担无限连带责任。

最后，DAO币持有者可能并不同意让人代表DAO承担权利和义务。具体主体由发起者、维护人、承包商还是参与者担任，也都无法判断，甚至有些发起人是匿名。所以DAO可能既没有意见领袖，也很难有控制人，很难与现行法律对接。因此，现有的一些研讨中，已经考虑用“有证据证明的DAO维护者、发起人”代表DAO参加民事诉讼主张民事权益。

二、DAO的治理结构与智能合约

传统上，对商业组织的治理是通过“董监高”进行的，而公司的管理文件、相关附带协议，以及交易所的上市标准都是由法律规定的。而目前DAO组织实际只是将治理存储在智能合约上。将一个概念从最初的想法转化为一个运作良好的DAO，需要一组开发者创建一组构成DAO核心运作系统的智能合约。智

能合约是一种自动执行的计算机程序，用于通过建立诸如投票机制等规则来制定决策。这些智能合约程序还可以完成交易。

一旦满足了某些条件，这些作为代码的智能合约就会自动生效。它们总是按照编写好的方式运行，没有任何误读和解释的可能。尽管考虑到潜在的人类编码错误，它们并不总是按照预期的方式运行，但从一开始就正确地制定这些规则是很重要的，即使是很小的错误或疏漏也会在以后造成重大损失。

从好的方面看，智能合约有望清除横亘在个性化治理前的障碍。链上投票机制使更多的人参与决策成为可能。基于智能合约的投票协议使得一些企业能够在股东之间实行个性化的决策权分配。

从坏的方面看，有些 DAO 的发起人、维护者将自身的利益诉求植入算法、投票机制以追求利益最大化，这种利用“技术中立”而夹带私货的行为，显然会侵害他人合法权益。

从技术上看，推荐算法的设计本身完全可能属于黑箱操作，对其他成员或者合作方可能充满了各种精致的“利己算计”，且不排除推荐算法设计过程中，对权利人的权利进行剥夺选择权等“隐性”侵犯的情形。根据权利义务对等原则，推荐算法的利用者对算法推荐的内容，理应负担更高的注意义务。

我国《互联网信息服务算法推荐管理规定》第二条规定，应用算法推荐技术是指利用生成合成类、个性化推送类、排序精选类、检索过滤类、调度决策类等算法技术向用户提供信息。无论是否利用了区块链技术，无论是否为 DAO 结构，只要是算法推荐，都应当遵守法律法规，尊重社会公德和伦理，遵守商业道德和职业道德，遵循公正公平、公开透明、科学合理和诚实信用的原则；应当坚持主流价值导向，优化算法推荐服务机制，促进算法应用向上向善；建立健全算法机制机理审核，制定并公开算法推荐服务相关规则，配备与算法推荐服务规模相适应的专业人员和技术支撑；定期审核、评估、验证算法机制机理、模型、数据和应用结果等。

因此，未来的算法合规，必然在司法中愈加得到重视。

第六节　结　　语

在元宇宙中，基于数字技术集群应用实现的物理世界与镜像数字世界虚实共生：通过数字孪生技术实现实体经济和镜像数字经济；通过低延时网络连接以及云计算，可以沉浸式查看元宇宙企业采购、生产、物流到销售全过程，提升对企业的实时尽职调查的效率与效果；通过区块链技术基于区块链分布式存储技术可以在企业授权的前提下实时获取企业真实的生产经营状况，保障企业和个人的数字资产和数字身份安全，同时协助系统规则的透明执行。

在未来元宇宙中，无论是企业客户还是个人客户，因其场景切换变得非常容易进而更加丰富，客户可能某一天在家中戴上智能眼镜，就能在全球各地各场景完成一些工作和交易。在直播时，诸多消费者也必然会要求个性化、定制化的产品和服务。例如，在直播带货时，对于某款窗帘是否适用自家风格，直接可以用元宇宙的方式改变直播间可以看到的场景，还原消费者各自所需要的周边环境和设施。笔者服务的某机构就已经着手将此前获得的大量高清名胜古迹的视频和直播间结合。例如，当某产品需要卢浮宫作为背景时，就可以将背景切换为卢浮宫。

现在，可以通过大数据、人工智能、区块链、量子科技等技术助力直播机构在选品、环境布置、产品开发等方面实现从“千人一面”到“千人千面”再到“一人千面”的根本变革，为客户提供实时、极致、定制化的直播服务。

直播行业的未来似乎有很多可能性，元宇宙、DAO、NFT 等也只是为我们打开了几扇窗而已。

未来已来，且将新火试新茶，诗酒趁年华。

附录一

直播行业的常见合同参考文本

注:本书所载合同参考文本系本书作者结合办理案件的实际经验并参考行业内较为优质的合同实例所总结的成果。由于实践中,直播行业的业务创新频繁,合同文本也需要随时更新,本书所列参考文本以本书写作时直播行业情况及当下法律法规为基本依据,合同当事人可根据直播业务的具体情况,参考本书所载参考文本订立合同,并按照法律法规和合同约定承担相应的法律责任及合同义务。

附表 1　直播行业的常见合同体系①

序号	类别		具体协议
1	直播产业用工相关协议	传统用工模式	劳动合同
2			**合作合同**
3			劳务合同
4			**经纪合同**
5			劳务派遣协议②
6		灵活用工模式	人力资源服务外包协议
7	直播产业运营相关协议	直播平台建设	**平台注册协议(主播端)**
8			个人信息保护政策
9		直播带货	**商品推广服务协议**
10			**助播协议**
11			**店铺代播协议**
12			**达人机构合作协议**
13			**招商服务协议**
14		直播服务	**直播活动服务协议**
15			直播设备租赁合同
16			演播室租赁合同

① 本表加黑部分为附录提供的参考文本。

② 劳务派遣协议在灵活用工模式中也会经常用到。

一、合作合同

合作协议

甲方：
联系地址：
联系电话：
联系人：
电子邮箱：

乙方：
身份证号码：
电话号码：
电子邮箱：
紧急联系人：
紧急联系人电话号码：

甲乙双方经友好协商，根据《中华人民共和国民法典》及相关法律、法规的规定，就本合作达成如下条款，以兹共同遵守。

1 释义

如无特殊说明，本协议所涉以下名词，均为本条释义所约定含义。

1.1 主播：即本协议乙方，也是甲方独家合作的艺人，指与甲方签署本《合作协议》，线下场地自备，使用甲方提供的设备、推广宣传、培训等一系列服务①，在甲方指定的第三方合作平台上为甲方合作伙伴开展直播活动的合作方。

1.2 直播/直播活动：指一切与商业或非商业行为有关的，在甲方指定的第三方合作平台有关乙方包括但不限于形象、声音、歌唱、舞蹈、产品推介、观众互动等的在线活动（包括语言、视频等形式）。

1.3 平台：甲方指定的第三方合作平台。

1.4 主播收入：在本《合作协议》框架下，主播收入为甲方作为主播合作方，给予乙方的合作费用。

1.5 损失：包括但不限于甲方为乙方提供的直播设备费用，可能发生的直

① 根据合作内容进行调整。

播培训、推广宣传投入费用，为实现服务所需的成本，甲方可能因乙方直播活动获得的收益等。

2 合作内容

2.1 乙方是具有完全民事行为能力的自然人，完全有资格、有能力开展直播活动，并通过甲方孵化或培养有潜力成为符合甲方要求的独家签约主播、旗下艺人。

2.2 甲方为乙方开展直播活动提供所需的直播设备、培训、孵化、包装、宣传、推广等服务。

2.3 乙方同意成为甲方独家合作主播，按照甲方要求在第三方平台进行直播，并遵守甲方和第三方直播平台的相关管理及制度。协议期内，乙方所有与直播相关的内容所产生的相关知识产权（包括不限于著作权、信息网络传播权等）均归甲方所有，乙方侵犯他人合法权利的除外。乙方不可撤销地授权甲方使用乙方的肖像权、署名权、姓名权等人身属性权利。

2.4 甲方通过乙方直播的态度、表现、效果等方面综合对主播进行等级评定，评定与双方合作费用的调整相关。

2.5 甲方为乙方提供开展直播活动所需的服务，乙方应保证最低直播时长、接受培训、服从艺人管理。

2.6 本协议有效期自甲乙双方签约之日起至履行期届满止，协议履行期为____年，即20____年____月____日至20____年____月____日止。

3 合作费用与支付方式

3.1 甲乙双方就直播活动所产生的收益作如下分成[①]：________________。

3.2 上述分成支付方式为：__________________。

3.3 甲乙双方不存在任何形式的劳动关系（即双方为合作关系），乙方取得的主播收入相关税费由乙方自行承担。

4 双方权利与义务

4.1 甲方权利与义务：

4.1.1 乙方作为甲方独家合作主播，甲方有权对乙方直播情况进行管理监督，包括直播行为、内容规范、直播规程、流程等的制定，督促乙方完成协议约定的直播任务，并进行考核，对于不符合要求的，甲方有权要求乙方予以调整、优

① 机构与主播可以就直播收益进行分成。

化。对此，乙方应予以满足，服从甲方管理。

4.1.2 本协议有效期内，甲方作为相关服务提供方，需确保为乙方提供的直播设备符合直播要求，为乙方提供实用的培训，并保障对乙方直播活动的推广宣传；甲方通过媒体对乙方的直播活动进行宣传、推广无须再征求乙方同意。

4.1.3 甲方有权审核其他第三方为乙方直播服务开展的营销推广行为，并有权要求乙方修改该等营销内容或终止该项营销行为。乙方在该等营销推广活动中不得做出任何有损甲方及甲方相关平台声誉、利益的行为，且乙方在接到甲方修改要求后的24小时内应当修改完成，并获得甲方的认可。

4.1.4 甲方有权对不符合国家有关法律、法规和甲方相关规定的直播行为及内容进行制止。如乙方确发生前述情况的，甲方有权减扣本协议第三条所约定的合作费用。确有必要的，甲方有权无责解除本协议。如给甲方造成损失的，乙方还应赔偿甲方相应损失。但甲方的审查、监督行为仅为形式审查，不因此减免或转移任何乙方需要承担的法律责任。

4.1.5 甲方有权根据政府监管部门和甲方自身发展需要，制定直播规则与主播管理制度、守则等，以及根据主播流水、用户评价、投诉、违法违规等综合情况，制定和动态调整主播考核规则、任务、服务费标准、处罚办法等。

4.1.6 乙方授权甲方代表其对乙方姓名权、肖像权进行管理与维护。

4.2 乙方权利与义务：

4.2.1 乙方有权依据本协议约定获得合作费用，即主播收入。协议有效期间，乙方应配合遵照甲方以及甲方指定的第三方合作平台管理要求，积极文明直播，严格遵守相关合作平台的各项制度，保质、保量完成直播任务。如甲方有举办线下宣传、答谢用户等活动需求时，乙方应积极配合甲方出席相关活动。

4.2.2 乙方不得任意停播、少播，或违反相关第三方合作方或甲方直播管理规定，如乙方未完成或违反相关规定的，甲方有权减扣乙方合作费用，情节严重时，甲方有权无责解除本协议，并要求乙方支付违约金。

4.2.3 乙方有权获得、借用甲方提供的设备、培训及推广宣传服务等；乙方同意，为便于直播活动的宣传推广，甲方有权免费使用主播的姓名、昵称、艺名、视频及含有主播肖像的照片、图片以及直播内容作为永久宣传使用(使用方式包括但不限于制作衍生作品、素材)，且无须再征求乙方同意。

4.2.4 乙方承诺，直播行为及内容均遵守中华人民共和国法律法规等规定及社会善良风俗，不得利用直播服务发表、传送、散播侵害他人知识产权、商业秘密及其他合法权益之内容，不得做出任何影响甲方、甲方关联公司和其他关联第三方声誉、形象、商誉及其他合法权益的行为或言论，不得侵犯任何第三方的合法权益，亦无妨害公共秩序或善良风俗之内容，亦无其他违反法律、法规规定之行为。如有违反上述约定的，乙方须自行独立承担法律责任，甲方有权无责解除本协议，如乙方行为给甲方造成损失的，乙方还应赔偿甲方相应损失。

4.2.5　乙方承诺，在与甲方签订本合作协议时，未与任何第三人存在纠纷。且在本协议约定之外的业务及宣传中，如使用或授权第三方使用乙方主播姓名、昵称、艺名及含有乙方肖像的照片、图片、视频的，不得与本协议的约定相抵触或损害甲方利益(包括但不限于商誉、名誉、品牌形象)。如有相关纠纷，由乙方自行承担所有法律责任。

4.2.6　如乙方在直播活动中在线播放音乐、影片或弹唱歌曲等第三方享有权利的内容或将音视频、图片等涉及知识产权、肖像权等第三方权利的内容上传到甲方或相关合作平台，则乙方须自行确保其使用音乐、影片、歌曲等内容之来源已取得相关合法授权，若日后遭第三方追责，概与甲方无涉；如甲方因此被第三方追责，乙方应赔偿甲方全部损失(包括但不限于诉讼费、律师费、咨询费、取证费、公证费、执行费等)。

4.2.7　合作期间，乙方的人身安全及财产安全由乙方自行负责，与甲方无关。因此给甲方造成损失的，乙方还应承担赔偿责任。

4.2.8　本协议期间，未经甲方书面同意，不自行接洽或授权任意其他第三方接洽、安排乙方与直播活动、线下商演相关事项，不得做出任何有损甲方合法权益的行为。如有第三方联系或者邀请乙方参加上述活动的，乙方应及时通知甲方，由甲方接洽相关活动并签订协议，乙方不得私自与第三方洽谈或达成任何协议。

4.2.9　未经甲方书面同意，乙方不得擅自使用甲方商标、知识产权或其他与甲方经营活动有关的资源。否则，甲方有权解除本协议并要求乙方承担法律责任。

4.2.10　双方合作关系终止或解除之日起【　】年内，乙方不得有以下行为：

4.2.10.1　就职于甲方竞争公司或相同、相近或类似竞争职位；

4.2.10.2　直接或间接通过任何手段为自己、他人或任何实体的利益挖走甲方其他主播或工作人员到与甲方有竞争关系的企业或到相同、相近或类似竞争职位就职；

4.2.10.3　自营或为他人经营与甲方同类或类似的营业。

4.2.11　在4.2.10条限制期间，乙方在与其他单位、平台、团体洽谈合作或雇佣关系时，应告知新雇佣或合作单位该项义务，并出示该条款。

4.2.12　基于甲乙双方合同关系的特殊性，甲方无须向乙方支付任何竞业限制补偿金。

5　独家合作的特别约定

5.1　乙方与甲方系独家合作，即在本协议合作期间，未经甲方事先书面同意，乙方不得有以下任一行为：

5.1.1　以自己或他人名义从事或经营与甲方相同或相竞争的商品或服务，关于竞争公司定义最终决定权在甲方；

5.1.2　在与甲方从事相同或类似业务之公司或企业担任顾问或以其他形式提供服务。

6　保密义务

6.1　在本协议有效期内，甲乙双方应对本协议内容及因履行本协议而接受或知悉之任何信息(包括但不限于任何形式的经营信息、技术信息、活动方案、客户信息，以下简称“商业秘密”)，非经对方事前之书面同意，不得将该商业秘密泄露、告知、交付或以任何其他方式移转或提供任何第三人，或对外发表，或为与本协议目的相异之使用。

6.2　本条规定之保密义务在本协议提前终止或期限届满后仍长期有效。

7　个人信息保护条款

7.1　基于为乙方更好地提供服务、确定乙方信息等目的，甲方或采集乙方包括但不限于真实姓名、身份证号、联系方式等个人信息。同时可能采集乙方直播数据信息，具体见甲方《个人信息保护政策》，乙方对此表示同意。

7.2　除本协议约定外，乙方还应仔细阅读并遵守甲方的《个人信息保护政策》。甲方有权根据法律法规的要求及公司经营需求的变化而更改《个人信息保护政策》，更改后的可通过电子邮箱、书面通知、通告、线上确认等方式发送给乙方，乙方继续使用甲方提供服务、履行本协议约定的，视为同意变更后的《个人信息保护政策》。

8　协议效力与终止

8.1　本协议之内容未经甲乙双方书面同意，不得变更或修改，亦不得将本协议之权利或义务转让给任何第三人。甲乙之任一方违反本条项下规定所为之转让对他方不生效力。

8.2　甲方因公司项目调整，无法继续履行协议的，需要提前一个月书面通知乙方，自通知之日起一个月届满时本协议即终止。

8.3　甲方有权于如下情形发生时提前终止本协议，并有权要求乙方承担违约责任，终止协议的书面通知到达乙方之日起本协议终止：

8.3.1　乙方严重违反法律法规或实施了不正当行为的；

8.3.2　乙方违反本协议中任何约定、保证、承诺以及相关第三方合作平台相关管理规定的；

8.3.3　乙方向甲方提供的主播有关信息存在欺诈、不真实的；

8.3.4　乙方与其他与甲方有竞争关系的机构合作的，甲方同意的除外；

8.3.5　乙方连续一周不能按质按量完成甲方下达任务的。

8.4　本协议解除、终止后三年内，乙方同意不从事与本协议约定的直播活动相关的合作，甲方同意的除外。

9　违约责任

9.1　除本协议另有约定外，任意一方违反本协议约定，不履行或未及时履行本协议约定，经对方催告后 15 日内仍未履行的，守约方有权终止本协议，并要求违约方承担违约责任，违约金【　】元。

9.2　若发生以下情况的，甲方有权要求乙方承担违约金，违约金不足以支付实际赔偿的，以实际赔偿为准：

9.2.1　乙方擅自提前解除本协议的；

9.2.2　乙方与甲方签订本协议时，违反此前乙方与任何第三方签署的协议、合同、承诺、保证或类似文件的约定，或与第三方存在争议或纠纷，给甲方造成损失的；

9.2.3　造成甲方与第三方发生争议或被相关行政机关处罚的；

9.2.4　违反甲方管理制度或规定等，给甲方造成损失的；

9.2.5　协议期间未经甲方同意与其他有竞争关系的第三方合作的；

9.2.6　违反本协议 4.2.10 约定，在本协议解除或终止【　】年内，未经甲方同意，从事与本协议约定的直播活动相关合作的。

9.3　乙方承担的违约金计算方式如下，违约金没有特别约定的，以本条计算后最高项为准：

9.3.1　支付违约金____________万元；

9.3.2　乙方于纠纷发生前 6 个月的所有收入；

9.3.3　乙方加盟竞争公司的所有收入。

10　争议解决

10.1　因本协议或本协议的执行而产生的任何争议，双方应协商解决，协商不成的，向甲方所在地人民法院起诉。

10.2　如双方发生纠纷，乙方自纠纷发生之日起至纠纷有关法律文书生效之日期间不得使用甲方为乙方提供/经营/签署合作相关平台上使用的推广名、账号、ID、昵称(包括艺名等)、头像、音视频等,且乙方在此期间不得在任何其他平台参与任何商业或非商业的活动。

11　其他

11.1　本协议任何条款的单独无效,不影响其他条款的效力。

11.2　本协议均适用于中华人民共和国法律。

11.3　若有其他未尽事宜,甲乙双方可签订补充协议,与本协议具有同等法律效力。若补充协议与本协议相抵触者,以补充协议为准。

11.4　本协议正本壹式贰份,甲乙双方各执壹份,具有同等法律效力。

乙方确认:

1.合同期限内,乙方现居住地址、联系方式等发生变化,应当在变更后 3 日内及时书面告知甲方。如乙方以上事项变更事宜,没有及时书面告知甲方,甲方依据本合同记载的个人信息发送法律文书及其他通知通告之日,即视为已经送达。

2.乙方在签订本合作协议时,已经详细阅看,对本协议内容予以全面理解,并已经知晓甲方的各类规章制度。

3.乙方如已满十六周岁未满十八周岁的,乙方向甲方保证:本人系以自己的劳动收入作为主要生活来源,有能力理解并签署本协议,并愿意承担本协议项下所有乙方责任。

甲方(盖章):　　　　　　　　　　乙方(签字、捺印):

法定代表人/授权代表签字:

合同签订时间:　　　　　　　　　　合同签订时间:

二、经纪合同

经纪合同

甲方：
地址：
法定代表人：

乙方：
住所：
身份证号码：

鉴于：

1.甲方是一家依据中华人民共和国法律成立并持续经营的有限责任公司，主营【 】等业务(下称甲方)。

2.乙方具备完全的民事行为能力，且拥有良好的自身条件和艺术天赋，具备了向媒体平台达人发展的重要潜质，符合甲方媒体平台达人经纪的签约标准(下称乙方)。

3.基于上述方面，为了能使乙方可以更好地向媒体平台达人事业全面发展，并使乙方的所有权益通过甲方具有行业高水准的有效运作，而得到有效的、合理的开发和保障，甲乙双方经友好协商一致，达成协议条款如下：

1 合作内容、范围与方式

1.1 甲乙双方业务合作范围如下：

1.1.1 甲乙双方同意，进行独家排他性的基于媒体平台的经纪管理合作，乙方委托甲方担任其独家媒体平台经纪管理人。甲方接受乙方的委托，根据本协议的约定，担任乙方的独家媒体平台经纪管理人。

1.1.2 甲乙双方前述合作的地理区域为全世界。

1.1.3 甲乙双方合作媒体平台界定为电商服务及内容娱乐平台，包含但不限于淘宝、天猫、京东、唯品会、聚美优品、蘑菇街、美丽说、苏宁易购、抖音、快手、小红书、拼多多等以产品买卖或娱乐内容为主的平台，以及传统纸质媒体平台、线下各广告露出渠道等。

1.1.4 该协议不仅适用于乙方在前述各平台的内容、直播及线下活动，亦包含乙方在该平台的个人一切实名账号的所有权益。

1.1.5 甲乙双方的合作业务范围,基于媒体平台,包括但不限于以下有关乙方参与的业务活动(下称平台娱乐演艺活动):

1.1.5.1 平台网络内容提供,通过互联网、移动网络、局域网及线下进行内容生产及表演的一切活动和形式。如:抖音、星图、快手、淘宝联盟、V 任务、图文、内容、产品导购、视频、短视频、在线视频、音频直播唱歌、跳舞、杂技、相声、小品、说唱、讲解、话剧、歌剧、快板、魔术、模仿秀、真人秀、脱口秀、拿手绝活、器乐演奏、民俗表演、场景在线直播、网络电台、广告代言等;

1.1.5.2 平台音乐演艺,如:歌曲录制发行、演唱会、歌友会、音乐剧、音乐选秀等;

1.1.5.3 影视演艺,如:电影、电视、综艺节目等;

1.1.5.4 平台模特演艺,如:T 台走秀、平面模特、摄影模特等;

1.1.5.5 平台特殊才艺,如:舞蹈、动漫、话剧、曲艺、杂技、配音等;

1.1.5.6 广告相关,如:商业广告拍摄、品牌/产品代言、剪彩等;

1.1.5.7 其他具有娱乐性、艺术性等可能对公众或媒体产生影响的一切公开活动及形式;

1.1.5.8 任何电子商务网络销售平台类型广告:代言、娱乐活动;

1.1.5.9 其他一切可能会对甲乙双方的权益和收益产生影响的商业活动、公益活动,以及会对甲乙双方在公众和媒体面前产生影响的一切事务。

1.1.6 甲乙双方的合作内容包括但不限于:甲方独家代理和经纪乙方在本协议的 1.1.3/4/5 条款中所涉及各项内容的策划、包装、培训、规划、安排、实施、对外合作、谈判签约、收益的获得、法律事务代理、行政顾问等业务,以及对属于乙方的平台账号的表演权、肖像权、著作权及著作邻接权等派生的各种权益的使用和许可使用独家经纪代理。乙方作品著作权及著作邻接权归甲方所有。

1.2 本协议项下经纪管理合作的独家性和排他性:

1.2.1 甲乙双方签订的本协议为独家排他性的协议。在与甲方签约前,乙方与任何第三方没有签订有效期尚未终结并与本协议冲突的协议;如发现与本协议冲突,一切法律责任由乙方承担。本协议签订后,乙方未经甲方书面同意,不得与除甲乙双方外任意第三方就本协议 1.1 项下所涉及的任何范围及内容进行任何形式的合作,亦不得在未经甲方书面同意的前提下,自行行使和处置相关权利,进行业务安排及与第三方达成任何协议。

1.2.2 甲方可在本协议期间为第三方提供类似的服务,并且有权以许可、授权和合作经营等方式,与任意第三方共同享有承担本协议项下甲方所有或部分权利和义务(但本经纪协议的整体转让不在此列)。

2 协议双方权利与义务

2.1 甲方的权利及义务：

2.1.1 甲方按约定提供乙方在平台的个人活动以及基于乙方实名账号活动所需要的权限、直播间或第三方平台，但非因甲方原因而使得乙方暂时无法使用权限的，甲方应尽量协调处理。

2.1.2 甲方有权以授权、许可、合伙、合作经营等方式，与任何第三方共同享有和承担本协议项下权利义务。乙方同意甲方全权代表乙方与第三方签订线上或线下内容合作、经纪、演艺或其他商业活动相关协议，即甲方可直接以自己的名义与第三方签订关于乙方内容、演艺活动或其他商业活动的相关协议，乙方完全同意并按相关协议履行义务。

2.1.3 甲方可以自行使用或授权第三方使用乙方姓名（含真实姓名、艺名、昵称、笔名及任何代表乙方身份的文字符号等，下同）、肖像（包括但不限于真人肖像及卡通肖像等）、平台账号（包括名称、密码等）、形象、著作作品、录音录像制品等。甲方有权对乙方对外宣传和营销的平台（如微信、QQ、抖音、快手、小红书、微博等）进行统一管理和运营，乙方应全力配合。

2.1.4 除乙方违约、违规或第三方演艺平台原因，甲方可以暂缓或终止分配收益，甲方应按时依据本协议的约定分配相关收益。

2.1.5 甲方有权制订相关管理规则并对乙方的工作进行监督，对乙方不合法、不合规或不配合甲方要求进行演艺活动的行为有权进行制止、警告、终止直播直至收回直播账号关闭直播间，因此所产生的全部责任和损失由乙方承担。

2.1.6 如因乙方原因致使甲方被相关政府执法部门或第三方平台处罚的，甲方有权解除本协议并要求乙方承担全部责任和损失。

2.1.7 甲方有权将乙方输送给甲方指定的合作公司，与乙方合作运营。

2.2 乙方的权利及义务①：

2.2.1 乙方应当按照双方商议的时间、地点完成摄制、直播及通告活动，宣传甲方提供的产品，促成销售。

2.2.2 乙方不得私自进行摄制、直播及通告，乙方私下进行的摄制、直播及通告须获得甲方同意，否则视为乙方违约。

2.2.3 协议期间，乙方接受的商业活动都须向甲方报备，须甲方同意后方可参加。

① 本文列入条款的是实务中较为常见产生纠纷的条款，在实际使用中应当根据需求进行取舍。

2.2.4 乙方不得私自在平台上接受广告、代言等业务，否则视为乙方违约。平台上所有此类业务都由甲方代为审核，双方协商后确定是否接受。

2.2.5 乙方作为甲方合作伙伴，应积极维护甲方公司形象、声誉，并遵守本协议的相关约定。

2.2.6 乙方与甲方合作期间，不得再与第三方在甲方合作平台签订合作协议，否则视为违约。

2.2.7 乙方作为甲方合作伙伴，无论是合作还是私下摄制、直播及通告，以及平时生活，都应遵守国家法律、法规，保护自己的公众形象，乙方不得有以下行为，否则甲方有权对乙方进行警告，并视乙方的情节单方解除本协议、索赔等：

2.2.7.1 触犯国家法律、法规，受到司法机关处罚的；

2.2.7.2 在公众面前行为不端、言语不检点，有违背公序良俗、严重损害本人或甲方形象的行为或语言的；

2.2.7.3 不尊重粉丝，严重伤害粉丝感情，造成恶劣后果的；

2.2.7.4 未满 16 周岁或 16 至 18 周岁未提供监护人同意材料的[①]；

2.2.7.5 合作期间涉及黄、赌、毒等的；

2.2.7.6 平台其他明令禁止的言行。

2.2.8 协议期间，甲方拥有乙方用于摄制、直播及通告的平台账号及其关联的微博、微信等账号的使用权，乙方不得私自更改相关账号的信息，如需更改须征得甲方同意；

2.2.9 协议期间，乙方未经甲方允许，不得在平台上开设网络店铺，通过乙方的直播进行推广销售，否则视为违约。

2.2.10 协议期限内，乙方一切商业活动必须报备给甲方。通过摄制、直播及通告获取或者通过甲方资源获取的商业收益，甲方都有定夺权和参与权，并参与定价及利益分成。

2.2.11 乙方在协议期限内，直播间售卖的商品链接佣金不得低于________%。

2.2.12 乙方在协议期限内，自身的财产和人身安全由乙方自行负责。

3 合作期限和协议终止

3.1 合作期限为【 】年，从签订本协议的当天开始。续签时双方须协商分成条款，协商范围为 4.1 或 4.2 中二选其一，如有单方面提出本协议以外的分成

① 该条为《关于规范网络直播打赏 加强未成年人保护的意见》第二条第二款的强制规定。

方式，则提出方视为违约，需按本协议赔付守约方的综合经济损失。双方一致同意：为了双方之间的相互了解，双方约定本协议签订后【 】个月为合作考察期，考察期间乙方依约在甲方指定平台进行相关活动，如考察期满乙方通过甲方考察，则考察期间将计算在本协议期之内。

3.2 当【 】年期合作届满，若乙方的税后综合收入大于等于【 】万元(大写：人民币【 】万圆整)，则甲方在同等条件下可优先续约，乙方不得进行单方面拒签，拒签等同于乙方单方面违约，续约有限期【 】年，以续签日起计。

3.3 乙方要退出本协议 1.1 项下所涉及的任何范围平台的，则需要提前【 】个自然月向甲方提交申请，经甲方审核同意方可解除本协议；若甲方经考核不通过解约申请，乙方强行解除，算作乙方违约。

3.4 协议签订后，乙方应积极配合甲方在本协议 1.1 项下所指定的任何范围平台的所有操作。

3.5 发生下列情况之一，本协议提前终止：

3.5.1 经双方协商一致，签订终止协议。

3.5.2 任何一方发生重大违约，导致非违约方认为无法继续开展合作，非违约方要求提前终止时本协议提前终止。

3.5.3 因不可抗力或者其他意外事件，使得本协议的履行不可能、不必要或者无意义的，经双方协商并同意后，即可解除本协议。订立本协议所依据的客观情况发生重大变化，致使本协议无法履行的，经双方协商同意，可以变更本协议相关内容或者终止本协议。

3.5.4 其他法律法规规定的终止事由。

4 协议双方权益及分配①

4.1 广告报酬：指商家为产品摄制、直播及通告而支付给甲方的固定报酬(含平台佣金)，当且仅当乙方作为合作方参与本项目的，经平台要求扣取平台费用后的金额按照甲乙双方规定比例分配，若无中间平台的，则以甲方既得收入按照甲乙双方规定比例分配。

4.2 代销佣金：指商家以营利性目的为前提委托甲方在指定平台代为销售的，当且仅当乙方作为合作方参与本项目的，销售佣金按照甲乙双方规定比例分配。

4.3 自营利润：指甲方自营品牌、店铺及渠道等产生销售的，当且仅当乙方作为合作方参与本项目的，销售佣金按照甲乙双方规定比例分配。

---

① 具体比例根据双方协商确定。

4.4　内容投放：该部分由甲乙双方另行协商。

4.5　其他利益的分配方案：

4.5.1　线下的商演驻场活动：商业洽谈必须由甲方出面沟通，价格由甲方确定，乙方不能私下确定。摄制、直播及通告活动的广告费及佣金的分配比例为乙方【　】%，甲方【　】%。

4.6　在协议期限内，乙方如有以下情况发生，甲方有权对乙方的摄制、直播及通告权限冻结或解除，情节严重的，甲方有权判定为乙方违约：

4.6.1　摄制、直播及通告的次数和时间没有达到公司规定的要求的；

4.6.2　乙方不服从甲方安排的合理的摄制、直播及通告任务的；

4.6.3　乙方利用摄制、直播及通告方式，严重损伤甲方的利益的；

4.6.4　乙方利用摄制、直播及通告私自收取广告费，特意隐瞒甲方的；

4.6.5　乙方修改账号和密码，不通知甲方的。

5　违约责任

5.1　双方在合作中知悉的另一方的商业信息，以及本协议约定的内容均应保密，不得对第三方披露。本条款自本协议终止之日起一年内有效，任何一方违反本条款，均应对另一方承担违约责任①。

5.2　任何一方违反本协议项下义务，均构成违约，须承担造成损失的金额赔偿。应按照其给对方造成的相应经济损失（包括但不限于直接损失、间接损失、预期收益、律师费用、维权费用等）进行赔偿。

5.3　乙方在本协议有效期内要求解除本协议，视为乙方违约，甲方有权要求乙方退还甲方已为乙方合作期间所花费的全部费用（届时甲方须出具费用清单证明，并须接受税务审核），乙方另须承担解约提出月份甲方收益的金额的【　】倍的违约金，违约金不得低于人民币【　】万元（大写：人民币【　】万圆整）②。

5.4　乙方在签订本协议时，向甲方保证未与任何第三方签订过会影响本协议履行的协议；且本协议有效期内，乙方不再与任何第三方或同类企业签订类似协议。否则视为乙方严重违约，乙方应退还甲方为本协议支付的全部费用，并承担违约金【　】万元（大写：人民币【　】万圆整）。

---

① 双方可就保密义务另行详细约定保密协议。

② 违约条款需要根据不同的主播制订不同的合作方案，避免花费大量资源培养的主播在爆红后直接跳槽。

6 争议解决

6.1 双方因本协议效力或履行发生争议，均应先行协商解决。协商不成的，均可向【 】所在地人民法院诉讼解决。

6.2 如双方发生纠纷，乙方自纠纷发生之日起至纠纷有关法律文书生效之日期间不得使用甲方为乙方提供/经营/签署合作相关平台上使用的推广名、账号、ID、昵称（包括艺名等）、头像、音视频等，且乙方在此期间不得在任何其他平台参与任何商业或非商业的活动。

7 其他

7.1 本协议有效期内，对于其中的条款，双方协商后可签订补充协议进行调整。

7.2 本协议壹式叁份，甲方执壹份，乙方执壹份，备份壹份，均具有同等法律效力。

（以下无协议正文）

甲方签字盖章： 乙方签字/手印：

日期： 日期：

三、平台注册协议(主播端)

【 】平台注册协议

(主播端)

更新日期:【 】年【 】月【 】日

生效日期:【 】年【 】月【 】日

【 】平台系指【 】公司(以下简称“我们”)合法拥有并运营的直播平台,为您提供包括但不限于个性化音视频推荐、网络直播、发布信息、互动交流、搜索查询等核心服务及其他服务。《【 】平台注册协议》,是您使用我们提供服务,我们和您所约定的规范双方权利和义务的具有法律效力的电子协议,下称“本协议”。**您勾选“我同意”或点击“我已阅读并遵守该协议”按钮,即表示您已经仔细阅读、充分理解并完全地、毫无保留地接受本协议的所有条款。**

为了更好地为您提供服务,请您在开始使用【 】平台相关服务之前,认真阅读并充分理解本协议,特别是涉及免除或者限制责任的条款、权利许可和信息使用的条款、同意开通和使用特殊单项服务的条款、法律适用和争议解决条款等。**其中,免除或者限制责任条款等重要内容将以加粗形式提示您注意,您应重点阅读。**

如您未满16周岁或已满16周岁未满18周岁且不能提供监护人同意注册的身份资料,您将不能使用我们的服务。

如您不同意本协议,这将导致我们无法为您提供完整的产品和服务,您也可以选择停止使用。**如您自主选择同意或使用【 】平台相关服务,则视为您已充分理解本协议,并同意作为本协议的一方当事人接受本协议以及其他与【 】软件及相关服务相关的协议和规则(包括但不限于《【 】隐私政策》)的约束。**

如对本协议内容有任何疑问、意见或建议,您可通过登录【 】客户端内的“反馈与帮助”页面或发送邮件至【 】与公司联系。

第一条 总则

1.**【 】平台是指由【 】公司及其关联公司合法拥有并运营的直播平台。**您根据我们注册要求及规则,在我们合法经营的【 】平台(以下简称“平台”)上申请成为我们的直播服务提供方(或称“直播方”),为我们平台用户提供直播服务,您在我们平台提供服务期间均应视为协议期内。我们不事先审核前述被上载的由您参与、编辑、制作的视频内容,也不主动对该等视频进行任何编辑、整理、修改、加工。

2.签署本协议前,您已充分了解我们的各项规则及要求,且有条件及能力、资格履行本协议约定的直播方职责及义务。本协议对您构成有效的、带有约束力的、可强制执行的法定义务,您对本协议下所有条款及定义等内容均已明确知悉,并无疑义。

3.您承诺并声明在为我们提供服务时符合所在地法律的相关规定,不得以履行本协议的名义从事其他违反中国及所在地法律规定的行为。

4.您与我们不构成任何劳动法律层面的雇佣、劳动、劳务关系,我们无须向您支付社会保险金和福利。

第二条　我们权利义务

1.我们有权制订平台运营制度及对直播方的管理规则,并将其作为本协议的一部分,有权对您进行管理和监督,有权根据运营情况对相应规则做出调整或变更,您对此表示理解和同意。

2.我们有权对您的直播服务提出改进建议和意见,您应在收到我们的建议和意见后【　】个工作日内进行相应的整改,否则我们有权限制、关闭、回收或终止您对【　】直播间的使用,相应扣减应支付给您的服务费用(若有),可能会给您造成一定的损失,该损失由您自行承担,我们不承担任何责任。

3.我们有权使用您的名称(包括但不限于您的真实姓名、笔名、网名、曾用名及任何代表您身份的文字符号)、肖像(包括但不限于真人肖像及卡通肖像等)进行我们平台的各类宣传。

4.我们负责提供平台技术服务支持,同时负责平台服务费用结算(若有)。

第三条　您权利义务

1.您应当使用真实身份信息及个人资料,不得以虚假、冒用的居民身份信息、企业注册信息、组织机构代码信息进行注册并认证。若您的个人资料有任何变动,应及时更新。**我们禁止未满16周岁的未成年人直播,若法定监护人希望已满16周岁而未满18周岁的未成年人得以提供本协议约定的网络直播及直播服务的,必须以法定监护人身份加以判断该等服务内容是否适合未成年人,并由法定监护人承担因此导致的一切后果**。您承诺不会因执行本协议损害任何第三方合法利益,您接受并履行本协议不违反任何对您有约束力的法律文件,亦不会使我们对任何第三方承担责任。

2.您自己承担进行直播所需要的网络、支持视频和语音的设备,并保证直播图像清楚和语音清晰、稳定。

3.您承诺愿意遵照平台设定的直播间申请程序,提交平台所需的申请材料并自愿缴付相应的保证金。

4.您承诺直播房间必须作【 】直播用途，不得用于其他任何非【 】直播性质的活动。

5.您开展本协议项下【 】直播事项和/或在本平台上发布的所有信息/资讯/言论/内容等均不得含有任何违反中华人民共和国有关法律法规及规定的内容，包括但不限于危害国家安全、淫秽色情、虚假、违法、诽谤(包括商业诽谤)、非法恐吓或非法骚扰、侵犯他人知识产权、人身权、商业秘密或其他合法权益以及有违公序良俗的内容或指向这些内容的链接。

6.您承诺积极维护我们及我们平台形象，您不会做出有损于我们及/或我们平台形象或利益的行为，本协议期内及协议终止后，您不会通过任何渠道(包括但不限于网站、博客、微博、微信、QQ聊天群、玩家聚会等)暗示或发布不利于我们及/或我们平台的言论。

7.未经我们书面同意，您不得在任何场合以任何形式(包括但不限于文字、口播、视频贴片等)提及第三方竞争平台的相关信息，不得引导或为我们平台现有用户、其他直播方及我们员工进入其他第三方竞争平台提供任何信息或便利，包括但不限于提供联络上的协助、进行说服工作等。

第四条 服务费用及结算

1.以您为平台用户提供【 】直播服务为前提，您可根据我们结算要求及规则申请结算相关收益(若有)。我们就您直播间内产生的虚拟礼物以数量为计价单位，且以一定比例为价值基准按【 】平台规则进行结算，作为支付给您的服务费用。对于非正常手段获得的虚拟礼物消费，我们有权进行独立判断和处理。

2.您所获得的服务费用应当依据国家相关法律法规缴纳税金，我们将您所获得的服务费用支付于您在用户中心中填写的银行账户中，您可在登录我们平台后在个人中心—主播相关—收益记录中查询相关信息（结算数据为含税数据）。

3.若您为自然人，并在我们平台注册并通过个人认证的，则我们有权将您所获得的服务费用支付于您在用户中心填写的银行账户中；若您为法人或其他组织，并在我们平台注册且通过机构认证的，则我们有权将您所获得的服务费用支付于您在机构认证页面填写的机构账户中，但您应当在我们付款前5个工作日内向我们提供等额有效的增值税专用发票(发票名目为直播服务费)，因您延迟提供发票导致我们付款延迟的，不构成我们违约。我们按照您填写的账户支付服务费用，即视为我们已经履行了本协议约定的付款义务。若您为法人或其他组织的，您工作人员或旗下主播因管理及运营该账号及其直播房间产生的费用，由您与您工作人员或旗下主播之间自行结算。若您因该费用结算而引起纠纷、诉讼或赔偿给我们造成损失的(包括但不限于您拖欠您工作人员或旗下主播薪资费用时我们先行垫付其薪资的款项),我们有权在应付服务费用中先行扣除,不足部分我们有权向您追偿。

4.您保证填写账户信息正确、真实、有效,如因账户信息造成我们的任何支付错误,由您独自承担责任。同时,若您需要变更账户信息,须及时书面通知我们,新账户信息由您提交申请且经我们审核通过后下一个结算月生效。

第五条　保密制度

1.您应严格遵守我们的保密制度,承诺无限期保守我们的商业秘密。因您违反约定使用或披露我们商业秘密和信息使我们遭受任何名誉、声誉或经济上的直接或间接的损失,您应赔偿我们人民币【　】元违约金,不足以弥补我们损失的,您还应赔偿我们损失。

2.商业秘密是指由我们提供的,或者您在双方合作期间了解到的,或者我们对第三方承担保密义务的,与我们业务有关的,能为我们带来经济利益,具有实用性的、非公知的所有信息,包括但不限于:技术信息、经营信息和与我们行政管理有关的信息和文件(含本协议及相关协议内容)、您从我们获得的服务费用的金额和结算方式、标准、权利归属方式、授权方式、客户名单、其他直播员的名单、联系方式、服务费用、我们工作人员名单等不为公众所知悉的信息。

3.您应严格遵守本协议,未经我们书面授权或同意,对我们的商业秘密不得:

(1)以任何方式向第三方或不特定的公众进行传播、泄露;

(2)为非本协议的目的而使用我们的商业秘密。

4.本协议终止后,您应将我们的商业秘密悉数返还我们,或在我们监督下,将记载我们商业秘密的全部文件销毁。

5.本条规定在本协议终止后仍然有效。

第六条　协议的变更、解除、终止

1.我们有权在必要时变更、解除、终止本协议,并在相关页面进行通知,变更后的协议一旦在相关的页面上公布即有效代替原来的协议。本协议条款变更后,如您继续为我们平台用户提供直播等直播服务,即视为您已知悉并接受变更后的协议。如您不同意我们对本协议所作的任何变更,您应立即书面通知我们并停止在我们平台进行的任何直播服务。

2.双方就解除本协议协商一致即可终止协议。

3.您有下列情形之一，我们可以立即解除本协议，不需要提前通知：

(1)我们发现您违反对本协议所做的声明与承诺的；

(2)因您行为直接或间接对我们利益造成重大损害的；

(3)违反国家法律法规的；

(4)违反本协议规定的其他义务的；

(5)以消极、不作为等不符合我们要求的方式履行本协议(即使未构成违约)，经我们通知后10日内仍未改正的；

(6)因异常情形的出现，我们认为您不适合进行本协议下服务事项，经我们通知后10日内异常情形仍未消除的；

(7)因我们业务调整，不再进行直播服务业务的。

4.由于本协议第六条第1、2款造成的协议解除、终止，我们按本协议第四条规定及我们平台实时政策约定与您结算服务费用。

5.由于本协议第六条第3款造成的协议解除、终止，我们有权扣除您账号中尚未结算的全部服务费用，并有权要求您按约定承担违约责任。

第七条　违约责任

1.任何由于您声明不实或违反其声明承诺事项导致他方向我们提起诉讼、索赔及/或导致我们声誉受损的后果，您将承担我们因此产生的全部直接及间接费用、损失及赔偿，其中包括我们为诉讼支付的有关费用及律师费。

2.除本协议另有约定外，您违反本协议下任何规定或您提供的服务不符合我们要求的，我们有权单方面采取相应限制或处罚措施，包括但不限于：限制、关闭、回收或终止您对【　】直播间的使用，限制或停止某项单独服务(如视频直播)并根据实际情况决定是否恢复使用，扣除您账号中尚未结算的服务费用。

第八条　争议处理

因履行本协议而产生的任何争议，双方均应本着友好协商的原则加以解决。协商解决未果，任何一方均可以提请【　】人民法院诉讼解决。

四、商品推广服务协议

商品推广服务协议

协议编号：

甲方：
地址：
联系人：
联系电话：
联系邮箱：

乙方：
地址：
联系人：
联系电话：
联系邮箱：

鉴于：

1.乙方已与【 】就【 】直播项目达成合作，可以在此项目中推广甲方商品。

2.甲方为【 】(品牌产品)的生产商/代理商，对该商品拥有完整的所有权以及品牌的知识产权。

3.经双方协商一致，就甲方委托乙方在与【 】合作的【 】直播项目中推广其商品达成本协议条款(以下称为“本协议”)如下：

1 定义

1.1 推广商品：本次推广商品为甲方生产/经营的【 】(产品及品牌名)，甲方对推广商品享有完整的所有权以及品牌知识产权。

1.2 固定链接费用：在本次直播项目中单个产品直播间发布、推广甲方商品的基础费用。

1.3 销售佣金：除甲乙双方约定的固定链接费用外，甲方还将向乙方支付直播总销售额的【 】%作为奖励，称为“销售佣金”。

1.4 品牌直播短视频费用：艺人直播过程中宣传甲方商品的短视频片段使用费用。

2 合作内容

2.1 甲方委托乙方在与【 】直播项目中为甲方的商品进行推广服务。

2.2 直播发布时间：20 ____年____月____日。

2.3 直播推广服务内容包含：

2.3.1 直播间商品单链接；

2.3.2 直播间商品介绍与展示；

2.3.3 品牌直播短视频宣传使用权。

3 费用及支付

3.1 甲方向乙方支付商品固定链接费用单价为人民币________元，大写：________圆整（含税），甲方需推广的商品共计【 】件，固定链接费用总价共计人民币________元，大写：________圆整（含税）；自本协议签订之日起【 】个工作日内，甲方同意一次性通过银行转账形式向乙方支付协议全部款项。乙方在收到甲方支付的全部价款后应当向甲方开据等额合法有效的增值税专用发票。

3.2 双方协商一致设置销售佣金，销售佣金比例为【直播销售总额】的________%。推广直播服务结束后，直播平台自动结算销售总额。若平台结算有误或甲方需后补佣金的，具体直播服务内容执行完毕后，乙方将依据合作对应后台有关数据向甲方提出所涉后补佣金结算，且甲方应于【 】个工作日内予以审核并支付款项，逾期告知审核结果视为确认，确认后按约支付佣金并承担相应税点；若由此给乙方造成损失的，甲方须赔偿相应损失。乙方收到销售佣金后【 】个工作日内向甲方开据等额合法有效的增值税专用发票。

3.3 双方协商一致设置品牌直播短视频费用共计人民币________元，大写：________圆整（含税）；自本协议签订之日起【 】个工作日内，甲方同意一次性通过银行转账形式向乙方支付协议全部款项。乙方在收到甲方支付的全部价款后应当向甲方开据等额合法有效的增值税专用发票。

3.4 乙方账户信息：【 】。

3.5 甲方开票信息：【 】。

4 双方权利义务

4.1 承诺与保证：

4.1.1 甲方保证其在本协议签订及履行期间，具备签订、履行本协议所必备的资格、资质与能力，否则乙方有权随时解除本协议，同时甲方须赔偿乙方或其他第三方因此遭受的全部损失（含直接损失和间接损失）。

4.1.2 甲方保证其是推广产品的品牌方、经营者或代理商，并应当在不晚于签署本协议的时间向乙方提供相关证明。

4.1.3 甲方承诺提供的产品无质量问题，符合国家法律法规及相关标准的要求，截至直播发布时，产品使用有效期至少6个月，甲方应在服务开始前向乙方提供相关生产销售资质证件、质量合格证明、检测报告、产品说明书、生产厂家营业执照及生产销售许可文件等。双方确认，乙方仅为甲方提供推广服务，与最终用户之间不存在任何法律关系，因甲方商品质量或甲方与最终用户的买卖行为产生的一切法律责任由甲方自行承担，因此导致乙方的一切损失及赔偿责任(包括但不限于乙方及直播栏目邀请的主持人、主播、艺人和嘉宾因此遭遇第三方诉讼、索赔、行政处罚等)均由甲方负责，乙方及直播栏目邀请的主持人、主播、艺人和嘉宾不承担任何责任。

4.2 甲方权利义务：

4.2.1 甲方提供的合作条件：

4.2.1.1 甲方本次合作的商品为:【 】。

4.2.1.2 甲方本次合作的商品信息链接为:【 】;如甲方须入驻乙方【 】小店，则须另行授权乙方进行销售。

4.2.1.3 甲方本次合作的商品优惠方式为:【 】。

4.2.1.4 甲方本次合作的商品在该场直播最终成交价格为:【 】。

4.2.1.5 甲方为此次推广服务免费寄送商品作为样品至乙方或乙方指定第三方处，样品不退还(电器类寄送壹份以上，服装饰品类寄送壹份以上，零食酒水类寄送叁份以上，美妆护肤类寄送贰份以上，家清百货类寄送贰份以上，家居家具类寄送壹份以上)。样品接收地址:【 】，联系人:【 】，联系电话:【 】。

4.2.1.6 甲方同意乙方及本次直播项目合作方在栏目推广和直播过程中使用该商品的商品元素(包括但不限于商品名称、商品商标、商品图像、商品品牌、商品功能、商品特色等)。

4.2.2 甲方基于本合作享有的权益仅限甲方指定的【 】(店铺名/品牌/商品)使用，未经乙方书面同意，不得转让，否则乙方有权拒绝提供服务。

4.2.3 甲方对直播内容拥有合理建议权，乙方应予以采纳并及时反馈。

4.2.4 若本服务履行须使用甲方指定商品样品的，甲方应按乙方要求将样品完好寄送至指定地点。甲方应向乙方及合作方提供详细的商品介绍资料(如需要)，以供乙方更好地了解该商品;乙方的审查、试吃、试用、确认并不视为乙方对选品的质量瑕疵及权利瑕疵承担责任，商品的质量瑕疵、权利瑕疵、售后服务等全部事项及责任，均由甲方承担。

4.2.5 甲方应在合作开始前核算商品库存，在本协议执行过程中，甲方需及时告知乙方商品库存情况。

4.2.6　因甲方原因造成的第三方投诉、诉讼等或其他导致无法执行直播的一应后果由甲方自行承担，甲方不得以此向乙方请求任何违约及赔偿责任，如以下情形：

4.2.6.1　甲方提交的资料或修改意见违反法律法规或公序良俗；

4.2.6.2　甲方提交的资料或修改意见侵犯第三方知识产权或其他合法权益；

4.2.6.3　甲方指定商品、店铺或品牌因被投诉、扣分、下架等导致不符合第三方平台资质要求或执行要求等。

4.2.7　若因以下甲方原因导致乙方及其合作方未能按时提供服务的一应后果由甲方自行承担，甲方不得以此向乙方请求任何违约及赔偿责任，不视为乙方违约，执行周期由双方另行协商。

4.2.7.1　甲方未按协议约定支付款项；

4.2.7.2　甲方未按乙方要求（包括但不限于时间、数量、规格等）提交表格、样品等；

4.2.7.3　甲方要求乙方更改双方已经确认通过的商品。

4.2.8　甲方有权在直播结束后【　】日内使用品牌直播片段用作宣传，使用期限结束后，甲方无权再使用该等视频。

4.2.9　甲方未经乙方同意不得使用乙方或乙方合作第三方栏目中涉及艺人（含肖像、姓名、声音等）的任何元素（包括但不限于照片、音频、视频、花絮、海报、宣传物料等）进行任何商品宣传。如甲方未经乙方同意使用涉及乙方直播栏目中的艺人的任何元素用于任何宣传，视为甲方违约，在甲方收到乙方书面通知后应立刻停止侵权行为，同时乙方有权停止本协议项下的所有合作，取消协商过的一切合作内容（包含但不限于授权书、互动在内的权益等），甲方须自行承担由此产生的一切后果，若由此给乙方或乙方栏目中的艺人造成损失的，甲方须赔偿相应损失。

4.2.10　甲方以及其员工、关联方应注意言论，不得以任何形式在任何渠道发表含有贬损乙方、乙方合作的第三方、乙方栏目、乙方委托的第三方栏目艺人的人格、信仰、名誉、声誉等不利言论，否则视为甲方违约，乙方、乙方合作的第三方、乙方栏目、乙方委托的第三方栏目艺人有权追究甲方的侵权责任。

4.2.11　甲方保证有权签署并履行本协议，且其签署并履行本协议不存在任何违法、违规、违约或侵犯他方合法权益的情形；甲方提交的任何商品、资料不应存在任何违反公序良俗、危险性、色情、暴力或其他敏感争议内容。若因甲方违反该等保证造成任何纠纷、争议或处罚，由甲方自行负责解决并承担全部责任，若因此造成乙方、乙方委托的第三方或艺人损失的，甲方应承担全部赔偿责任。

4.2.12　甲方不得要求乙方违反法律法规和国家有关规定进行网络直播营销活动，若因甲方违反该等保证造成任何纠纷、争议或处罚，由甲方自行负责解决并承担全部责任，若因此造成乙方、乙方委托的第三方或艺人损失的，甲方应承担全部赔偿责任，具体负面清单如下：

4.2.12.1　违反《网络信息内容生态治理规定》第六条、第七条规定的；

4.2.12.2　发布虚假或者引人误解的信息，欺骗、误导用户；

4.2.12.3　营销假冒伪劣、侵犯知识产权或不符合保障人身、财产安全要求的商品；

4.2.12.4　虚构或者篡改交易，关注度、浏览量、点赞量等数据流量造假；

4.2.12.5　骚扰、诋毁、谩骂及恐吓他人，侵害他人合法权益；

4.2.12.6　传销、诈骗、赌博、贩卖违禁品及管制物品等；

4.2.12.7　通过不正当竞争的方式进行产品宣传推广；

4.2.12.8　其他违反国家法律法规和有关规定的行为。

4.3　乙方权利义务：

4.3.1　乙方应按约定时间为甲方认真负责地完成约定的商品推广服务；

4.3.2　如需入驻乙方【　】小店的，乙方应及时上架商品并产生商品固定链接；

4.3.3　乙方应如实向甲方告知直播商品推广服务细节；

4.3.4　乙方承诺按约定为甲方提供服务(发生不可抗力时除外)，乙方义务范围仅限于依照本协议附件所载约定向甲方提供相应服务，甲方明确知悉，乙方不承诺本协议标的服务所产生的销售结果及影响；

4.3.5　因第三方平台规则的客观限制，双方达成谅解并一致同意，本协议所载的活动乙方有权自行决定其形式、方式、期间等内容，包括但不限于宣传资料的策划、直播的拍摄方案、投放渠道、呈现品牌数量、最终表现形式等，同时乙方有权对甲方提供的宣传资料(若有)进行审查并决定是否予以通过或修改等。

5　知识产权条款

5.1　甲方应保证向乙方提供的所有资料、内容等真实、合法、有效且不侵犯任意第三方合法权益；否则由此造成第三方投诉等后果的，甲方承担一应后果。

5.2　本协议项下产生的一应成果物包括但不限于宣传海报、宣传图文，宣传短视频等的知识产权归乙方或乙方合作的第三方所有，成果物的一应投放及撤销行为均由乙方或乙方合作的第三方实施；除本合同约定的使用外，未经乙方同意，甲方不得对成果物进行编辑、剪切、复制等形式更改，由此所造成的一应后果由甲方自行承担；未经乙方同意，甲方不得就该成果物进行任何形式的转载、转发等使用。

5.3　甲方同意，自合作之日起，甲方即在本合同履行期内授权乙方及乙方合作的第三方可无偿使用甲方所拥有的商号、商标等权利，授权使用范围仅限于乙方及乙方合作的第三方用于本协议项下合作服务或为宣传推广项目之用。乙方不得将甲方授权内容擅自使用于未授权的适用范围，否则应承担相应违约责任。

5.4　乙方及乙方合作的第三方直播间出席的主播、主持人、艺人和嘉宾并不构成甲方或其关联公司及品牌、产品的形象代言人，否则视为甲方违约，乙方及乙方合作的第三方有权追究甲方的违约责任，主播、主持人、艺人和嘉宾侵权有权追究甲方的侵权责任。

6　保密条款

6.1　自本协议生效之日起，双方须严格为对方保守商业秘密及其他保密信息（包括但不限于合同信息、技术信息及经营信息等），不得以任何目的向第三方（双方获得授权有关雇员和顾问除外）披露本协议的任何条款和履行本协议过程中得到的有关另一方的任何保密性商业信息，除非该披露是因法律规定、政府部门的命令、法院指令或有关证券交易所的规定。

6.2　如本协议缔约方违反上述约定，违约方应向守约方承担违约责任，如因违约行为导致守约方受到直接或间接损失的，不论该损失是有形的亦或无形的，违约方皆应承担完全的赔偿责任。

6.3　本条款为独立条款且永久有效，不受本协议期限限制，也不因本协议其他条款无效而无效。

7　通知条款

7.1　除非本协议另有约定，就合作相关的所有事项，双方可通过下述指定邮箱进行确认：

7.1.1　甲方联系人电子邮箱____________________________；

7.1.2　乙方联系人电子邮箱____________________________。

7.2　任意一方在收到对方上述邮箱邮件后须在3个工作日内予以回复或确认，逾期未回复的，视为确认邮件内容。

7.3　任一方的通知人及（或）指定邮箱发生变更的，应在变更前书面通知另一方；变更未及时书面通知的，通过原发出方通知人及其电子邮件发出的内容视为发出方的真实意思表示，由发出方承担相应的责任。甲乙双方通过上述方式达成一致的内容为本协议的补充协议，对甲乙双方均具备法律效力。

8 协议的变更、解除及违约责任

8.1 甲方违反本协议约定义务，一经乙方发现或者用户对乙方提起投诉(包括但不限于商品质量瑕疵、售假等引起的严重投诉)，乙方有权立即单方面停止工作并向甲方进行核实，若事实成立(如甲方因上述原因受到直播相关所属平台处罚的，亦视为事实成立)，甲方须向乙方支付人民币【 】作为违约金。

8.2 甲方未按约定期限付款的，乙方有权单方面终止本协议；乙方未按约定期限提供服务的，甲方有权要求乙方返还已支付的商品推广服务费。

8.3 甲方超出本协议约定期限使用品牌直播短视频的，视为违约。每多使用一日应当支付乙方人民币【 】作为违约金。如任何第三方因此向乙方索赔造成乙方损失的，甲方应赔偿乙方损失。

8.4 对于甲方须入驻乙方【 】小店进行销售的，如因甲方原因(包括但不限于商品质量、物流配送等)产生消费者纠纷的，由甲方承担全部责任。如乙方因此垫付消费者赔款的，甲方应全部向乙方赔偿。

8.5 本协议一方违反本协议中的保证、承诺或任何约定/法定义务的，即为违约，违约方须赔偿守约方因此遭受的全部损失(包括但不限于直接损失和间接损失)以及为此支出的诉讼费(或仲裁费)、保全费、评估费、拍卖费、执行费、律师代理费、调查取证费等费用。

9 不可抗力

9.1 本协议所指的不可抗力包括但不限于自然灾害、战争、外部通信系统故障、重大技术故障和法律、政策的变化等。

9.2 出现不可抗力事件时，知情方应及时、充分地向对方以书面形式发通知，并告知对方该类事件对本协议可能产生的影响，并应当在合理期限内提供相关证明。

9.3 若因不可抗力导致本协议不能履行的，缔约双方可协商解除或延期履行本协议；若因不可抗力导致缔约一方或双方，部分或全部无法依约履行本协议的，在未履行方及时告知缔约对方并积极采取有效合理措施的前提下，未履行方不承担违约责任，协议未履行部分的处置由双方协商决定。

9.4 因不可抗力不能履行协议的，根据不可抗力的影响，部分或者全部免除责任，但法律另有规定的除外。当事人迟延履行后发生不可抗力的，不能免除责任。

10 反腐败条款及反商业贿赂条款

10.1 本协议任何一方均不得向对方或对方经办人或其他合同相关人员索要、收受、提供、给予合同约定外的任何利益,包括但不限于明扣、暗扣、现金、购物卡、实物、有价证券、旅游或其他非物质性利益等,但如该等利益属于行业惯例或通常做法,则须在合同中明示。任何一方违反前述约定的都视为根本违约,守约方因此遭受损失的,违约方应承担相应的赔偿责任,同时,守约方有权随时解除本协议且不承担任何违约责任;情节严重的,守约方有权移交司法机关处理。

11 其他

11.1 本协议未尽事宜、变更、补充等内容,可由甲乙双方另行协商并书面确认。本协议有关补充协议、附件等均为本协议不可分割的组成部分,具有同等法律效力,对甲乙双方产生约束力;当文件条款有冲突时,以修改后的文件条款优先适用。

11.2 甲乙双方如有争议,应由双方协商解决,如协商不成,任一方均有权向【 】所在地人民法院提起诉讼。

11.3 本协议壹式贰份,甲乙双方各执壹份,具有同等法律效力,自甲乙双方签字且盖章之日起生效。

(以下内容无正文)

甲方:	乙方:
签约代表:	签约代表:
日期: 年 月 日	日期: 年 月 日

五、助播协议

助播协议

合同编号：

甲方：
地址：

乙方：
地址：

鉴于：

1. 甲方已与【　】签订了《【　】直播商品推广协议》，为其【　】产品提供直播服务。

2. 甲方根据该场直播需求须委托助播协助直播。

3. 乙方有助播经验，符合甲方协助直播需求。

4. 甲乙双方本着平等自愿、互利有偿、诚实守信的原则，根据中华人民共和国相关法律法规的规定，经友好协商一致，就甲乙双方开展【　】直播合作事宜达成如下条款，以共同遵守执行：

1　合作事项

1.1　乙方通过直播协助为甲方推广品牌产品：甲乙双方在【　】平台开展直播合作，甲方委托乙方协助甲方主播【　】进行直播工作。乙方为甲方提供直播协助，其中包含【　】位助播，【　】位场控，【　】位执行，【　】位氛围组，【　】位流量投手①。

1.2　直播产品：【　】②。

1.3　直播时间：【　】年【　】月【　】日，时长为【　】。

1.4　主播：【　】。

2　服务费用

2.1　以上服务甲方需支付乙方服务费用总额是人民币【　】元（大写金额：

---

① 所需内容根据实际业务进行调整。

② 明确合作产品及合作的品牌对象，确认销售授权的正当性。

【 】圆整),以上费用为本合同全部费用。

2.2 付款时间:甲乙双方同意采用银行转账的方式支付服务费用,甲方在签订合同后【 】天内一次性支付人民币【 】元(含税)给乙方,乙方在甲方付款后开具发票。

2.3 乙方收款账号:【 】。

2.4 甲方增值税专用发票开票信息:【 】。

2.5 如费用产生变化,甲乙双方可通过指定联系人进行邮件确认,具有同等法律效力:

2.5.1 甲方联系人:【 】联系邮箱:【 】联系电话:【 】。

2.5.2 乙方联系人:【 】联系邮箱:【 】联系电话:【 】。

2.5.3 上述内容如有变化须事先通知,否则视为无效确认。

3 甲方权利义务

3.1 甲方有义务向乙方及时提供有关推广品牌、产品的基本信息。甲方提供资料的所有权及知识产权均归甲方客户品牌所有,乙方仅可在履行本合同约定义务范围内进行使用。

3.2 甲方按照双方约定向乙方支付服务费用。

3.3 甲方应当按照约定及双方确认的直播时间、主播账号等直播条件配合乙方完成直播活动。

3.4 合同期间,如甲方提出变更直播时间、主播账号等要求,应及时与乙方沟通,并按照甲方变更后的时间协助直播,但甲方应至少提前【 】天告知乙方。更改后的直播时间最多不超过【 】年【 】月【 】日,否则乙方有权单方无责解除本合同。

3.5 甲方应当确保提供给乙方的品牌、产品资料合法合规,不侵犯第三方的合法权益,若因甲方违反前述承诺导致乙方或乙方助播受到损失(包括但不限于乙方或乙方助播对外承担赔偿、补偿、违约金、罚款、律师费等)的,乙方有权向甲方追偿。

3.6 甲方应当确保与主播【 】已达成直播合约,获得【 】直播所需要的肖像权等基本权利。如因主播肖像权等问题发生纠纷的,甲方应当承担全部法律责任,与乙方无涉。

3.7 甲方及主播须保证服务内容符合我国法律法规及政策性规定及发布平台的规则,不构成虚假宣传,不侵犯任何第三方合法权利。如甲方及甲方主播违背前述保证,由甲方负责处理,与乙方无关,甲方及甲方客户由此造成的损失由甲方自己承担。甲方及主播应为其言论的合法性、合规性、真实性、科学性负责。如因主播的言论不当引起纠纷，甲方及主播应自行承担责任并立即删除该直播内容。

3.8　甲方应确保提供给乙方进行流量投放的素材合法有效，不侵犯任何第三方权利。如乙方因此受到第三方追责的，乙方有权要求甲方就其损失进行赔偿，同时有权要求甲方支付违约金。

3.9　甲方不得要求乙方违反法律法规和国家有关规定进行网络直播营销活动，若因甲方违反该等保证造成任何纠纷、争议或处罚，由甲方自行负责解决并承担全部责任，若因此造成乙方、乙方委托第三方损失的，甲方应承担全部赔偿责任，具体负面清单如下：

3.9.1　违反《网络信息内容生态治理规定》第六条、第七条规定的；

3.9.2　发布虚假或者引人误解的信息，欺骗、误导用户；

3.9.3　营销假冒伪劣、侵犯知识产权或不符合保障人身、财产安全要求的商品；

3.9.4　虚构或者篡改交易，关注度、浏览量、点赞量等数据流量造假；

3.9.5　骚扰、诋毁、谩骂及恐吓他人，侵害他人合法权益；

3.9.6　传销、诈骗、赌博、贩卖违禁品及管制物品等；

3.9.7　通过不正当竞争的方式进行产品宣传推广；

3.9.8　其他违反国家法律法规和有关规定的行为。

4　乙方权利与义务

4.1　乙方委派具有丰富经验和专业能力的工作人员组成项目工作组，并安排专人与甲方进行工作接洽。

4.2　乙方保证甲方享有项目合同及双方约定的服务内容，乙方应按照双方约定的内容和要求按时按质协助直播。

4.3　乙方按照双方确认的主播账号、直播时间、推广产品等约定开展直播合作工作。

5　违约责任

5.1　如甲方逾期支付服务费，且乙方书面催收后未在双方约定的时间内纠正的，每逾期一天，甲方应按照应付未付服务费的【　】支付违约金，该违约金计算至甲方实际支付之日止。

5.2　如乙方在直播当天未到场协助直播，视为本次直播工作未完成。甲方有权利要求乙方退回本次直播的服务费用。

5.3　如在约定的直播时间内，主播未开展直播工作，视为甲方违约，甲方支付的服务费用不予以退还，且如在【　】年【　】月【　】日前甲方无法开展本合同所涉直播活动的，乙方有权单方无责解除本合同。

6　不可抗力

6.1　不可抗力是指本合同双方不能合理控制、不可预见或即使预见亦无法避免的事件。该事件包括但不限于政府行为、自然灾害、战争、网络堵塞或中断、黑客袭击或任何其他类似事件。

6.2　出现不可抗力事件时，知情方应及时、充分地向对方以书面形式发通知，并告知对方该类事件对本协议可能产生的影响，并应当在合理期限内提供相关证明。

6.3　因不可抗力不能履行协议的，根据不可抗力的影响，部分或者全部免除责任，但法律另有规定的除外。当事人迟延履行后发生不可抗力的，不能免除责任。

7　争议解决

7.1　本合同的订立、变更、解释及执行适用中华人民共和国法律。

7.2　因履行本合同而引起的任何争议，甲乙双方应友好协商，如协商不成，应提交【　】所在地人民法院诉讼处理。

8　其他条款

8.1　防止商业贿赂：任何一方都不得以任何方式提供钱物或服务给有关部门或人员或其关系人或家庭，双方的有关部门或人员或其关系人或家庭也不得直接或间接索要任何钱物或服务，包括：佣金、回扣、报酬、贷款、赠物（包括旅行和娱乐）、样品、服务、将来雇用的许诺等。礼节性的小礼物则直接送达对方的公司所在地。

8.2　本合同正文以打印文字为准，除落款签字外不得有手写、涂改内容。若有手写、涂改内容，应在手写、涂改内容处加盖双方的公章或合同章，否则手写、涂改内容无效。

8.3　本合同未尽事宜双方可协商签订补充协议，补充协议与本合同冲突的，以补充协议为准。

8.4　合同附件是本合同不可分割的一部分，与主合同具有相同的法律效力，如附件条款约定与主合同条款存在冲突，则以主合同约定为准。

8.5　本合同自甲乙双方加盖合同章或公章之日起生效。本合同壹式贰份，甲乙双方各执壹份，具有同等法律效力。

（以下内容无正文）

甲方：	乙方：
授权代表（签字）：	授权代表（签字）：
日期：　　年　月　日	日期：　　年　月　日

六、店铺代播协议①

店铺代播协议

甲方：
地址：
电话：
联系人：
邮箱：

乙方：
地址：
电话：
联系人：

鉴于：

1.甲方为【 】(品牌商品)的生产商/代理商，对该商品拥有完整的所有权以及品牌的知识产权。

2.乙方拥有丰富的推广资源及推广经验。

3.甲乙双方在平等协商、互惠互利的基础上，为明确双方权利与义务，就乙方为甲方商品在指定渠道内提供推广服务，增加甲方商品及品牌的曝光度及关注度，促进甲方商品销售事宜，达成如下合同：

1 服务内容

1.1 乙方将通过【 】平台直播为甲方运营的店铺【店铺 ID: 】提供直播代运营服务。服务内容包含提供主播、场地、直播设备等直播必备要素。

1.2 服务期限:【 】年【 】月【 】日至【 】年【 】月【 】日。

2 服务费用及支付方式②

2.1 本合同项下推广服务费由两部分组成:基础费用+佣金。

---

① 随着直播推广模式的盛行，布局直播板块成了品牌方的重要选择。为达到便利和优质的直播推广效果，品牌方可以选择与专业的代播机构合作。代播模式还可能衍生出中间撮合方，代为寻找合适的品牌方或代播机构。

② 店铺直播代运营模式中常见的付款方式是基础费用+销售佣金模式，但也可根据协商调整。

2.1.1 【基础费用】;

2.1.2 【佣金】按如下方式计算:收取乙方代为运营的直播间月度实付销售额的【 】%作为佣金。

2.2 佣金按月结算。

2.3 乙方收款账户:【 】。

2.4 甲方开票信息:【 】。

3 甲方权利与义务

3.1 甲方保证其在本协议签订及履行期间,具备签订、履行本协议所必备的资格、资质与能力,否则乙方有权随时解除本协议,同时甲方须赔偿乙方或其他第三方因此遭受的全部损失(含直接损失和间接损失)。

3.2 甲方保证其是推广商品的品牌方、经营者或代理商,并应当在不晚于签署本协议的同时向乙方提供相关证明。

3.3 甲方承诺提供的商品无质量问题,符合国家法律法规及相关标准的要求。甲方应在服务开始前向乙方提供相关生产销售资质证件、质量合格证明、检测报告、产品说明书、生产厂家营业执照及生产销售许可文件等。双方确认,乙方仅为甲方提供推广服务,与最终用户之间不存在任何法律关系,因甲方商品质量或甲方与最终用户的买卖行为产生的一切法律责任由甲方自行承担,因此导致乙方的一切损失及赔偿责任(包括但不限于乙方及直播栏目邀请的主持人、主播、艺人、嘉宾因此遭遇第三方诉讼、索赔、行政处罚等)均由甲方负责,乙方及直播栏目邀请的主持人、主播、艺人、嘉宾不承担任何责任。

3.4 合同期间,甲方有权要求乙方按照本合同项下约定的义务,向甲方提供相应的店铺直播代运营服务,并监督乙方的执行;未经甲方书面同意,乙方不得擅自变更服务内容。

3.5 甲方应根据乙方的直播需求,及时提供直播所需的所有材料,包括但不限于商品资料(包括但不限于有待宣传的信息、产品品性、价格、图文、视频等)、商品样品(如样品为消耗品,甲方应根据乙方需求及时补充)、样品展示所需配合产品、演示所需专业工具、特殊展示方法物料等;若甲方未能提供符合乙方需求的材料,则应当自行承担因此产生的后果,包括但不限于无法直播、直播无法达到预期效果等。

3.6 甲方有义务确保其向乙方提供的所有资料及材料(包括但不限于本协议3.5所约定内容)的合法性及真实性。如因甲方资料及材料提供不实或不合法造成的所有损失,由甲方自行承担。

3.7 甲方应确保按本合同第2条约定的内容向乙方支付费用。

3.8　合同执行期间的前7个工作日，由乙方向甲方提供品牌主播池。甲方对品牌主播池内主播予以确定，合同期内如直播当日主播因任何原因不能直播的，配备的其他主播随时可以上播。

3.9　甲方应在每月【　】日前向乙方提供次月的推广计划，便于乙方根据该计划于当月【　】日制定次月具体直播计划；甲方应于当月【　】日确认乙方提交的次月具体直播计划，如甲方在约定时间内未进行回复，则视为认可乙方提交的具体直播计划和直播完成效果，并需要支付相应对价。该计划一经确认，甲乙双方应按照该计划执行。如甲方在直播计划执行期间需临时改变直播计划内容，应当提前和乙方协商确认。

3.10　服务期间，根据直播平台的数据运营要求，单场直播时间应大于或等于【　】小时。

3.11　如乙方主播出现违反《【　】直播平台管理规则》或其他严重违背品牌宣传理念、多次不按约定时间履行直播的行为，甲方有权提出更换主播要求，若对甲方造成严重影响，则乙方应承担因此造成的相应损失。

3.12　甲方有权随时了解项目进展情况，就乙方提交的相关稿件、文案、设计提出相关修订建议。

3.13　甲方承诺提供的商品符合相关法律法规的规定，若发生以下情形，由甲方独立承担责任：

3.13.1　商品侵犯他人知识产权的，包括但不限于商标侵权、专利侵权、著作权侵权等；

3.13.2　商品标签不符合相关法律法规规定的，包括但不限于标签信息不齐全、内容不准确、字体不规范、无中文标签等；

3.13.3　商品包装不符合相关法律法规规定的；

3.13.4　其他违反国家法律法规和有关规定的行为。

3.14　甲方不得要求乙方违反法律法规和国家有关规定进行网络直播营销活动，若因甲方违反该等保证造成任何纠纷、争议或处罚，由甲方自行负责解决并承担全部责任，若因此造成乙方、乙方委托第三方损失的，甲方应承担全部赔偿责任，具体负面清单如下：

3.14.1　违反《网络信息内容生态治理规定》第六条、第七条规定的；

3.14.2　发布虚假或者引人误解的信息，欺骗、误导用户；

3.14.3　营销假冒伪劣、侵犯知识产权或不符合保障人身、财产安全要求的商品；

3.14.4　虚构或者篡改交易，关注度、浏览量、点赞量等数据流量造假；

3.14.5　骚扰、诋毁、谩骂及恐吓他人，侵害他人合法权益；

3.14.6　传销、诈骗、赌博、贩卖违禁品及管制物品等；

3.14.7 通过不正当竞争的方式进行产品宣传推广；

3.14.8 其他违反国家法律法规和有关规定的行为。

4 乙方权利与义务

4.1 乙方应根据甲方所提供的月度推广计划，提交具体直播计划；如甲方未根据本合同约定向乙方提供月推广计划的，乙方有权自行安排具体直播计划；乙方对该具体直播计划具有最终决定权。

4.2 如甲方临时需要更改直播时长或主播排期，双方需签订补充协议以确认相关费用。且如因此乙方主播排期不能满足甲方需求的，不视为乙方违约。

4.3 乙方承诺，在本合同期限内，每月直播时长为【 】小时。

4.4 乙方根据甲方提供的品牌素材，搭建标准直播间，如甲方需要对直播间进行更新或升级，则乙方有权要求甲方承担升级所需的所有费用。

4.5 乙方在产品宣传推广过程中，应秉持维护甲方/甲方代理品牌商誉的原则，不得做出侵害甲方合法权益、有损甲方/甲方代理品牌声誉的行为。

4.6 乙方有义务确保主播在约定直播时长内，保持良好状态，不传递负面情绪或者进行消极引导，确保整体形象与服装要求符合品牌调性。

4.7 乙方有义务对主播进行培训，确保主播熟悉产品信息、引导关注、点赞、互动、加购等直播间活动，从而配合品牌不断优化提升与深度精细化运营。

4.8 若乙方在直播过程中出现与甲方推广内容无关的直播时长超过【 】分钟，甲方有权要求乙方补播【 】小时作为补偿。

4.9 在双方确定了具体直播时间的情况下，乙方出现不按照规定时间开始、提前结束直播的情况，甲方有权要求乙方在补足该场直播时间的情况下，补播【 】小时作为补偿。

4.10 在单场直播内主播离开镜头时长不能超过 15 分钟。若超过 15 分钟，甲方有权要求乙方补播【 】小时作为补偿。

4.11 乙方有义务按月提供基础数据汇总，并在每月月初提供上一月度数据复盘。

4.12 如产生补播时间，则所有补播时长在合同期限届满后完成。

5 保密条款及知识产权[①]

5.1 甲乙双方在履行本合同过程中接触到的双方商业秘密、技术信息、财

---

① 直播中的视频切片可以在之后的短视频推广中继续发挥作用，可以得到多种应用，故合同双方可以就直播产生的视频知识产权归属作相应的约定。

务信息、管理信息、用户个人信息、价格等合同内容以及与本合同有关的任何信息，统称为秘密信息。双方承诺对该等秘密信息严格保密，非经对方书面同意不得向第三方泄露，或用于履行本合同之目的以外的其他用途。甲乙双方应保证本方雇员、代理、顾问、代表、客户等同样履行上述义务。

5.2　乙方基于双方合作而从甲方获取的任何商标、美术作品等知识产权资料仅可因本合同的履行而使用，乙方应在双方合作结束后立即停止对上述内容的继续使用。

5.3　除甲乙双方另有约定外，因本合同的履行产生的录播视频（包括视频切片）、照片等任何知识产权均归乙方所有，合同到期后，甲方不得将其用于其他任何营利性活动。

5.4　保密期限为本合同履行期间及履行完毕后【　】年。

5.5　本条约定不因本合同的解除、终止或撤销而失效。

6　违约责任

6.1　本协议一方违反本协议中的保证、承诺或任何约定/法定义务的，即为违约，违约方需赔偿守约方因此遭受的全部损失（包括但不限于直接损失和间接损失）以及为此支出的诉讼费（或仲裁费）、保全费、评估费、拍卖费、执行费、律师代理费、调查取证费等费用。

6.2　若甲方未按照本合同第 2 条项下之约定向乙方支付服务费的，应当每日按照逾期费用（双方有异议的费用不在此范围）的【　】‰向乙方支付逾期利息；若甲方逾期【　】日仍未支付服务费的，乙方有权解除合同并要求甲方支付上月合同金额的【　】%作为违约金。

6.3　若甲方违反本合同义务不向乙方提供基础资料或提供有权利瑕疵的资料或材料，致使合同无法继续履行的，乙方有权解除合同。给乙方造成损失的，甲方应承担乙方损失部分的相应补偿。

6.4　甲方违反本协议约定义务，一经乙方发现或者用户对乙方发起投诉（包括但不限于商品质量瑕疵、售假等引起的严重投诉），乙方有权立即单方面停止工作并向甲方进行核实，若事实成立（如甲方因上述原因受到直播相关所属平台处罚的，亦视为事实成立），甲方须向乙方支付上月合同金额的【　】%作为违约金。

6.5　在本合同期限内，如甲方超过 1 周无任何直播安排、不予确认直播计划、明确不再有直播任务或与品牌方提前解除合同的，乙方有权单方无责解除本合同。乙方为履行本合同所支付的成本（包括但不限于主播签约后未播时间段的费用及其他合理成本等）和因此受到的损失（包括但不限于可能向主播支付的违约金等）由甲方承担。

7 不可抗力

7.1 不可抗力是指本合同双方不能合理控制、不可预见或即使预见亦无法避免的事件。该事件包括但不限于政府行为、自然灾害、战争、网络堵塞或中断、黑客袭击或任何其他类似事件。

7.2 出现不可抗力事件时，知情方应及时、充分地向对方以书面形式发通知，并告知对方该类事件对本协议可能产生的影响，并应当在合理期限内提供相关证明。

7.3 因不可抗力不能履行协议的，根据不可抗力的影响，部分或者全部免除责任，但法律另有规定的除外。当事人迟延履行后发生不可抗力的，不能免除责任。

8 合同的变更及终止

8.1 本合同于下列任一情形出现时即终止：

8.1.1 任何一方宣布破产或进入清算或解散程序；

8.1.2 双方共同协商对于终止合同及违约责任达成一致，符合法律、法规规定的终止情况，但需提前一个月提出解除合同；

8.1.3 一方违反本合同约定，违约方未能在收到违约通知后的十五天内予以补救的，守约方可通知违约方终止合同；

8.1.4 一方严重违约，符合本合同约定的单方解除合同条件的。

8.2 本合同的终止并不影响本合同项下已履行部分的结算付款义务和不受终止影响的合同条款的效力。

9 通知条款

9.1 除非本协议另有约定，就合作相关的所有事项，甲乙双方可通过下述指定邮箱进行确认：

9.1.1 甲方联系人电子邮箱________________________；

9.1.2 乙方联系人电子邮箱________________________。

9.2 任意一方在收到对方上述邮箱邮件后须在 3 个工作日内予以回复或确认，逾期未回复的，视为确认邮件内容。

9.3 任意一方的通知人及(或)指定邮箱发生变更的，应在变更前书面通知另一方；变更未及时书面通知的，通过原发出方通知人及其电子邮件发出的内容视为发出方的真实意思表示，由发出方承担相应的责任。甲乙双方通过上述方式达成一致的内容为本协议的补充协议，对甲乙双方均具备法律效力。

10　合同争议的处理

10.1　甲乙双方在本合同履行过程中如产生争议，应本着平等互利的原则友好协商；如经【　】日，仍协商不成的，任意一方可选择第【　】种方式解决争议：

1.向【　】仲裁委员会提起仲裁解决争议。

2.向【　】所在地人民法院提起诉讼。

11　其他

11.1　本合同需变更或未尽事宜以补充合同形式进行说明，补充合同与本合同具有同等法律效力，补充合同内容与本合同内容不一致的，以补充合同内容为准。

11.2　本合同壹式贰份，甲乙双方各执壹份，双方盖章并签字后正式生效，具有同等法律效力。

（以下内容无正文）

甲方：	乙方：
甲方代表签字：	乙方代表签字：
签字日期：	签字日期：

七、达人机构合作协议

达人机构合作协议

合同编号：

甲方：
统一社会信用代码：
地址：
联系人：
联系方式：
邮箱：

乙方：
统一社会信用代码：
地址：
联系人：
联系方式：
邮箱：

鉴于：

1.甲方与优质品牌方有固定合作，现受品牌方委托欲寻达人机构提供直播服务。

2.乙方为【　】在【　】直播平台的签约经纪方，具有全权代理该主播在【　】平台直播推广带货相关内容签约的权限，且已获得该主播肖像等相关权利的授权。

3.甲乙双方在平等协商、互惠互利的基础上，为明确双方权利与义务，就乙方为甲方产品在指定渠道内提供推广服务，增加甲方产品及品牌的曝光度及关注度，促进甲方产品销售事宜，达成如下合同：

1　定义

1.1　推广商品（甲方产品）：指本次推广商品为甲方合作品牌方【　】的产品，甲方合作品牌方对推广商品享有完整的所有权/品牌知识产权授权。

1.2　基础费用：在本次直播项目中推广甲方合作品牌方产品的基础费用。

1.3　销售佣金：除双方约定的基础费用外，品牌方还将向乙方支付直播实付销售额的【　】%作为奖励,称为"销售佣金"。

2　合作内容

2.1　甲方委托乙方为甲方合作品牌方产品进行推广服务。

2.2　直播推广服务内容包括:

2.2.1　直播采用【混播】[①]形式为推广商品,具体推广商品由双方通过邮件确认;

2.2.2　直播间商品介绍及展示;

2.2.3　品牌直播段视频宣传使用权。

2.3　合作期限:【　】年【　】月【　】日至【　】年【　】月【　】日,具体排期由乙方安排,甲乙双方确认为准。乙方需在本合同签订之日起 2 日内与甲方邮件确认直播排期,直播场次不得少于 3 场(即每个主播一场)。

2.4　直播时长:混播时长不得少于【　】。

3　合作费用及支付方式

3.1　甲方向乙方支付基础费用为人民币【　】元(大写:【　】圆整)(不含税),含税金额为人民币【　】元(大写:【　】圆整)。

3.2　自本协议签订之日起 5 个工作日内,甲方同意一次性通过银行转账形式向乙方支付协议全部基础费用。乙方在收到甲方支付的全部价款后 5 日内应当向甲方开据等额合法有效的增值税专用发票。

3.3　双方协商一致设置销售佣金,销售佣金比例为实付销售额(不含退货及无效订单)的【　】%。佣金由品牌方在【　】平台直接下单设置佣金比例,推广直播服务结束后,直播平台自动结算销售总额。该费用与甲方无涉。

3.4　乙方收款账户信息:【　】。

3.5　甲方开票信息:【　】。

3.6　甲方开票信息及乙方收款账户信息如有变更的,须于变更当日告知对方,如迟延告知的,自行承担相应法律后果。

4　承诺与保证

4.1　甲乙双方保证其在本协议签订及履行期间,具备签订、履行本协议所必备的资格、资质与能力,否则对方有权随时解除本协议,同时违约方须赔偿守约方因此遭受的全部损失(含直接损失和间接损失)。

---

① 即一场直播中涵盖多个品牌产品。

4.2 甲方承诺甲方合作品牌方提供的商品符合相关法律法规的规定，若发生以下情形，由甲方独立承担责任：

4.2.1 商品侵犯他人知识产权的，包括但不限于商标侵权、专利侵权、著作权侵权等；

4.2.2 商品因质量缺陷或不符合食品安全标准导致购买者或使用者人身、财产受到损害的；

4.2.3 商品标签不符合相关法律法规规定的，包括但不限于标签信息不齐全、内容不准确、字体不规范、无中文标签等；

4.2.4 商品包装不符合相关法律法规规定的；

4.2.5 其他违反国家法律法规和有关规定的行为。

5 甲方权利与义务

5.1 甲方提供的合作条件：

5.1.1 甲方本次合作的商品为：【 】。

5.1.2 甲方本次合作的商品信息链接为：【 】。

5.1.3 甲方本次合作的商品优惠方式及该场直播最终成交价格为：【 】。甲方确定本次直播推广商品的价格及优惠方式，未经甲方书面同意，乙方不得擅自变更，否则乙方应承担相应违约责任并赔偿甲方全部损失（包括直接损失及间接损失）。

5.1.4 甲方为此次推广服务免费寄送商品作为样品至乙方或乙方指定第三方处，样品不退还（电器类寄送壹份以上，服装饰品类寄送壹份以上，零食酒水类寄送叁份以上，美妆护肤类寄送贰份以上，家清百货类寄送贰份以上，家居家具类寄送壹份以上）。

5.1.4.1 样品接收地址：【 】。

5.1.4.2 联系人：【 】。

5.1.4.3 联系电话：【 】。

5.1.5 甲方同意乙方及本次直播项目合作方在栏目推广和直播过程中使用该商品的商品元素（包括但不限于商品名称、商品商标、商品图像、商品品牌、商品功能、商品特色等），因直播需要，乙方可要求甲方提供推广相关资料。

5.2 甲方基于本合作享有的权益仅限甲方指定的（店铺名/品牌/商品）使用，未经乙方书面同意，不得转让。

5.3 甲方对直播内容拥有合理建议权，乙方应予以采纳并及时反馈。

5.4 若本服务履行须使用甲方指定产品样品的，甲方应按乙方要求将样品完好寄送至指定地点。甲方应向乙方及合作方提供详细的产品介绍资料（如需要)，以供乙方更好地了解该商品。

5.5　甲方应在合作开始前核算产品库存，在本协议执行过程中，甲方须及时告知乙方产品库存情况。

5.6　甲方有权在直播结束后【　】日内使用品牌直播片段用作宣传，使用期限结束后，甲方无权再使用该等视频。

5.7　甲方合作品牌方负责推广产品的发货、退换货，应为消费者提供顺畅的退换货通道，因发货、退换货引起的纠纷与乙方无关。

6　乙方权利与义务

6.1　乙方应按约定时间、约定内容为甲方认真负责地完成约定的商品推广服务，不得以主播选品权利为由拒绝上架甲方及甲方合作品牌方提供的产品①。

6.2　乙方为提供服务的全部内容的合法性负责，乙方自行与乙方主播进行款项结算，概与甲方无关。

6.3　乙方保证不对甲方经营的商品及品牌做出任何侵权或不利的行为，否则乙方应承担侵权及违约责任，甲方有权提前终止合同。在商品销售过程中，乙方如发现有针对甲方商品的侵权行为的，应在24小时内通知甲方并提供相应协助。

6.4　乙方尊重甲方对产品所拥有的知识产权及所有权，除非为达成本合同服务所需的目的并经甲方书面同意，乙方保证不对甲方提供的任何产品、信息、资料进行复制、拷贝，乙方所使用甲方提供的资料和物品不得用于与提供服务无关的事务，乙方不得泄露提供给任何第三方或自行使用。本合同的履行不代表转移任何甲方的所有权及知识产权。

6.5　乙方应保证主播在本协议合作期间，特别是直播过程中维护甲方品牌形象、不得实施违法或违反社会善良风俗的行为，若因乙方(包括乙方主播、乙方人员)不当行为导致甲方的声誉受到负面影响而使甲方发生经济损失的，甲方有权向乙方发出书面通知终止本合同并要求乙方赔偿所有直接损失。

6.6　除本合同约定事项外，乙方及直播人员不能以甲方名义开展任何与完成约定的工作任务无关的业务或活动。未经甲方书面同意，乙方不得引导他人进入其他第三方竞争平台提供任何信息或便利，包括但不限于提供联络上的协助、进行说服工作等。

---

①　在直播处在“主播市场”时代，主播对于合作选品有“一票否决权”，但随着越来越多专业人士加入主播的行业，市场的天平逐渐朝着品牌方倾斜。因此，主播或主播机构在选品阶段宜签订意向协议，本参考文本系达成合作意向后使用或品牌方有更强话语权时使用。

6.7　乙方应及时上架商品并产生商品固定链接，甲方将开放【　】店铺链接权限，该固定链接可以直接到甲方合作品牌方【　】店铺商品。

6.8　乙方应如实向甲方告知直播商品推广服务细节。

6.9　乙方为甲方提供客服在线咨询工作。

6.10　乙方承诺依据本合同提供的项目服务成果不违反相关法律法规且不侵犯第三方合法权益(包括但不限于第三方合法版权、肖像权等)，即：任何第三方不能根据物权、债权、知识产权以及其他任何权利，通过诉讼、仲裁或其他任何方式，在本合同所涉的项目服务成果上，主张任何权利请求。如发生以上情形，由乙方独立承担责任，甲方不因此承担任何连带责任，也不被追加为诉讼第三人。且甲方有权解除合同，要求乙方按本合同约定承担违约责任。若甲方因此向第三方承担的相关费用(包括但不限于通过判决、行政处罚、和解或调解支付的赔偿金、律师费、诉讼费、差旅费)，乙方应在甲方告知其承担后的10个工作日内全部予以赔偿。

7　保密条款及知识产权

7.1　甲乙双方在履行本合同过程中接触到的双方商业秘密、技术信息、财务信息、管理信息、用户个人信息、价格等合同内容以及与本合同有关的任何信息，统称为秘密信息。双方承诺对该等秘密信息严格保密，非经对方书面同意不得向第三方泄露，或用于履行本合同之目的以外的其他用途。双方应保证本方雇员、代理、顾问、代表、客户等同样履行上述义务。如本合同缔约方违反上述约定，违约方应向守约方承担违约责任，向守约方支付人民币10万元违约金，如因违约行为导致守约方受到直接或间接损失的，不论该损失是有形的抑或无形的，违约方皆应承担完全的赔偿责任。

7.2　乙方基于双方合作而从甲方获取的任何商标、美术作品等知识产权资料仅可因本合同的履行而使用，乙方应在双方合作结束后立即停止对上述内容的继续使用；除甲乙双方另有约定外，本合同的履行过程中产生的任何知识产权均归甲方所有，乙方不得将其用于其他任何营利性活动。

7.3　保密期限为永久保密。

7.4　本条约定不因本合同的解除、终止或撤销而失效。

8　通知条款

8.1　除非本合同另有约定，就合作相关的所有事项，甲乙双方可通过下述指定邮箱进行确认：

8.1.1　甲方联系人电子邮箱______________________；

8.1.2　乙方联系人电子邮箱________________。

8.2　任意一方在收到对方上述邮箱邮件后须在3个工作日内予以回复或确认，逾期未回复的，视为确认邮件内容。

8.3　任意一方的通知人及(或)指定邮箱发生变更的，应在变更前书面通知另一方；变更未及时书面通知的，通过原发出方通知人及其电子邮件发出的内容视为发出方的真实意思表示，由发出方承担相应的责任。甲乙双方通过上述方式达成一致的内容为本协议的补充协议，对甲乙双方均具备法律效力。

9　合同的解除及违约责任

9.1　甲乙双方协商一致可以解除本协议，但需提前【　】周发出解除申请。

9.2　本协议一方违反本协议中的保证、承诺或任何约定/法定义务的，即为违约，违约方需赔偿守约方因此遭受的全部损失(包括但不限于直接损失和间接损失)以及为此支出的诉讼费(或仲裁费)、保全费、评估费、拍卖费、执行费、律师代理费、调查取证费等费用。

9.3　乙方有如下行为的，视为乙方违约，甲方有权选择一种或多种方式处理：a.甲方有权单方无责解除本合同；b.甲方有权要求乙方承担合同总金额的【　】%的违约责任，不足以弥补甲方损失的，乙方还应承担赔偿责任；c.返还甲方已支付的基础费用。

9.3.1　乙方与甲方确认后的工作事项，因工作原因失误，导致甲方遭受实际经济损失的，乙方应承担全额赔偿责任。

9.3.2　乙方在工作过程中出现重大失误，且乙方未在甲方要求的合理时间内采取有效弥补措施的。

9.3.3　违反甲方指定的直播规范①(见附件1)的，经甲方催告后仍未改正的。

9.3.4　乙方提供的服务事项不能达到甲方的要求，经改正后仍不符合要求的。

9.3.5　乙方未按照双方确定的直播时间执行的，甲方除上述处理方式外，如因临时取消直播造成甲方及其品牌关联方产品仓储等方面损失的，乙方还应赔偿包括但不限于仓储、运输、产品销售预期利益等损失。

9.3.6　乙方违反知识产权保护条款，侵犯甲方知识产权的。

9.3.7　乙方直播行为损害第三方利益或在直播间与第三方发生争议的。

① 品牌方可以在签订合同时制定直播规范，参考附件1内容。

9.3.8　除合同条款有特殊约定，如乙方违反本合同的任何保证、约定义务或其他条款，或无法实现本合同目的的。

10　不可抗力

10.1　本协议所指的不可抗力包括但不限于自然灾害、战争、外部通信系统故障、重大技术故障和法律、政策的变化等。

10.2　出现不可抗力事件时，知情方应及时、充分地向对方以书面形式发通知，并告知对方该类事件对本协议可能产生的影响，并应当在合理期限内提供相关证明。

10.3　若因不可抗力导致本协议不能履行的，缔约双方可协商解除或延期履行本协议；若因不可抗力导致缔约一方或双方，部分或全部无法依约履行本协议的，在未履行方及时告知缔约对方并积极采取有效合理措施的前提下，未履行方不承担违约责任，协议未履行部分的处置由双方协商决定。

10.4　因不可抗力不能履行协议的，根据不可抗力的影响，部分或者全部免除责任，但法律另有规定的除外。当事人迟延履行后发生不可抗力的，不能免除责任。

11　反腐败条款及反商业贿赂条款

11.1　本协议任何一方均不得向对方或对方经办人或其他合同相关人员索要、收受、提供、给予合同约定外的任何利益，包括但不限于明扣、暗扣、现金、购物卡、实物、有价证券、旅游或其他非物质性利益等，但如该等利益属于行业惯例或通常做法，则须在合同中明示。任何一方违反前述约定的都视为根本违约，守约方因此遭受损失的，违约方应承担相应的赔偿责任，同时，守约方有权随时解除本协议且不承担任何违约责任；情节严重的，守约方有权移交司法机关处理。

12　合同争议的处理

12.1　在甲乙双方就本合同项下条款的解释和履行发生争议时，双方应善意协商解决该争议。

12.2　如协商不成，甲乙双方同意将有关争议提交【　】住所地有管辖权的人民法院进行诉讼。

12.3　本合同的订立、效力、执行、解释及争议的解决均应适用中国法律。

13　其他

13.1　本协议未尽事宜，变更、补充等内容，可由甲乙双方另行协商并书面确认。本协议有关补充协议、附件等均为本协议不可分割的组成部分，具有同等法律效力，对甲乙双方产生约束力；当文件条款有冲突时，以修改后的文件条款优先适用。

13.2 本协议壹式贰份，甲乙双方各执壹份，具有同等法律效力，自双方签字且盖章之日起生效。

（本行以下无正文，为本协议签署页）

甲方签章：	乙方签章：
授权代表：	授权代表：
签字日期：	签字日期：

附件1 《直播规范》

主播在直播过程中提到品牌相关内容时，需参考以下规范，可根据内容适当组织自己的语言，如直播形式为"逛店直播"时，可以根据店铺现场内容进行介绍。

第一部分：关于品牌

- 不能损坏品牌形象，包含画面和话术。
- 同一场直播中不能有非品牌旗下其他竞品品牌出现。

第二部分：禁忌用词

- 基于品牌的规范，以下对品牌形象造成影响的词汇，请主播和机构人员在【直播】及【各渠道对外宣传】中遵守规范。
- 禁止使用放血、清仓、割肉、最后处理、杀到底价、白菜价、全网最低等暴力促销导向的词汇。特别在【直播标题】、【外宣文案】中，以上词汇禁止使用。
- 谨慎使用便宜、这件商品只要2折（实际折扣）等表述。

第三部分：流程规范

以下规范需要直播方、中介机构、品牌方在合作前确认，如果直播前有特殊需求，需要沟通确认。

- 主播团队按照甲方提供的货表上架直播宝贝，为品牌团队整理表格、核对库存、调整其他通路经营方案等留下准备时间。
- 主播团队按照甲方的要求添加悬浮条、品牌logo及二维码。
- 主播团队需要按照甲方提供的主播话术PPT内容学习，并运用。
- 直播前至少一天，需要对直播时间、产品数量、折扣高低、价格营销方案、店铺活动内容等进行沟通，主播必须熟知，确认后不再进行修改。

八、招商服务协议

招商服务协议

甲方：
法人代表：
联系人：
联系电话：
公司地址：

乙方：
法人代表：
联系人：
联系电话：
公司地址：

甲乙双方本着诚信合作、互惠互利的原则，经友好协商，根据《中华人民共和国民法典》等相关法律法规，就甲方委托乙方依据甲方需求，为甲方直播间：【 】平台由甲方注册设定的直播间（直播间名称：【 】）提供商品招商服务（下称“直播间”），达成本协议条款（下称“本协议”）如下：

1 基本合作项目

1.1 甲方委托乙方为甲方直播间【 】提供招商服务。乙方为甲方直播间提供所需的商家商品、商品信息、产品测评等服务，且保证商品信息的真实性。

1.2 合作期限：本协议经甲乙双方盖章后生效，有效期为【 】个月。

2 服务收费标准

2.1 甲乙双方同意，对于由乙方引荐进入甲方直播间【 】的商品方，甲方向商品方收取商品坑位费用后，按照已收取坑位费的【 】%支付乙方服务费（甲方应付乙方服务费＝甲方实收商品坑位费×【 】%）。如商品方全权委托乙方与甲方签订商品推广服务协议以及依据商品推广服务协议的约定支付甲方相应的商品坑位费，则由乙方向甲方支付扣除甲方应付乙方服务费（甲方应付乙方服务费＝甲方实收商品坑位费×【 】%）后的坑位费金额（甲方应收商品坑位费＝实际商品坑位费－实际商品坑位费×【 】%），甲方无须再向乙方支付任何额外费用。

2.2 本条款项下坑位费是指商品方被甲方列入直播间商品所需要支付的费用。

3 结算与支付

3.1 结算周期:每【 】个月为一个结算期(下称"结算期"),结算期自合作期限起始日起算。在结算时,甲方应向乙方发送结算单,乙方应在收到结算单之日起【 】个工作日内确认并向甲方开具并提供相应金额的服务费增值税普通发票,乙方逾期不回复的,视为乙方已确认结算金额,双方根据甲方发出的结算单进行结算。

3.2 乙方指定收款账户信息如下:【 】。

3.3 甲方指定开票信息如下:【 】。

3.4 甲乙双方于此承诺,在本合同履行期间保证上述银行账户不予变更。如对前述收款账户信息和开票信息确须变更的,变更方应当根据本合同页首所载的对方联系方式,提前【 】个工作日书面通知对方且经对方确认知悉后,方可视为该账户信息或该开票信息变更成功。

3.5 本协议项下甲方向乙方支付的服务费为含税金额,且为甲方就本协议项下合作应向乙方支付的全部费用,任何情况下甲方均无须向乙方另行支付任何费用或者补偿任何类型的税费。双方应按法律规定各自缴纳各项税费,负有代扣代缴义务的一方有权依法代扣代缴。乙方应依法自行履行年终汇算清缴义务。

4 双方义务

4.1 乙方保证其已获得推介商品品牌方、经营者或代理商的授权资质,甲方有权要求乙方提供相关证明。

4.2 甲方同意向乙方发送【 】直播间的招商授权书(见附件1)。

4.3 乙方所推荐的产品应向甲方提供产品的基本信息,包括但不限于商家商品信息、商品价格、供应链信息、产品测评信息等相关数据(商品信息表见附件2)。

4.4 乙方有权获得甲方在【 】平台上注册的直播间【 】账号的基本信息,包括粉丝数量、主播信息、嘉宾信息、栏目策划方案等相关信息。

4.5 甲方需在乙方提供商品清单后的【 】个工作日内书面通知乙方所选商品并安排合同签署及确定直播档期,若因商品方原因导致本协议无法履行的,甲方不退还已收取的费用。

4.6 如因乙方提供的产品数据不属实等原因导致甲方对任何主体承担任

何法律责任、招致任何行政处罚或遭受任何损失，乙方应负责协助甲方及甲方艺人、甲方邀请的嘉宾，妥善处理该等事态，同时乙方应赔偿甲方因此造成的所有损失。

4.7　在【　】直播间进行栏目宣发、宣传过程中，甲方有权使用乙方品牌元素。

5　保密义务

5.1　“保密信息”这一用语应指披露方以书面、图表、录音、摄影或其他机读形式或以口头形式披露给接收方的披露方所有的任何信息，不论在本协议签订之前或之后所获取的包括但不限于任何与一方及其他关系人相关的营运、计划、意向、产品、技术、设计权、交易秘密、市场机会和商业事务等信息。

5.2　甲乙双方承诺并同意仅在实现协议目的时才可以使用保密信息，事先未经披露书面同意，接收方不应向任何人或任何除接收方以外的人披露该保密信息。双方的保密义务不因本协议的终止而终止。

6　禁止商业贿赂

6.1　双方应严格遵守现行有效的法律法规，拒绝商业贿赂、行贿及其他任何不正当商业行为。如果甲方发现乙方存在任何违反本条款内容的行为，甲方有权终止本协议及其他任何相关合同，且该等终止立即生效，已收取的费用将不退还。甲方保留追究乙方法律责任的权利。

7　不构成合伙

7.1　本协议的任何内容都不应被解释为甲乙双方构成合伙或合营，任何一方均未被授权以代表或约束另一方或以另一方的名义为其产生任何义务和责任。

8　争议解决

8.1　在履行本协议的过程中，甲乙双方欲告知对方的重要事项，以书面确认函的内容为准。本协议的形成、效力、解释、签署、修改及终止均受中国法律管辖，一旦双方就本协议在执行过程中发生争议时，由双方协商解决，不能协商解决的，向【　】所在地人民法院起诉。

9　乙方的陈述和保证

9.1　乙方是一个依中华人民共和国的法律有效登记和存在的法人，有完全的能力、资格和授权签署并履行本协议，乙方应向甲方提供一套证明前述资格及资质的证照和文件真实完整的复印件。

9.2　乙方签署、提交和履行本协议，无论现在或将来都不违反其作为一方或者受之约束的任何协议或义务。

9.3　乙方保证其向甲方提供的有关商品方及商品的资质、授权、产品数据等应真实、准确和完整，并尽商业上的最大努力对相关资质、授权文件、数据及信息进行审核。

10　违约责任

10.1　甲乙双方均应严格履行本协议，任何一方不履行或不全面履行本协议约定内容及/或所作陈述与保证不真实的，均构成违约，守约方有权要求违约方在合理期限内补救，并有权要求违约方按本协议及相关法律规定承担违约责任并向守约方承担相应损失(包括但不限于守约方的实际经济损失、名誉损失、律师费、诉讼费、公证费、差旅费、支付给第三方的赔偿等)。

10.2　若乙方违反2条、3条、4条、5条及6条的任何约定的，甲方有权采取以下措施的一项或几项：

10.2.1　要求乙方自行承担相关法律责任、改正违约行为、停止侵害、消除影响；

10.2.2　要求乙方支付人民币【　】万元作为违约金，如违约金数额小于甲方损失(包括但不限于甲方的名誉损失和经济损失，例如因此支付的律师费、诉讼费、公证费、差旅费、支付给第三方的赔偿等)的，乙方应予补足；

10.2.3　采取包括发布声明在内的任何措施以解决对甲方以及第三方(包括但不限于甲方签约主播/艺人或在甲方直播间内参与直播的主播/艺人等)的负面影响；

10.2.4　中止履行本协议或单方解除协议而不承担任何违约责任；

10.2.5　其他甲方认为有必要采取或可以弥补甲方以及第三方损失的措施。

11　其他

11.1　本协议或其任何部分不得以口头形式修改。任何修改必须经双方同意并以书面形式经双方正式授权代表签署。

11.2 未经甲方的事先书面同意,乙方不得将本协议全部或部分地转让给任何第三方。

11.3 对本协议内容的任何变更均须经双方协商一致并签订书面的补充协议。

11.4 本协议项下各条款均独立于其他条款并具有可执行性,如果本协议任何条款被相关司法裁判机关认定为无效或无法执行,不影响本协议其他条款的效力。

11.5 本协议的附件为本协议不可分割的一部分,对双方具有约束力。如附件与本协议的内容有冲突,应以本协议为准。

(以下无正文,为签署信息和附件)

甲方(盖章):	乙方(盖章):
授权代表:	授权代表:
签署日期:	签署日期:

附件1 招商授权书

【 】直播间特约招商授权书

兹正式授权________________为【 】公司在【 】平台注册并运营的【 】直播间的特许招商合作伙伴。至授权日起有效期【 】年。

授权招商事项为【 】直播间商品招商。

授权期限:本协议经双方盖章后生效,有效期为【 】个月。

特此授权

法定代表人:

公司盖章:

经办人:

年 月 日

附件 2　商品信息表

品牌名称		【　】店铺名称	
【　】店铺链接		产品名称	
产品型号		是否首发	
产品介绍			
产品直播话术和产品卖点			
产品常见客户问题			
是否定制		产品保质期	
同类产品排名			
产品日常零售价		产品常用促销价	
产品历史最低价		产品历史最低价出现的时间	
产品历史最低价出现的场景			
产品历史最低价相当于日常零售价的几折		产地	
优惠方式	□买赠　□满减　□折扣		
现货供应量(件)			
供应周期	□现货　□3～7 天　□8～14 天　□14 天以上		
发货时效	□1～3 天　□4～7 天　□7 天以上		
无法包邮地区		无法配送地区	
是否需要上门安装		上门安装是否收费	
联系人		职位	
联系电话		邮箱地址	
公司全称		办公所在地	

九、直播活动服务协议

直播活动服务协议

合同编号：

甲方：
地址：
电话：
联系人：
邮件：

乙方：
地址：
电话：
联系人：
邮件：

鉴于：

乙方在直播领域有丰富的服务经验及优良的设备，甲乙双方在平等协商、互惠互利的基础上，为明确双方权利与义务，就乙方为甲方搭建直播间、提供直播所需所有设备、专业人员、视频剪辑等服务，保障甲方【　】活动的顺利进行，达成如下合同：

1　合作内容

1.1　乙方将通过【　】平台直播为甲方【　】活动提供设备、布置、直播技术、专业人员等方面服务。服务内容包含提供室内直播场地及布置、直播设备、视频剪辑等直播必备要素。具体服务内容详见附件1。

1.2　合作时间：【　】年【　】月【　】日—【　】年【　】月【　】日。

1.3　每日工作时间及内容概述如下表：

序号	日期	具体工作时间及时长	乙方基本工作内容
1			
2			
3			
4			
5			

2 甲方权利与义务

2.1 甲方负责向乙方提供有关直播资料供乙方使用,包含但不仅限于甲方logo的各种形态(包括电子版及实体道具)等。如因甲方资料及材料提供不实、不合法或侵犯其他任何第三方权利造成的所有损失,由甲方自行承担。因此给乙方造成损失的,甲方应当赔偿乙方相应损失。

2.2 甲方负责直播内容的设计。甲方自行确定并准备直播内容、台本、乐器以及桌椅等道具,同时自行邀请直播人员包括【 】等。

2.3 甲方应当按照本合同【 】条约定向乙方支付费用。

2.4 合同期间,甲方有权要求乙方按照本合同项下约定的义务,向甲方提供相应的直播设备、直播间布置等服务,并监督乙方的执行;未经甲方书面同意,乙方不得擅自变更服务内容,不得擅自委托其他第三方完成合同义务。

2.5 此次直播在【 】平台进行,直播账号为甲方直播账号(ID:)。甲方直播内容应当符合【 】平台直播规则,如因直播内容违反平台要求造成不利后果由甲方自行承担。

3 乙方权利与义务

3.1 乙方负责为甲方【 】活动提供设备、布置、直播技术、专业人员等方面服务。服务内容包含提供室内直播场地及布置、直播设备、视频剪辑等直播必备要素。具体服务内容详见附件1。

3.2 乙方有权在活动期间合理使用甲方及关联方logo,并根据甲方提供的logo素材及活动内容,按照甲方要求设计并搭建标准直播间。直播间搭建好后合同期限内可根据实际情况进行调整,临时调整仅限于小范围(调换桌布、背景),否则甲方需额外支付临时场景制作费。合同履行完毕后,乙方未经甲方授权不得使用甲方logo等能代表或可识别甲方的任何标志及材料。

3.3 乙方有权使用甲方提供的视频剪辑素材,并应在甲方规定时间内完成短视频的剪辑。双方一致同意,甲方对剪辑完成的短视频享有著作权,授权乙方对该等视频的永久使用权。

3.4 直播时,乙方要全程录制直播视频,并在直播完成后提供给甲方。

3.5 乙方直播间的设置应当符合法律法规和国家有关规定,不得含有违法和不良信息,不得以暗示等方式误导用户。

4 合作费用及付款方式

4.1 合同总金额(含税):¥【 】元(大写:【 】圆整)。具体各类器材、人员、服务等详细费用计算标准见附件1。

4.2 结算方式:甲方于本协议生效后5个工作日内向乙方支付合同款的【 】%作为预付款,即【 】元(大写:人民币【 】圆整)。其余款项¥【 】元(大写:人民币【 】圆整)应于所有直播活动【 】年【 】月【 】日结束后,在收到乙方出具的合规有效的增值税专用发票之日起【 】个工作日内向乙方支付。

4.3 乙方指定收款账户如下:【 】。

4.4 甲方开票信息如下:【 】。

5 保密条款及知识产权

5.1 甲乙双方在履行本合同过程中接触到的双方商业秘密、技术信息、财务信息、管理信息、用户个人信息、价格等合同内容以及与本合同有关的任何信息,统称为秘密信息。双方承诺对该等秘密信息严格保密,非经对方书面同意不得向第三方泄露,或用于履行本合同之目的以外的其他用途。双方应保证本方雇员、代理、顾问、代表、客户等同样履行上述义务。

5.2 乙方基于双方合作而从甲方获取的任何商标、美术作品等知识产权资料仅可因本合同的履行而使用,乙方应在双方合作结束后立即停止对上述内容的继续使用;除甲乙双方另有约定外,本合同的履行过程中产生的任何知识产权均归甲方所有,乙方不得将其用于其他任何营利性活动。

5.3 保密期限为长期。

5.4 本条约定不因本合同的解除、终止或撤销而失效。

6 违约责任

6.1 甲乙双方在业务实施过程中,如因一方原因造成对方商业信誉或客户关系受到损害的,另一方可立即单方面解除合作关系。同时,已经实现尚未结束的业务中应该支付的相关费用,受损方为支付义务主体时可不再支付。若致损方为支付义务主体时,则应继续履行支付义务。

6.2 甲乙双方的任何一方违约行为致使不能实现合同目的的,守约方有权解除本合同,违约方应按照本合同项下所涉之总标的额的【 】%承担违约金。

6.3 如违约方向守约方按6.2约定所承担的违约金数额尚不足弥补守约方实际直接损失的,则就前述不足部分违约方应当向守约方补足。

6.4 本协议项下所约定的实际损失系指包括但不限于守约方经济利益的减损,守约方为证实违约方之违约行为所支出的各项调查取证、公证费用,守约方为寻求救济而支付的诉讼费用、律师费用等。

6.5 乙方怠于开具合规有效的增值税专用发票的,甲方有权拒绝付款并不承担逾期付款责任，或要求乙方赔偿由此造成的进项税额不能抵扣的损失，损失金额以正常提供增值税专用发票的进项税额为准。

6.6 若甲方未按照本合同4项下的约定向乙方支付服务费的，应当每日按照逾期费用（双方有异议的费用不在此范围）的【 】‰向乙方支付逾期利息；若甲方逾期【 】日仍未支付服务费的，乙方有权解除合同并要求甲方支付上月合同金额的【 】%作为违约金。

6.7 若甲方违反本合同2.1项下之义务向乙方提供基础资料或提供有权利瑕疵的资料或材料，致使合同无法继续履行的，乙方有权解除合同并要求甲方支付合同金额的【 】%作为违约金。给乙方造成损失的，如违约金不足以弥补乙方损失，甲方还应补足差额部分。

7 不可抗力

7.1 不可抗力是指本合同双方不能合理控制、不可预见或即使预见亦无法避免的事件。该事件包括但不限于政府行为、自然灾害、战争、网络堵塞或中断、黑客袭击或任何其他类似事件。

7.2 甲乙双方的任何一方由于不可抗力等原因不能履行合同时，应及时向对方通报不能履行或不能完全履行的理由。在取得有关主管机关证明以后，允许延期履行、部分履行或者不履行合同，并根据情况可部分或全部免除承担违约责任。

8 合同争议的处理

8.1 甲乙双方在本合同履行过程中如产生争议，应本着平等互利的原则友好协商；如经【 】日，仍协商不成的，任一方可向【 】所在地人民法院提起诉讼。

9 其他约定

9.1 本协议一经签订，即具有法律效力，甲乙双方必须严格遵守所有的条款。

9.2 本协议的任何修改都必须得到甲乙双方的同意，任何一方无权独自修改或终止本合同。

9.3 本合同附件与本合同具有同等法律效力。

9.4 本合同未尽事宜以补充合同形式进行说明，补充合同与本合同具有同等法律效力，补充合同内容与本合同内容不一致的，以补充合同内容为准。

9.5 双方协商一致可以解除本合同。

9.6 本协议及附件壹式贰份，甲乙双方各持壹份，具有同等法律效力，合同自双方有权人签字并加盖公章或合同专用章之日起生效。

甲方(盖章):
法定代表人(授权代理人)(签章):
日期:

乙方(盖章):
法定代表人(授权代理人)(签章):
日期:

附件1　服务内容——乙方提供如下设备、人员及设计服务等

序号	项目		每日数量	单日费用(人民币/元)	合同期限内总价	备注
1	设备及人员	灯光				
2		摄像				
3		妆发				乙方负责【　】位男士、【　】位女士妆发
4	人员	导播				
5	设备	麦克风				
6		调音台				
7	技术	通话系统				
8		推流技术				
9		场景设计				由甲方确定主题、提供 logo,按直播间标准设计
10		短视频剪辑				
11	场地					
官方报价总计:						
本次合作折扣价格:						

附录二

直播行业常见法律法规目录

附表 2 直播行业常见法律法规目录

序号	效力级别	规定
1	法律	《中华人民共和国民法典》
2		《中华人民共和国电子商务法》
3		《中华人民共和国反不正当竞争法》
4		《中华人民共和国网络安全法》
5		《中华人民共和国广告法》
6		《中华人民共和国个人信息保护法》
7	部门规章	《关于规范网络直播打赏 加强未成年人保护的意见》
8		《关于加强网络视听节目平台游戏直播管理的通知》
9		《关于进一步规范网络直播营利行为促进行业健康发展的意见》
10		《网络直播营销管理办法(试行)》
11		《关于加强网络直播规范管理工作的指导意见》
12		《国家广播电视总局关于加强网络秀场直播和电商直播管理的通知》
13		《市场监管总局关于加强网络直播营销活动监管的指导意见》
14		《互联网直播服务管理规定》
15	行为规范	中国广告协会《网络直播营销行为规范》

参考文献

[1] 孔祥钧，张晓晨，刘婷婷.《医疗器械监督管理条例(2021 修订)》专题性解读之六——医疗器械广告合规监管新趋势[EB/OL]. https://law.wkinfo.com.cn/professional-articles/detail/NjAwMDAxMjQ0MjU%3D? q=.

[2] 高亚平，周梦，纪倩. 灵活用工平台的合规之路[M]. 北京：法律出版社，2021.

[3] 吴江水. 完美的合同[M]. 北京：北京大学出版社，2020.

[4] 雷霆. 合同审查精要与实务指南[M]. 北京：法律出版社，2018.

[5] 张婷. 网络直播中的刑事风险、刑事责任及其规制研究[J]. 传播与版权，2020(6)：193-195.

[6] 田格. 虚拟主播权益保护路径探究——以肖像权保护为例[J]. 西部学刊，2022(2)：123-127.

[7] 蒋一可. 网络游戏直播著作权问题研究——以主播法律身份与直播行为之合理性为对象[J]. 法学杂志，2019，40(7)：129-140.

[8] 周开畅，洪桂彬. 劳动人事合规管理指南[M]. 北京：法律出版社，2020.

后　记

直者，不弯曲也；播者，播种也，其意竟暗合当前“种草”“拔草”之行业术语。

夫直播者，新华词典有云：不经录音录像，现场直接采播也。现场直播如何为之，网络世界已答案分明。即依凭线上网络之技术，打破人与人、人与货之时空限制。

然直播业并非全部存于线上，线下亦举足轻重。如在电商直播之内，产品选品、商务谈判、优惠方案、互动话术、广告创意、应急预案、物流品控、售后服务等，无一不需线下庞大团队及产业链之整合。

现直播业蓬勃发展，兴旺发达，既需社会、技术之进步，亦赖疫情之迅猛反复。吾等观新事物勃勃生机、万物竞发景象之阳面，亦当视其良莠不齐、鱼龙混杂之阴面。主播受罚之案例，不胜枚举。探视纷纷攘攘之背后，既有规则之散乱缺乏，亦有人心之轻视侥幸。

每每与诸友谈及业内之乱象，无不心痛很多事件本可避免。于是乎，某日好友提议，何不著书立言，一则为自身总结归纳，二则为行业提供参考，三则为社会略尽绵力。吾当即应允，并着手本书之撰写。

然动笔后方知艰难，行业变化之快速，资料之散乱，观点之矛盾比比皆是。初欲雄心万丈般倚马万言，后渐转为战战兢兢、如履薄冰。压力之下，吾欲数次搁笔，就此打住。然幸得家人、好友、同人多方勉励，得以强撑续笔。在此须得感谢赵箭冰老师的无私提点，夏亮、王敏志、章百益、赖力、盛佳宇等诸多团队同人之倾力支持。

此书历受多方之恩惠，集各大家之所见，侥幸得成。然此作虽成，但因鄙人精力不足，水平有限，难免存有错漏之处，还请诸位看官海涵。

古语有云：太上有立德，其次有立功，其次有立言，虽久不废，此之谓不朽。立言，谓言得其要，理足可传，其身既没，其言尚存。吾之水准，断不及古往圣贤之三不朽。吾虽位卑德浅，不失见贤思齐之心；虽碌碌力薄，不乏立命生民之意。

束发读诗书，凤兮思高举。不负平生志，小满胜万全。

此书献给关心吾之诸人。

壬寅年乙巳月甲戌日，小满
许力先于浙江六和律师事务所